CASE STUDY
法学案例研习系列

合同法案例研习

邱杓丹　吴之欧　编著

法律出版社
LAW PRESS · CHINA

作者简介

邱杓丹 浙江温州人。现为温州大学法政学院讲师。2007 年,毕业于上海对外经贸大学,同年进入温州大学工作。兼任浙江省法学会社会法学研究会理事,温州市瓯海区劳动人事争议仲裁委员会仲裁员,温州市瓯海区人民陪审员,温州市中级法院人民调解员。主要研究方向为以合同为主的民商法。先后发表《社会转型时期温州商会的作用和组织结构》《温州商会在企业应对国际贸易壁垒中的作用》《公立高校董事会董事的职责和义务》等文章。主持科研和教改项目多项,包括省级教学改革项目“以判例为主的翻转式法学课堂教学改革”以及省级在线开放课程《合同法》等。

吴之欧 浙江泰顺人。法学博士;现为温州大学法政学院副教授、硕士生导师。2000 年,毕业于浙江大学国际经济法专业,获法学学士学位;2005 年,毕业于复旦大学刑法学专业,获法学硕士学位;2010 年,毕业于北京师范大学刑法学专业,获法学博士学位。2013 年 7 月 ~2014 年 7 月,在美国纽约约翰杰伊刑事司法学院访学。2015 年 9 月 ~2016 年 9 月,挂职温州市鹿城区人民法院副院长;2017 年 10 月至今,兼任浙江省妇联妇女发展部副部长。主要研究方向为刑法学和刑事政策学。已出版专著一部,参编专业教材两部;独立发表 CSSCI 索引及以上论文十余篇,其他论文三十多篇。主持教育部等省部级课题五项;作为主要人员参与国家级课题一项,省部级课题四项。

目　录

合同与合同法概述

合同的成立

合同的效力

合同的履行

合同的保全

合同的变更与转让

合同的解除和终止

违约责任

PART 01

合同与合同法概述

1
Case Study

杨玉叶诉温州平阳万达广场投资有限公司商品房预售合同纠纷案

公平原则 | 平等原则

问题提示

1. 提取、整理案件基本法律关系主体和内容。
2. 概括、整理本案的争议焦点。

相关法条

《中华人民共和国合同法》第三条[平等原则]、第五条[公平原则]、第六条[诚实信用原则]、第八条[依合同履行义务原则]、第六十条[严格履行与诚实信用]

近似案例

鸿润锦源(厦门)房地产开发有限公司与彭雄浑、鸿润集团房地产投资有限公司商品房预售合同纠纷案

泛华工程有限公司西南公司与中国人寿保险(集团)公司商品房预售合同纠纷案

仲崇清诉上海市金轩大邸房地产项目开发有限公司合同纠纷案

吴建平诉无锡深港国际服务外包产业发展有限公司商品房预售定金返还纠纷案

■ 案例介绍

□ 基本案情

原告杨玉叶向本院提出诉讼请求:(1)被告万达公司双倍返还定金112000元;(2)本案诉讼费由被告承担。事实和理由:原告为购买被告商品房,应被告要求交付了56000元购房意向金。2014年4月26日,原、被告签订《温州平阳万达商业广场商品房认购协议》(以下简称《认购协议》)一份,约定原告认购温州平阳万达商业广场4-5幢2086号商品房。《认购协议》第一条约定:签订本协议,被告已向原告出示并在销售现场公开展示了下述文件,并已按原告要求作出合理说明。原告确认已详细阅读并充分理解下述文件,并保证不以《浙江省商品房买卖合同》条款没有理解、无法达成一致或其他任何非双方约定或法律规定事由为由,拒绝或拖延签订商品房买卖合同及相关文件。第五条约定:原告应于2014年5月21日前,到被告售楼处与被告签订商品房买卖合同及相关文件,并向被告缴纳约定的全部款项。第六条约定:如原告未在约定期限内签订商品房买卖合同及相关文件的,视为原告不购买该商品房,被告有权解除《认购协议》;被告据此解除《认购协议》的,被告有权在不通知原告的情况下另行出售该商品房,且被告有权没收原告所付定金,原告无任何异议。《认购协议》签订后,原告依约至被告售楼处签订商品房买卖合同时,被告知商品房买卖合同未准备好,无法签订合同。原告得知被告因认购协议及商品房买卖合同存在权利义务严重不对等问题被投诉的情况后,多次与被告协商未果。

被告万达公司辩称:(1)原、被告双方签订的《认购协议》及其相关条款内容属实,但原告未按协议上约定的在2014年5月21日前去被告售楼处签订商品房买卖合同;(2)根据《认购协议》可以看出,原告已详细阅读并充分理解文件,保证不以商品房买卖合同条款没有理解、无法达成一致或其他任何非双方约定或法律规定事由为由,拒绝或拖延签订商品房买卖合同及相关文件;(3)原告诉称其得知商品房买卖合同存在权利义务不对等,与事实不符,实际上,商品房买卖合同不存在权利义务不对等的情形,原告也未就合同问题与被告协商,被告一直将涉案商铺留存至今，也表示愿意与原告签订商品房买卖合同，还多次口头或书面通知原告签订商品房买卖合同，但原告均未按时付款，构成违约。因此，本案中，原告违约，被告不存在违约，原告要求解除《认购协议》以及要求返还定金的请求没有法律依据，应予驳回。

□ 裁判过程

法院经审理，认定事实如下：2014 年 4 月 26 日，杨玉叶（乙方）与万达公司（甲方）签订《认购协议》，约定杨玉叶向万达公司认购温州平阳万达商业广场 4－5 幢 2086 号商品房。双方协议第一条、第三条、第五条、第六条约定都属实，且双方对真实性均无异议。同日，杨玉叶向万达公司交付了定金 56000 元。至今，双方未签订商品房买卖合同。

另查明，平阳县工商局网站对外公示的《万达商业广场（住宅）商品房买卖合同》以及其他买受人与万达公司签订的商品房买卖合同的内容中载明"为体现合同双方的自愿原则，本合同文本中相关条款后有空白行，供双方自行约定或补充约定。双方当事人可以对文本条款的内容进行修改、增补或删减。合同签订生效后，未被修改的文本印刷文字视为双方同意内容"。

还查明，2014 年 10 月 14 日，平阳县工商局就平阳万达业主投诉万达公司相关问题作出答复函，其中第 7 条为："关于附件八补充协议的霸王条款问题，经过调查，该补充协议存在双方权利义务不对等，万达公司已同意进行调整，我局已于 2014 年 10 月 11 日给万达公司出具《责令改正通知书》，责令其于 2014 年 11 月 30 日前改正，届时再给大家回复。"

以上事实有当事人陈述、原告提供的《认购协议》、收款收据、工商局答复函以及被告万达公司提供的其他业主的商品房买卖合同等证据予以证实，法院予以确认。

法院认为，杨玉叶与万达公司签订《认购协议》，双方成立商品房预约合同关系，该合同是双方的真实意思表示，内容没有违反法律法规的规定，应属合法有效。本案中根据诉辩双方的主张可以确认，双方未在 2014 年 5 月 21 日签订正式的商品房买卖合同，后经协商仍未签订合同。故本案双方主要的争议焦点是未签订商品房买卖合同是哪一方的过错所导致。对此，法院分析如下：首先，就 2014 年 5 月

21 日未签订商品房买卖合同的原因,原告主张是由于被告未提供正式的商品房买卖合同,被告主张是原告不配合签订商品房买卖合同,对此,双方均未提供充分证据证实。其次,就《认购协议》内容而言,如果理解为无论出于何种原因,只要买受方未在约定期限内签订商品房买卖合同及相关文件均属于违约,则买受人要么损失定金,要么无条件接受出卖人提供的商品房买卖合同及相关文件,双方地位极不平等,显然有违公平、诚信原则。因此,如果原、被告在公平、诚信原则下继续磋商,只是基于各自利益考虑无法就一些条款达成一致意见,致使商品房买卖合同未能订立,则属于不可归责于双方的原因,此时,《认购协议》应当解除,已收定金应予返还。最后,根据平阳县工商局于 2014 年 10 月 14 日的复函:"补充协议存在双方权利义务不对等,万达公司已同意调整",说明该补充协议部分条款确存在权利义务不对等的情况。根据《万达商业广场(住宅)商品房买卖合同》的内容载明的第 3 条:"为体现合同双方的自愿原则,本合同文本中相关条款后有空白行,供双方自行约定或补充约定。双方当事人可以对文本条款的内容进行修改、增补或删减。合同签订生效后,未被修改的文本印刷文字视为双方同意内容",而双方签订的认购书中亦没有特别约定不得修改、增补或删减商品房买卖合同及补充协议的内容。故在补充协议存在权利义务不对等的情况下,原告可要求修改、调整。因此,在双方对合同细节问题存在争议的情况下确实需要重新磋商。

综上可知,双方均未提供证据证实在 2014 年 5 月 21 日签订商品房买卖合同系对方过错造成,此后双方基于各自利益考虑,最终未能签订商品房买卖合同,因此,应认定 2014 年 5 月 21 日未能签订商品房买卖合同的原因是双方磋商不成,属于不可归责于双方的原因。鉴于原告已在庭审中明确要求解除《认购协议》,故本案定金应根据《最高人民法院关于审理商品房买卖合同纠纷案件适用法律若干问题的解释》第四条"出卖人通过认购、订购、预订等方式向买受人收受定金作为订立商品房买卖合同担保的,如果因当事人一方原因未能订立商品房买卖合同,应当按照法律关于定金的规定处理;因不可归责于当事人双方的事由,导致商品房买卖合同未能订立的,出卖人应当将定金返还买受人"的规定进行处理,即万达公司应将定金 56000 元返还杨玉叶。原告要求双倍返还定金,被告要求继续履行认购协议,均于法无据,法院不予支持。

综上所述,依照《合同法》第三条、第五条、第六条、第八条、第六十条,《最高人民法院关于审理商品房买卖合同纠纷案件适用法律若干问题的解释》第四条之规定，判决如下：(1)被告温州平阳万达广场投资有限公司于本判决生效之日起十日内返还原告杨玉叶定金56000元；(2)驳回原告杨玉叶的其他诉讼请求。如果未按本判决指定的期间履行给付金钱义务，应当依照《中华人民共和国民事诉讼法》(以下简称《民事诉讼法》)第二百五十三条之规定，加倍支付迟延履行期间的债务利息。案件受理费2540元，减半收取计1270元，由杨玉叶负担670元，温州平阳万达广场投资有限公司负担600元。

■ 案例评析

□ 重点示意图

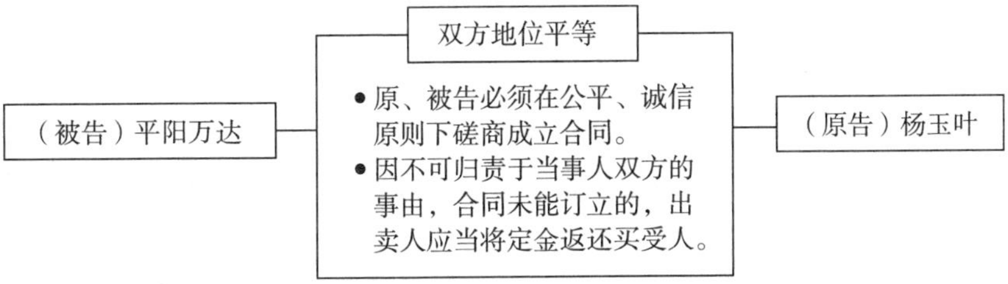

□ 疑难点释析

首先，《合同法》中的公平原则要求合同当事人应当根据公平及正义观念确定各方的权利和义务，各方当事人都应当在不侵害他人合法权益的基础上实现自己的利益，不得滥用自己的权利。这就说明合同主体之间权利和义务是平等的，有界定和限制的，突出在权利和义务的基点上不得损害、侵害他人合法权益，不得滥用自己的权利。进一步说明法律的适用与公平原则互相作用，不但能使合同调整范围中的参与人认识到自己的权利的界定，而且也限制约束了参与者的行为，同时公平原则能使合同的当事人认识、接受法律并在适用法律上促进合同当事人主张各自的合法权益，寻求公平的保护。

其次，公平原则在《合同法》中体现最基本的价值取向的同时，法律的基本目标也就是在公平竞争与正义的选择基础上建立新的社会秩序。法律的适用体现出公平,公平存在于一个市场参与者竞争的环境中,存在于合同的当事人、经济行为人及普通公民交易之中。公平中体现了不能因职能不同、身份不同及经济实力大小之原因,影响到公司、法人和其他组织的平等利益。本案中原被告签订的《认购协议》内容中,被告要求与原告约定无论出于何种原因,只要买受方未在约定期限内签订商品房买卖合同及相关文件均属于违约,导致的结果是买受人要么损失定金,要么无条件接受出卖人提供的商品房买卖合同及相关文件,双方地位极不平等,这显然有违公平、诚信原则。法院由此认定,如果原、被告在公平、诚信原则下继续磋商,只是基于各自利益考虑无法就一些条款达成一致意见,致使商品房买卖合同未能订立,则属于不可归责于双方的原因,此时,《认购协议》应当解除,已收定金应予返还。也只有这样认定,才符合公平原则的本质要求。

再次,公平原则是一项法律适用原则,它可以弥补法律规范的不足,也可以弥补合同的不足。在法律没有规定或者合同没有约定,或规定(约定)得比较原则时,可以运用公平原则来确定当事人的权利和义务,无论是合同当事人还是人民法院、仲裁机构在处理合同纠纷时都可以运用这一原则。公平原则与法律适用之间存在内在联系,法律适用是公平原则的体现,法律规范的不足与合同的不足公平原则可以弥补。《合同法》的制定应市场经济实际需求,借鉴国际惯例,吸收了《经济合同法》《涉外经济合同法》《技术合同法》及有关行政法规和司法解释,使公平原则贯穿《合同法》始终,规范合同的订立、履行、变更、转让和终止及合同的效力和违约责任的整个过程。适用法律就进入统一和有序之中。

最后,无论是何种情形,只有在造成受害人的财产损失的情况下,才能适用公平原则。侵权行为的客体既可以是财产权,也可以是人身权。因此,公平原则的适用只存在赔偿损失的责任形式中,在侵害他人的人格权造成精神损害而进行赔偿时,因无财产损失的存在,因而不能适用公平原则。并且,适用于公平原则的财产损失,也只能是直接财产损失,而不包括可得利益损失。

■ 知识点梳理

在自愿、平等、合法的基础上公平确定合同各方当事人的权利和义务,才能保证合同的履行,而合同的履行是实现合同目的保证。当事人在合同中约定的权利义务得到全面履行,当事人约定的合同目的才能实现,公平原则及法律适用才能相互作用,形成法律最基本的价值取向。由此可见,合同中的公平原则及法律适用在《合同法》中占据了重要的地位,作为双务、有偿的经济合同,当事人的权利、义务应是对等的。

2

Case Study

重庆重铁物流有限公司诉巫山县龙翔商贸有限责任公司、合江县杉杉贸易有限公司买卖合同纠纷案

诚实信用 | “帝王原则”

问题提示

1. 提取、整理案件基本法律关系主体和内容。
2. 本案中被告的行为是否构成欺诈？认定依据是什么？
3. 当事人故意隐瞒与合同签订有关的部分事实，可以适用《合同法》的哪个原则来规制？

相关法条

《中华人民共和国合同法》第六条[诚实信用原则]、第五十四条[可撤销合同]、第五十九条[恶意串通获取财产的返还]、第六十条[严格履行与诚实信用]

《最高人民法院关于贯彻执行〈中华人民共和国民法通则〉若干问题的意见》第六十八条[欺诈的定义]

近似案例

上海闽路润贸易有限公司与上海钢翼贸易有限公司买卖合同纠纷案

甘肃稀土公司为购销稀土合同纠纷申请再审案

郭景忠诉天泰公司、蓝星公司买卖合同纠纷

沃斯特－阿尔卑斯(美国)贸易公司诉江苏省江阴市对外贸易公司购销合同纠纷上诉案

■ 案例介绍

□ 基本案情

2013 年 12 月 1 日，原告重庆重铁物流有限公司（以下简称重铁物流公司）分别与被告巫山县龙翔商贸有限责任公司（以下简称龙翔公司）、被告合江县杉杉贸易有限公司（以下简称杉杉公司）签订《煤炭购销合同》《煤炭买卖合同》，同时三方还签订了《补充协议》。前述三份合同、协议约定：由龙翔公司销售煤炭给重铁物流公司，重铁物流公司再销售给杉杉公司，合同有效期为自 2013 年 12 月 1 日起至 2014 年 12 月 31 日止。交货方式为水路运输。龙翔公司销售给重铁物流公司的煤炭到港后直接销售给杉杉公司，重庆物流公司委托杉杉公司对煤炭进行质量、数量验收。三方还约定，在重铁物流公司未收到杉杉公司货款前，龙翔公司不向重铁物流催收货款，如杉杉公司拒付或拖延支付货款，则龙翔公司放弃要求重铁物流公司支付部分或全部货款。合同签订后，被告龙翔公司向原告重铁物流公司出具了 9 份《水路货物运单》和 32 份增值税发票（总额为 30942450 元），被告杉杉公司亦向原告重铁物流公司出具《收货证明》5 份。按照上述货物运单、发票和收条的记载，原告与两被告之间共计有 48414. 1 吨煤炭交易发生，依据合同的约定，被告杉杉公司应向原告重铁物流公司支付相应货款，重铁物流公司也应向被告龙翔公司支付约定价款。

而事实上，原、被告三方签订的《煤炭买卖合同》及《补充协议》并未实际履行，相关各方并无真实煤炭交易发生，也无相关货款的给付。在案证据证实，签订合同时，被告龙翔公司和被告杉杉公司的法定代表人均系邱翔一人，而杉杉公司提交了法定代表人为陈祝增的营业执照，隐瞒了其公司和龙翔公司的法定代表人均为邱翔的事实，尔后，邱翔伪造了 9 份《水路货物运单》，并授意其工作人员虚开 32 份增值税发票和 5 份《收货证明》并交予重铁物流公司，虚构了整个煤炭交易的事实。被告龙翔公司基于上述合同虚构煤炭交易，形成对原告 30942450 元的债权。原告以两被告恶意串通，以欺诈手段使原告在违背真实意思的情况下与其签订相关合同为由，诉至成铁中院，请求判决撤销 2013 年 12 月 1 日原告与被告龙翔公司签订的《煤炭购销合同》、与被告杉杉公司签订的《煤炭买卖合同》以及与两被告签订的《补充协议》。

□ 裁判过程

成铁中院认为，被告龙翔公司、杉杉公司故意隐瞒其法定代表人均为邱翔的真实情况，使重铁物流公司签订了前述合同和协议，并且通过伪造《水路货物运单》、《收货证明》、虚开增值税发票等手段，虚构了本不存在的煤炭交易事实。《最高人民法院关于贯彻执行〈中华人民共和国民法通则〉若干问题的意见》第六十八条规定："一方当事人故意告知对方虚假情况，或者故意隐瞒真实情况，诱使对方当事人作出错误意思表示的，可以认定为欺诈行为。"龙翔公司、杉杉公司的行为与该项规定相吻合，应认定为欺诈行为。依照《合同法》第五十四条的规定，一方以欺诈手段，使对方在违背真实意思的情况下订立的合同，受损害方有权请求撤销，重铁物流公司关于撤销其于2013年12月1日与龙翔公司签订的《煤炭购销合同》、与杉杉公司签订的《煤炭买卖合同》以及三方签订的《补充协议》的诉请符合法律规定，予以支持。法院依照《合同法》第五十四条、《最高人民法院关于贯彻执行〈中华人民共和国民法通则〉若干问题的意见》第六十八条的规定，判决：撤销重庆重铁物流有限公司2013年12月1日与巫山县龙翔商贸有限责任公司签订的《煤炭购销合同》、与合江县杉杉贸易有限公司签订的《煤炭买卖合同》以及三方签订的《补充协议》。

■ 案例评析

□ 重点示意图

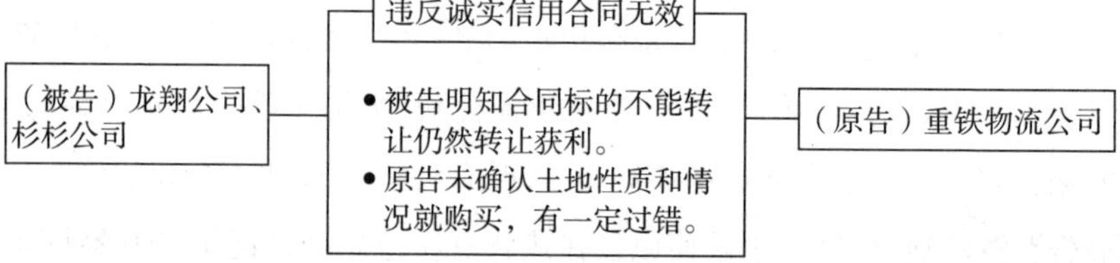

□ 疑难点释析

诚实信用原则作为民法领域的一项极为重要的基本原则，是为世界各国民事法律所普遍确认的。在大陆法系中，它常被称为是债法中的最高指导原则或“帝王规则”。诚实信用原则不仅是合同法的基本原则，也是整个民事活动的基本原则。在市场经济活动中，市场主体在行为时不欺不诈，尊重他人利益，保证合同关系的各方当事人都能得到自己的利益，并不得损害社会和第三人的利益，才能更好地促进市场经济健康发展。市场主体的诚实、恪守信用，为市场主体提供了一种普遍的信赖，这种信赖是市场交易所必需的资源之一。如果合同一方当事人不守诚信，违反合同约定，甚至采取欺诈手段，损害对方利益或对社会、第三人造成损害，最终扰乱市场交易秩序，影响整个市场经济活动的健康发展。而诚实信用原则在被规定为民法典的一个法律原则之后，就不再是单纯的道德规则，而是一项法律规范。诚实信用原则的效力不仅覆盖了债权法，还扩展到了侵权法、物权法等民事法律的各个领域，已发展成为民法的一个基本原则。本案中，被告龙翔公司、杉杉公司实为同一人控制的公司，但在与原告签订合同时故意隐瞒了这一真实情况，使原告与两公司签订了合同和协议，并且通过伪造货物运单、收货证明，虚开增值税发票等手段，虚构了本不存在的煤炭交易事实。被告龙翔公司基于上述合同虚构煤炭交易，形成了对原告三千余万元的债权。两被告不讲诚实信用，其行为完全符合合同欺诈的认定。根据《合同法》第五十四条的规定，原告撤销合同的诉请，得到了法院的支持。[1]

但值得注意的是：诚实信用原则，是民事主体恪守信用与公平进行民事活动的一项规则，也是法官在司法活动中应遵循的准则。但我国法对诚实信用原则的规定采取了宣言式的方式，相对于具体民法规则它没有构成要件和后果组成的规范模式，包含的范围极大，远远超过其他一般条款的范围，没有权利义务的规定，而一项授权条款。因而在具体适用中若不严格其适用条件将造成滥用，从而损害法律体系的安定。其次，虽然诚实信用被称为“帝王条款”，但这并不意味着诚信原则

---

〔1〕 注：本案所涉及的《最高人民法院关于贯彻执行〈中华人民共和国民法通则〉若干问题的意见》与《民法总则》冲突的部分，适用《民法总则》。

可以取代任何具体法律规范,其只能是作为具体规范欠缺时的补充原则。所以,处理具体纠纷时,法律有具体规定的应优先适用具体规定,即使适用诚信原则也能获得同样的结果,亦不能直接适用。在司法实践中,对诚实信用原则的适用范围的合理掌握也是一大难题。法官在运用诚实信用原则进行法律推理过程中有更多的自由裁量权。但适用该原则审理具体案件时,必然要求法官具备极高的道德水准和相当的专业水平,以正确理解和准确把握该原则。由于诚实信用原则具有高度的抽象性和不确定性,它虽可为司法所接受并灵活运用,但在操作的准确性上却易遭怀疑。所以,诚实信用原则在各单行法中的适用要实现具体化,加强可操作性是适用诚实信用原则的重要前提。

■ 知识点梳理

一方当事人故意告知对方虚假情况,或者故意隐瞒真实情况,诱使对方当事人作出错误意思表示的,可以认定为欺诈行为。

3
Case Study

邹克友诉张守忠合同纠纷案

诚实信用 ｜ 遵纪守法

问题提示

对于合法但不合情理的合同能否通过《合同法》加以约束和裁判？

相关法条

《中华人民共和国合同法》第六条［诚实信用原则］、第七条［遵纪守法原则］、第八条［依合同履行义务原则］、第四十四条［合同的生效］、第五十八条［合同无效或被撤销的法律后果］

近似案例

朱俊芳与山西嘉和泰房地产开发有限公司商品房买卖合同纠纷案

洪秀凤与昆明安钡佳房地产开发有限公司房屋买卖合同纠纷案

杜海生、杜满生诉杜喜生房产确权纠纷案

成都讯捷通讯连锁有限公司与四川蜀都实业有限责任公司、四川友利投资控股股份有限公司房屋买卖合同纠纷案

徐州市路保交通设施制造有限公司与徐州市华建房地产开发有限公司、第三人尤安庆房屋买卖合同纠纷案

广西桂冠电力股份有限公司与广西泳臣房地产开发有限公司房屋买卖合同纠纷案

■ 案情介绍

□ 基本案情

2003年4月29日，邹克友与张守忠签订一份楼基地转让协议书，约定张守忠将位于日照市东港区安东卫街道东街（后更名为“日照市岚山区安东卫街道东街”，以下分别简称“东港安东卫东街”、“岚山安东卫东街”）的一处拆迁补偿置换的楼基地（土地性质为集体所有制土地），以56900元的价格转让给外村村民邹克友，协议载明款项当面付清，张守忠的同村村民周同业作为证明人在协议书上签字。之后该处楼基地一直闲置，邹克友未在上面建设房屋。2013年，因未能办理楼房建设手续，岚山安东卫东街居委将该楼基地收回，并向张守忠补偿位于日照市岚山区安东卫街道凤凰山社区7号楼西单元102室的安置房一处。邹克友认为，其已受让了楼基地，因此，基于该楼基地补偿的上述安置房应归其所有。因与张守忠就安置房的归属问题协商不成，邹克友遂起诉至法院，要求张守忠返还购买楼基地的款项56900元，并赔偿其因此所遭受的损失。

庭审中，张守忠辩称：(1)涉案楼基地系本村村委按照统一规划分配的宅基地，依法不得买卖，双方签订的转让协议违反法律规定；(2)双方已于2004年通过证明人周同业（已去世）办理了退还楼基地的事宜，被告向邹克友支付60000元作为补偿，邹克友将楼基地返还给被告，并提交有“周同业”签字的收到条（复印件）一张，内容为，“收到张守忠一次性买回楼基款陆万元（60000元），经办人：周同业，2004年9月15日”，并加盖“中共日照市岚山区安东卫街道东街居总支部委员会”公章及岚山安东卫东街居委主任石光华的私人印章。经法院调查核实，石光华表示未经手办理此事，且在当时还没有收到条所加盖的党支部的章。在法院要求继续核实该收到条时，张守忠称原件已经丢失。经对比，收到条与双方签订的转让协议书上周同业的签名差别较大。

□ 裁判过程

山东省日照市岚山区人民法院生效裁判认为，涉案楼基地所占土地性质系集体所有土地，且张守忠取得该楼基地系基于原宅基地及房屋重新规划、拆迁后的补偿利益，其性质等同于宅基地。张守忠将该楼基地转让给非本集体经济组织成员的邹克友，违反了我国法律、行政法规的强制性规定，法院依法确认该转让协议无效，邹克友不能取得涉案楼基地的使用权。

张守忠提交的收到条，上面加盖的公章在2004年9月15日尚不存在，且与转让协议上周同业的签名差别较大，另一签章人亦否认经手此事，在该份收到条存有诸多疑点的情形下，张守忠以丢失为由无法提供原件，致使无法进一步辨别证据的真伪，应当承担不利的法律后果，法院对该收到条不予采信，对张守忠据此主张的双方已解除合同，并通过周同业返还60000元的事实，不予认定。因无效合同取得的财产应当予以返还。张守忠应向邹克友返还购买楼基地款56900元。

张守忠明知涉案楼基地依法不能转让给本集体经济组织以外成员仍进行转让；作为日常生活大宗交易，邹克友在未确认土地性质的情况下即购买涉案楼基地，双方对于合同无效均有过错。张守忠在双方转让行为历经十余载，涉案楼基地升值并存有巨大利益后，才以违反法律规定为由主张合同无效，虽然符合法律规定，但就道义、情感角度而言，属于典型的违反诚实信用原则。因此，裁判张守忠以转让款为基数，按照中国人民银行同期贷款利率赔偿张守忠损失。

■ 案例评析

□ 重点示意图

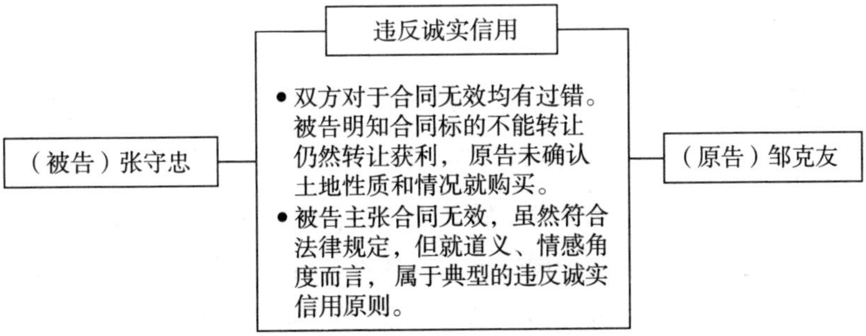

□ 疑难点释析

近年来，随着城镇化进程的加速，城市近郊的土地持续增值，涉及上述区域的房屋买卖、宅基地转让纠纷迅猛增长。根据现行法律规定及国家政策，宅基地等集体所有土地使用权带有很强的社会保障功能，只能在本集体经济组织成员内部享有、流转，否则，一律无效。

但在实践中，违法流转大量存在，若双方正常履约，这种违法现象也"合理"地存在着，并无其他部门监管。但纠纷一旦进入法院，认定转让行为无效毋庸置疑。转让被判无效后，依据《合同法》第五十八条规定："合同无效或者被撤销后，因该合同取得的财产，应当予以返还；不能返还或者没有必要返还的，应当折价补偿。有过错的一方应当赔偿对方因此所受到的损失，双方都有过错的，应当各自承担相应的责任。"在司法实践中，通常对于无效合同损失赔偿的处理也是"各打五十大板"。但是，对于近年来基层司法实践中屡见不鲜的涉及集体所有土地使用权及房屋转让纠纷案件，如果机械地适用法律条文，不仅让失信的行为人堂而皇之地获取法外利益，也不利于在社会上弘扬"诚信"的社会主义核心价值观。在个案当中我们判定违背诚实守信的依据是什么？在合同进行过程中，诚实信用原则如何从实质上维护双方利益的平衡？

诚实信用是人们社会经济活动的基本道德准则，也是社会主义核心价值观的重要内容。而诚实信用原则作为民法的一项基本原则，它要求民事主体在民事活动中要恪守诺言、诚信不欺，不因追求个人利益而损害社会或他人利益，这是以道德规范为基本内容的法律原则。从司法适用的角度来讲，诚信原则具有确立行为规则，填补法律及合同漏洞，衡平、解释、降低交易费用和增进效率的功能。[1] 同时，该原则是调整人与人之间的相对关系时最为主要的原则，要求在行使权利、履行义务时要遵循平衡当事人之间的利益。有些纠纷，从法律与道德角度来看，结论可能截然相反，本案纠纷也是如此。转让人可以冠冕堂皇地以"法律规定"为由实施违反诚信的行为，作为深受中国传统道德规范影响的受让人及社会大众，当然难以接受。正因如此，法官在处理该类纠纷时，需要在坚持法律规定的前提下，适当

---

〔1〕 王利明：《民法总论》，中国人民大学出版社2013年版，第55页。

引入道德、风俗等规范，让“无情”的法律与“有情”的道德规范结合，实现情、法、理在司法判决中融合。在本案中，法官根据法律的强制性规定，确认涉案楼基地转让协议无效。与此同时，引入诚信原则，在合理的限度内弥补受让人的损失，让失信人承担一定的法律制裁。如此，司法审判人员既能够依据诚信、公平的观念正确解释法律、适用法律，弥补法律的不足，也能有效地平衡双方的利益，也有助于培养社会公众的诚信观念。

综上所述，诚实信用原则不仅要平衡当事人之间的利益冲突，更要平衡当事人与社会之间的利益冲突。为了实现实质的公平和正义，诚实信用原则可以作为基本的行为遵循，对当事人之间的利益进行平衡，诚实信用原则更为重要的作用是在法律没有具体规定时，诚实信用原则还可以直接作为裁判案件的依据。

■ 知识点梳理

诚实信用原则是合同法中的帝王原则，也是合同法中的兜底条款，可以有效应对当事人以“法律规定”为由实施违反诚信的行为，从而维护合同公平。

4

Case Study

杨艳辉诉中国南方航空股份有限公司等客运合同纠纷案

诚实信用 | 附随义务

■ 问题提示

1. 合同中的附随义务的未履行是否要承担违约责任？违背的是《合同法》的哪项原则？
2. 合同附随义务的判断标准是什么？
3. 基于诚信原则产生的合同附随义务的范围应如何确定？

■ 相关法条

《中华人民共和国合同法》第六条[诚实信用原则]、第六十条[严格履行与诚实信用]、第二百八十八条[运输合同定义]、第二百八十九条[公共运输承运人]

■ 近似案例

青岛中南物业管理有限公司南京分公司诉徐献太、陆素侠物业管理合同纠纷案
无锡市春江花园业主委员会诉上海陆家嘴物业管理有限公司等物业管理纠纷案
詹建诉明月物业公司因外来车辆占位发生纠纷致其人、车损害物业服务合同纠纷案
厦门佰仕达物业公司诉王小华物业服务合同纠纷案

■ 案情介绍

□ 基本案情

原告杨艳辉诉称：春节前为与校友聚会，其通过电话向被告民惠公司预订一张去厦门的机票，并言明要在上海虹桥机场登机。民惠公司工作人员第二天送票上门时，没有特别说明登机的地点不是虹桥，机票上载明的出发地是"上海 PVG"。当其按时赶到虹桥机场时，才发现此次航班是在浦东机场乘坐。其当即要求南航公司驻虹桥机场的办事处签转，办事处工作人员称这是九折购买的机票，不能签转，可以退票后改乘其他航班。其不得已申请退票，同时购买了当日另一航班的全价机票，在机场滞留了六个小时之久才到达厦门。返回上海后，其到南航公司办理退票手续，又被告知按规定只能退还票面金额的 80%。其认为，退票和不得不在机场滞留六个小时，完全是被告不明确告知乘机地点造成的。二被告的行为严重侵害其合法权益。请求判令二被告退还全额机票款 770 元，赔偿其经济损失 700 元，并在其出售的机票上标明机场名称。

被告南航公司辩称：按照中国民航总局的规定，南航公司的机票都是使用自动打票机填开。自动打票机无法在机票上打印中文机场名称，故用机场代码 PVG 标明。作为承运人，南航公司已尽到自己的义务，不同意原告的诉讼请求。

被告民惠公司辩称：本公司代销的机票上用代码 PVG 标明了机场名称，这是严格按照中国民航总局的规定进行的操作。机票上没有以中文标明机场名称，并非被告的责任。原告是上海人，应当知道上海有两个机场，机票上有 PVG 和 SHA 的区别。不知道 PVG 和 SHA 代表哪一个机场，可以通过电话询问。原告声称未乘坐此次航班，是因机票上没有机场的中文名称，但没有以证据来证明这两件事之间的因果关系，故不同意原告的诉讼请求。

上海市徐汇区人民法院经审理查明：被告民惠公司是机票销售代理商。原告杨艳辉在民惠公司购买被告南航公司的上海至厦门九折机票一张。机票载明：出发地是上海 PVG，出发时间是 2003 年 1 月 30 日 16 时 10 分，票价 770 元，不得签转。机票上还载明航空旅客须知，其中有"在航班规定离站时间前 2 小时以内要求退票,收取客票价20%的退票费”等内容。杨艳辉到上海虹桥机场出示这张机票时,机场工作人员告知其应到上海浦东机场乘坐该航班。因已来不及赶赴浦东机场,杨艳辉要求签转,又被告知其所持机票是打折购买的机票,不得签转。15时零4分,杨艳辉在南航公司驻虹桥机场办事处办理了申请退票的手续,并以850元购买了当日21时上海至厦门的全价机票。返回上海后,杨艳辉主张全额退还票款,南航公司让其到民惠公司退票,而民惠公司则表示要退票必须按票价的20%扣除手续费,要全额退还票款只能由出票人南航公司办理。杨艳辉认为南航公司、民惠公司的行为严重侵害了其合法权益,为此提起诉讼。另查明,中国民航总局曾于2000年4月下发《关于各航空公司2000年全部使用自动打票机填开旅客客票的通知》,要求国内各航空公司均应在2000年内安装BSP自动打票机,今后全部使用自动打票机填开旅客客票,废除手写机票。上述事实,有双方当事人陈述、上海至厦门机票两张、中国民航总局《关于各航空公司2000年全部使用自动打票机填开旅客客票的通知》等证据证实。

□ 裁判过程

上海市徐汇区人民法院认为:《合同法》第二百八十八条规定:“运输合同是承运人将旅客或者货物从起运地点运输到约定地点,旅客、托运人或者收货人支付票款或者运输费用的合同。”第二百九十三条规定:“客运合同自承运人向旅客交付客票时成立,但当事人另有约定或者另有交易习惯的除外。”原告杨艳辉为从上海赴厦门,购买了被告南航公司的客运机票,客运机票是客运合同成立的凭据。自杨艳辉取得南航公司的客运机票时起,杨艳辉与南航公司之间的客运合同即告成立,杨艳辉与南航公司是该客运合同的主体。被告民惠公司只是根据代理合同为南航公司代销客运机票,并非客运合同的主体。

合同义务有给付义务和附随义务之分。给付义务是债务人根据合同应当履行的基本义务,附随义务是在给付义务以外,为保证债权人利益的实现而需债务人履行的其他义务。《合同法》第六十条第二款规定:“当事人应当遵循诚实信用原则,根据合同的性质、目的和交易习惯履行通知、协助、保密等义务。”这是合同法对附随义务作出的规定。在客运合同中,明白无误地向旅客通知运输事项,就是承运人应尽的附随义务。只有承运人正确履行了这一附随义务,旅客才能于约定的时间到约定的地点集合，等待乘坐约定的航空工具。上海有虹桥、浦东两大机场，确实为上海公民皆知。但这两个机场的专用代号 SHA、PVG，却并非上海公民均能通晓。作为承运人的被告南航公司，应当根据这一具体情况，在出售的机票上以我国通用文字清晰明白地标明机场名称，或以其他足以使旅客通晓的方式作出说明。南航公司在机票上仅以“上海 PVG”来标识上海浦东机场，以致原告杨艳辉因不能识别而未在约定的时间乘坐上约定的航空工具，南航公司应承担履行附随义务不当的过错责任。自动打票机并非不能打印中文，机票上打印的“上海”、“厦门”等字，便是证明。虽然“全部使用自动打票机填开机票”是中国民航总局的规定，但怎样根据当地具体情况去执行上级主管部门的规定，使执行规定的结果能更好地为旅客提供服务，更好地履行承运方在承运合同中的义务，却是作为承运人的南航公司应尽的职责。南航公司关于是“按照中国民航总局的规定使用自动打票机填开”、“自动打票机无法在机票上打印中文机场名称，故用机场代码 PVG 标明”、“作为承运人已尽到义务”的辩解理由，不能成立。

《合同法》第二百九十九条规定：“承运人应当按照客票载明的时间和班次运输旅客。承运人迟延运输的，应当根据旅客的要求安排改乘其他班次或者退票。”原告杨艳辉持机场名称标识不明的机票，未能如期履行。参照迟延运输的处理办法，被告南航公司应负责全额退票，并对旅客为抵达目的地而增加的支出进行赔偿。除此以外，杨艳辉提出请求赔偿的其他损失，缺乏相应的事实根据和法律依据，不予支持。

被告民惠公司不是客运合同的主体，原告杨艳辉要求民惠公司承担退票、赔偿的民事责任，不予支持。

至于被告南航公司、民惠公司是否必须在其出售的机票上以我国通用文字标明机场名称，应由其上级主管部门加以规范，不属本案处理范围。

综上所述，上海市徐汇区人民法院于 2003 年 4 月 10 日判决：(1)被告南航公司于本判决生效之日起三日内，退还原告杨艳辉机票款 770 元；(2)被告南航公司于本判决生效之日起三日内，赔偿原告杨艳辉 80 元；(3)原告杨艳辉提出的其他诉讼请求，不予支持。案件受理费 119 元，原告杨艳辉负担 55 元，被告南航公司负担 64 元。一审宣判后，双方当事人均未上诉，一审判决已经发生法律效力。

2003 年 4 月 28 日，上海市徐汇区人民法院向中国民航总局发出司法建议书，建议："对同一城市存在两个或两个以上民用机场，航空公司及航空客运销售代理商填开机票标明出发地点、使用机场专用代号时，应使用我国通用文字附注或以其他适当方式说明，以保证客运合同的正确履行，提升我国民用航空行业良好的服务形象。"

■ 案例评析

□ 重点示意图

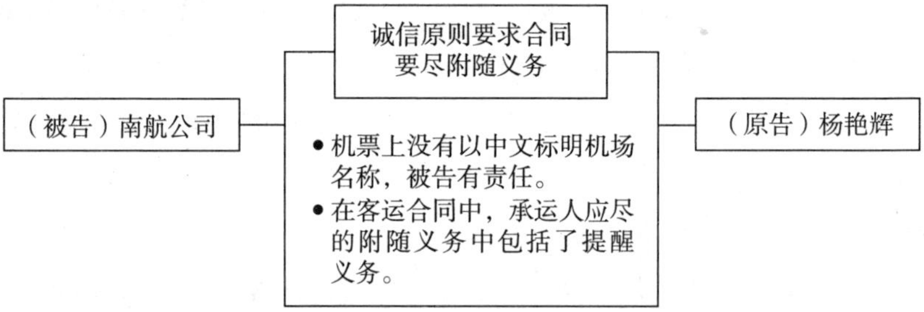

□ 疑难点释析

本案是典型的附随义务的履行不当。《合同法》对附随义务作出的规定在第六十条第二款："当事人应当遵循诚实信用原则，根据合同的性质、目的和交易习惯履行通知、协助、保密等义务。"而在四个不同的时期，附随义务的表现形式也不尽相同。

在合同订立阶段，尽管合同尚未成立，但当事人彼此之间已具有订约上的联系，应依据诚实信用原则，负有如下附随义务：(1)忠实的义务。当事人一方应如实向对方陈述商品的瑕疵、质量情况，同时应如实向对方陈述一些重要情形，如财产状况、履行能力等，总之要忠于事实真相，不得作虚伪陈述。(2)诚实守信，不得欺诈他人。(3)相互照顾和协助的义务。任何一方都不得滥用经济上的优势地位和其他手段争取不正当利益，并致他人损害。依据诚信原则产生的订约过程中的附随义务，随着当事人之间的联系的不断密切和发展，当事人一方不履行这些义务而给另一方造成信赖利益的损失，应当承担缔约过失的责任。

在合同订立后至履行前。合同订立以后,尚未履行以前,当事人双方都应当依据诚实信用原则,严守诺言,认真做好各种履约准备。如果一方在履约前因经营不善造成严重亏损,或者存在其他法定情况;另一方可以依据法律的规定,暂时终止合同的履行,并要求对方提供履行担保。但是,另一方在行使终止权时应严格遵循诚信原则及法律规定的条件,不能因为对方支付能力出现暂时的或不严重的困难,便借故终止合同的履行。如因违背诚实信用原则而行使终止权,给对方造成损失,应负担损害赔偿责任。

在合同的履行过程中,合同的履行应当严格遵循诚实信用原则。遵守诚信原则:(1)要求当事人除了应履行法律和合同规定的义务以外,还应履行诚信原则所产生的各种附随义务。这些附随义务主要包括:相互协作和照顾的义务、瑕疵的告知义务、忠实的义务等。(2)在法律和合同规定的义务内容不明确或欠缺规定的情况下,当事人应依据诚信原则履行义务。

即便在合同的变更、解除和终止等过程中,也贯穿着附随义务和诚信原则。(1)当事人在合同订立以后,因不可归责于双方的原因而发生的情事变更,即使合同存在的基础发生动摇和丧失,且导致当事人利益的严重失衡,依据诚实信用原则,应允许当事人变更和解除合同。在情事变更时,变更和解除合同应严格依据诚实信用原则。如在长期的继续性合同中,任何一方依据合同规定的条件而解除合同,应当提前通知对方,使对方有充足的时间做好准备。一般而言,如一方违约后,如果违约并没有给非违约方造成重大损害,依诚实信用原则,非违约方不得提出解除合同。(2)在合同关系终止后,尽管双方当事人不再承担合同义务,但亦应根据诚信原则的要求,承担某些必要的附随义务。在合同的用语含混不清、意义不明时应依据诚信原则对合同条款予以解释。依据诚实信用原则解释合同,需要平衡当事人双方的利益,公平合理地确定合同的内容。(3)在合同发生争议以后,当事人双方都应当依据诚信原则,妥善地处理争议,避免给对方造成不应有的损失。无论是实行替代性购买还是替代性销售,都应依诚信原则进行,不得低价购买,高价变卖,损害另一方利益。

合同附随义务的判断标准是什么?我国法律没有明确规定何为附随义务,《合同法》第六十条第二款、第九十二条只是对合同附随义务的概括性规定,《合同法》第四十二条、第四十三条则是具体规定。但是,从制度价值的角度考察,合同附随义务可以认为是依合同关系发展情形且依据诚实信用原则所产生的为保障债权人给付利益的实现义务。所以,它的产生应直接来自法律的规定,且其产生以诚实信用为其基本法律理念和是否产生的判断标准。其次,在司法实践中如何界定附随义务?现代合同法对合同的附随义务有扩大解释的趋势,但是,也不能无限制的扩大,须有一定的限度。在我国的司法实践中,唯一的判断标准即是以诚实信用原则为依据,但诚实信用原则又过于笼统。

■ 知识点梳理

合同义务有给付义务和附随义务之分。给付义务是债务人根据合同应当履行的基本义务,附随义务是在给付义务以外,为保证债权人利益的实现而需债务人履行的其他义务,甚至交易习惯也可以构成附随义务的一部分。这是《合同法》诚实信用原则的基本要求。

PART 02

合同的成立

5
Case Study

浙江嘉华建筑设计研究院有限公司诉杭州和逸置业有限公司等缔约过失责任纠纷案

要约撤销 | 缔约过失

问题提示

1. 本案中的原被告之间形成了何种法律关系?
2. 依据《合同法》,被告要赔偿的费用应包括哪几部分?
3. 被告杭州和逸置业有限公司发布的招标文件属于要约还是要约邀请?
4. 被告杭州和逸置业有限公司发给原告嘉华设计公司的中标通知书属于要约还是承诺?
5. 缔约过失责任与违约责任的区别是什么?

相关法条

《中华人民共和国合同法》第十九条[要约不得撤销的情形]、第四十二条[缔约过失]

《中华人民共和国公司法》第六十三条[一人有限责任公司的股东连带责任]

《中华人民共和国民事诉讼法》第六十四条[举证责任]

近似案例

王石杰诉于永虎缔约过失责任纠纷案

袁勤科诉乌鲁木齐市水磨沟区培新小学缔约过失责任纠纷案

王天剑与王军青等缔约过失责任纠纷上诉案

湖北科联建设工程有限公司诉新疆经纬招标有限责任公司等缔约过失责任纠纷案

■ 案情介绍

□ 基本案情

原告浙江嘉华建筑设计研究院有限公司(以下简称嘉华设计公司)起诉称:2012年8月27日,杭州和逸置业有限公司(以下简称和逸置业公司)就"余政挂出[2010]124/125"地块住宅项目的方案设计、初步设计及施工图设计进行招标,嘉华设计公司接到邀请后,按照招标文件要求,组织项目方案设计,参加投标。2012年9月3日,嘉华设计公司收到和逸置业公司的中标通知书,嘉华设计公司遂做好项目设计、配套、服务工作的所有准备,并多次催告要求签订书面设计合同,但未得到和逸置业公司回复,直至2015年1月6日,和逸置业公司告诉嘉华设计公司,因项目取消而无法签订书面合同。嘉华设计公司认为提供的投标文件既然已经中标,应视为方案设计符合要求,和逸置业公司无故不签订正式设计合同,按照《工程勘察设计收费标准》的规定,其方案设计阶段工程量按中标价25%收取标准计赔,即按中标价5520000元的25%标准赔偿损失1380000元。但和逸置业公司仅同意赔偿嘉华设计公司损失160000元,双方未能达成一致意见。同时,因和逸置业公司为一人有限公司,其出资人股东即物流集团公司又不能证明该公司财产独立于和逸置业公司,依法应对和逸置业公司的债务承担连带责任。因此,嘉华设计公司起诉至法院,要求:(1)和逸置业公司赔偿嘉华设计公司经济损失1380000元,并按照银行同期贷款利率支付自2012年10月3日起至实际付清赔偿之日止的利息损失;(2)物流集团公司对和逸置业公司前述债务承担连带清偿责任;(3)本案诉讼费由物流集团公司、和逸置业公司承担。

为证明所述事实,原告嘉华设计公司向法院提交以下证据材料:(1)2012年7月30日招标文件1份(原件),用以证明和逸置业公司就"余政挂出[2010]124/125"地块住宅项目建筑的方案设计、初步设计及施工图设计进行了招标的事实;(2)2012年8月26日投标文件1份(原件),用以证明嘉华设计公司按照招标文件编制投标文件及制作方案设计,商务标价为5520000元的事实;(3)2012年9月3

日余杭区项目设计中标通知书1份(原件),用以证明嘉华设计公司中标和逸置业公司“余政挂出[2010]124/125”地块住宅项目建筑,中标价为5520000元的事实;(4)2015年1月6日关于“余政挂出[2012]124、125地块设计”保证金情况说明1份(复印件),用以证明嘉华设计公司于2015年1月6日才得知建设项目被取消的事实。

被告和逸置业公司答辩称:“余政挂出[2010]124/125”地块住宅项目是因和逸置业公司之外的不可抗力的政府原因被收回,导致建设项目被取消,和逸置业公司不应该承担该责任。嘉华设计公司中标后,并未与和逸置业公司签订合同,也没有就中标展开实际的后续工作,其按照《工程勘察设计收费标准》规定,主张以中标价5520000元的25%标准赔偿损失,不具有合法性,和逸置业公司的行为不构成缔约过错,不应承担赔偿责任,更无须承担利息损失,法院依法应当驳回嘉华设计公司的诉讼请求。

为证明所述事实,被告和逸置业公司向法院提交以下证据材料:2014年5月8日“余政办简复2014第133号”《杭州市余杭区人民政府办公室公文处理简复单》及《意见建议反馈表》各1份(打印件),用以证明“余政挂出[2010]124/125”地块土地因政府决策而被政府收回,招标目的是因不可抗力而无法实现的事实。

被告物流集团公司答辩称:物流集团公司的答辩意见与和逸置业公司一致。

被告物流集团公司未向法院提交证据。

上列当事人提交的证据材料,经庭审质证,法院认证如下:(1)被告和逸置业公司、物流集团公司对原告嘉华设计公司提交的证据的真实性均无异议,法院予以确认,并据证据所载内容认定相关事实。(2)被告和逸置业公司提交的证据,被告物流集团公司无异议,而原告嘉华设计公司对其真实性有异议,法院经审核认为该项证据系政府公文,其真实性应予以确认。

综合上列当事人的陈述与辩解、举证与质证,法院认定本案事实如下:2012年8月27日,和逸置业公司就“余政挂出[2010]124/125”地块住宅项目的方案设计、初步设计及施工图设计进行招标,招标文件中明确参加投标单位需交付投标保证金10000元,经评审,产生中标单位的,除中标单位外,其余达到设计深度要求的投标单位每家给予补偿50000元。嘉华设计公司受邀并按照招标文件要求,组织项目方案设计,并参加投标。2012年9月3日,嘉华设计公司收到和逸置业公司前述项目的中标通知书，通知：中标价 5520000 元，中标后的方案完善设计 20 日历日、初步设计 35 日历日、施工图设计 60 日历日。但是此后，和逸置业公司未给予嘉华设计公司进行后续方案完善设计指令，也未与签订正式书面设计合同。2014 年 5 月，“余政挂出[2010]124/125”地块因政府回购而被确定收回。至 2015 年 1 月 6 日，和逸置业公司就前述建设项目被取消而退还了嘉华设计公司投标保证金 10000 元，但就无法签订设计合同引发嘉华设计公司相应损失的处理，双方未能达成一致意见。为此，嘉华设计公司以中标项目被取消给其造成后续项目设计、配套服务等经济损失为由起诉至法院，要求判如所请。本案经开庭审理，多次调解无效。

□ 裁判结果

法院认为：和逸置业公司就“余政挂出[2010]124/125”地块住宅项目的方案设计、初步设计及施工图设计进行招标，属要约邀请，嘉华设计公司应邀投标，和逸置业公司经评标并向嘉华设计公司发送中标通知即要约，嘉华设计公司收到中标通知后，从前期招标文件及中标通知的内容，即表明作为中标单位嘉华设计公司是唯一一家与招标单位和逸置业公司准备签订正式设计合同的单位，嘉华设计公司有理由认为该要约属于不可撤销的要约，应准备进行后续签订并履行设计合同。但中标通知发出后，和逸置业公司因所涉地块被政府回购而建设项目被取消，未能与嘉华设计公司签订正式设计合同，而政府回购原因收回土地并非属法律上的不可抗力因素，不构成免责法定事由，并且和逸置业公司在中标后拖延至 2015 年 1 月才与嘉华设计公司明确取消签订设计合同，撤回要约，明显存在缔约过错，应承担缔约过错民事责任。至于因取消签订正式设计合同的经济损失，因在中标后，和逸置业公司未指令后续方案完善设计，嘉华设计公司的设计工作仍滞留于方案设计阶段，且现有的证据所证明的工作量主要还是投标前的工作量，而中标后所作的新增工作量等损失，并无证据予以量化证明，因此，予以参考未中标单位给予补偿的金额 50000 元以及双方协商过程中曾提出 160000 元金额，予以酌情确定赔付经济损失人民币 150000 元；同时，因和逸置业公司为物流集团公司投资设立的一人有限责任公司，物流集团公司在本案诉讼中就其财产是否独立于嘉华设计公司未提交证据予以证明，因而其应对和逸置业公司的本案债务负连带责任。

综上所述，依照《合同法》第十九条、《公司法》第六十三条、《民事诉讼法》第六十四条以及《最高人民法院关于适用〈中华人民共和国民事诉讼法〉的解释》第九十条之规定，判决如下：(1)被告杭州和逸置业有限公司赔付原告浙江嘉华建筑设计研究院有限公司经济损失人民币150000元，于本判决生效之日起15日内付清；(2)驳回原告浙江嘉华建筑设计研究院有限公司的其他诉讼请求；(3)被告杭州农副物流集团有限公司对被告杭州和逸置业有限公司前述第一项债务负连带清偿责任。如果未按本判决指定的期间履行给付金钱义务，应当依照《民事诉讼法》第二百五十三条之规定，加倍支付迟延履行期间的债务利息。

■ 案例评析

□ 重点示意图

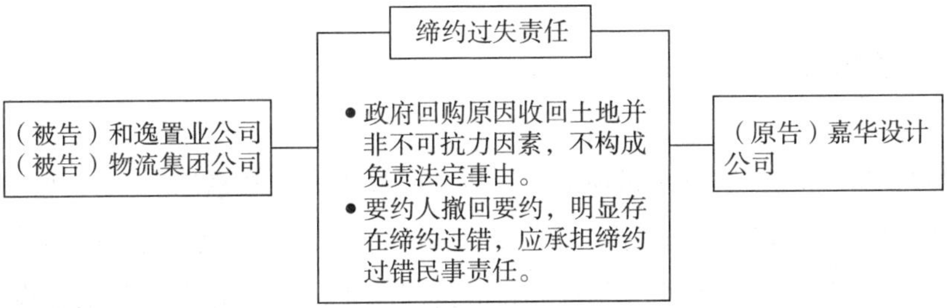

□ 疑难点释析

首先，根据民法理论，一旦进入缔约阶段，那么双方当事人之间就具有某种订约上的联系，为了缔约合同，一方所实施的足以使对方产生信赖的行为，将对其产生约束，双方已经由原来普通的关系进入特殊的联系阶段。双方当事人都应当按照诚信原则的要求，讲诚实、守信用，以善意的方式行使权利并履行义务。根据诚实信用原则的要求，双方当事人在订立合同时应当同时负有一定的附随义务，即先契约义务。具体包括：(1)无正当理由不得撤销要约的义务；(2)使用方法的告知义务；(3)合同订立前重要事情的告知义务；(4)协作和照顾的义务；(5)忠实义务；(6)保密义务；(7)不得滥用谈判自由的义务。如果双方的谈判已经进入一定的阶段，一方的行为足以使另一方当事人合法地相信其会与之订立合同，并因此支付了一定费用，那么中断谈判就是有错的。

本案中原告嘉华设计公司收到被告和逸置业公司的中标通知书，是足以信赖合同会签订的保证，其随后做好了项目设计、配套、服务工作的所有准备，双方已经由原来普通的关系进入特殊的联系阶段。

其次，根据民法理论，信赖利益应当为缔约过失责任赔偿的基本范围，信赖利益的损失限于直接损失，直接损失就是指因为信赖合同的成立和生效所支出的各种费用。具体包括：第一，因信赖对方要约邀请和有效的要约而与对方联系、赴实地考察检查标的物以及为此支出的费用。第二，因信赖对方将要缔约，为缔约做各种准备工作并为此支付的各种合理费用。第三，为谈判所支出的劳务，以及为支出上述费用所失去的利息。但是，各种费用的支出必须是合理的，不能是受害人任意支出的。所以本案中法院的判决是合情合理的。

■ 知识点梳理

缔约过失责任只赔偿直接损失而不包括间接损失。间接损失，是指如果缔约一方能够获得各种机会，而在因另一方的过错导致合同不能成立的情况下，使这些机会丧失。这些损失不包含在信赖利益的范围内，因为机会本身就是很难确定的，存在很大的偶然性，在举证上也存在困难，这种损失无须赔偿。

6

Case Study

吴卫明诉花旗银行上海分行储蓄合同纠纷案

过错责任 ｜ 缔约过失

■ 问题提示

1. 缔约过失与违约责任的区别在哪里?
2. 是否在所有未能成立的合同中,无过错方都可以向对方当事人追究缔约过失责任?
3. 本案中花旗银行是否存在缔约过失责任?

■ 相关法条

《中华人民共和国合同法》第三条[平等原则]、第四条[自愿原则]、第四十二条[缔约过失]

■ 近似案例

李红云诉济南农村商业银行股份有限公司历城支行等金融借款合同纠纷案

中国太平洋人寿保险股份有限公司周口中心支公司与井艳红人身保险合同纠纷上诉案

李伟豪诉庆元县汇金房产有限公司缔约过失责任纠纷案

■ 案情介绍

□ 审理过程

原告诉称:原告到被告处办理个人外币储蓄手续时,得知存款额要高于5000

美元;低于5000美元的,必须接受被告提供的个人理财服务,并向其缴纳相应服务费。原告表示只办储蓄,不要个人理财服务,不愿支付服务费,但被被告拒绝,以致双方不能缔结储蓄合同。为不特定社会公众提供储蓄服务,是商业银行的法定义务。银行从事储蓄业务,是对社会不特定公众的要约;储户持币开户,已构成承诺。银行没有限制储户必须存款多少的权利。被告利用优势地位以5000美元划线,强迫低于此数的储户接受其提供的个人理财服务,实际是变相搭售,剥夺原告对金融服务的选择权,并以服务费方式变相剥夺储户获取利息的权利,有违诚实信用原则。被告这种行为是对小额储户的歧视,给原告造成了一定的心理伤害。依照《合同法》第四十二条的规定,被告在缔约过程中的这一行为,侵犯了原告的合法权利,应当对因缔约过失给原告造成的损害承担赔偿责任。请求判令被告赔礼道歉,赔偿原告为此次储蓄而支出的往返路费34元(以下未另外注明的货币单位均为人民币)。

原告提交以下证据:(1)浦西支行营业大厅门口的监控录像,用以证明吴卫明为存款曾到上海花旗银行下属的浦西支行;(2)浦西支行的柜台业务说明、柜台宣传资料以及浦西支行理财顾问的名片,用以证明因浦西支行以理财服务费为名收取不合理费用,吴卫明未办理储蓄;(3)面额分别为14元和20元的出租车车费发票两张,用以证明吴卫明的损失;(4)2002年4月12日、18日《新闻晨报》、2002年4月18日《南方周末》的报道,用以证明上海花旗银行应于2002年4月18日知道其已被起诉。

被告辩称:浦西支行营业大厅门口的监控录像,仅能证明原告进入浦西支行大门,而浦西支行大门除通向营业大厅,还通向ATM取款机,不能以此推定原告进入浦西支行大门后的唯一目的是到被告处存款;原告可以公开得到被告的宣传资料,也可以在其他场合取得理财顾问的名片。原告提交的证据,不能证明其曾于2002年4月8日下午至浦西支行办理个人外币储蓄手续时被拒绝的事实,其诉讼请求没有事实根据。被告没有提供过可独立于储蓄以外的个人理财服务,更没有因强行向客户搭售这种服务而收取服务费。储蓄本身是一种理财行为,收取服务费与储蓄有关。对日平均总存款额低于5000美元的客户,被告每月确实要收取6美元或者50元的服务费,这是符合《外资金融机构管理条例》规定的行为,且已到中国人民银行备过案。原告与被告之间没有储蓄合同,不存在违约的前提。被告也没有向原告搭售任何可独立于储蓄以外的个人理财服务，不存在缔约过失。向日平均总存款额低于5000美元的客户收取服务费，适用于所有此类存款客户，不是单独针对原告，不存在歧视。被告没有侵害原告的任何合法权益，应当驳回原告的诉讼请求。

被告提交以下证据：(1)中国人民银行上海分行办公室的回函，用以证明上海花旗银行已就收取服务费事宜向金融主管部门备案；(2)浦西支行个人银行部总经理朱亚明的证言，用以证明上海花旗银行的存款业务流程及存款服务费性质；(3)中国银行、中国工商银行网页资料，用以证明储蓄通常被理解为一种理财行为；(4)2002年3月22日《北京青年报》、2002年3月23日《文汇报》和《经济日报》、2002年4月1日《新民周刊》的报道，用以证明在2002年4月8日前，上海花旗银行收取服务费已成为公知的事实。

□ 裁判过程

经质证、认证，上海市浦东新区人民法院确认以下事实：

2002年3月29日，经中国人民银行及国家工商行政管理总局批准，被告上海花旗银行开始经营吸收公众存款的外汇业务。上海花旗银行规定，对日平均总存款额低于5000美元的客户，每月收取6美元或者50元的服务费；对日平均总存款额等于或高于5000美元的客户，免收此项服务费。4月4日，上海花旗银行向中国人民银行上海分行上报了《花旗银行个人银行服务》报告，其中含有上述收费内容，中国人民银行上海分行办公室于4月28日确认收到该报告。由于上海花旗银行此项规定与内资银行的传统做法不同，众多媒体相继进行了报道，引起广泛关注。

2002年4月8日下午，原告吴卫明支付车费20元，乘出租车到达被告上海花旗银行所辖的浦西支行。进入浦西支行大门后，吴卫明在营业厅内获取了上海花旗银行介绍上述收费内容的“货币理财组合”宣传资料，并与上海花旗银行的理财顾问邵肃洽谈了个人外汇存款事项，但未办理存款手续即离开浦西支行，由他处乘出租车返回，支付车费14元。上海市浦东新区人民法院认为：

从双方提交的证据来看，可以证明2002年4月8日下午，原告吴卫明到过被告上海花旗银行所属的浦西支行营业大厅。从递交诉状到庭审陈述期间，吴卫明虽然一再声称其此行目的是为办理外币存款，但一直未提及其欲存的外币币种和数额，故无法确认其此行是办理外币存款，还是进行理财咨询，或者为其他目的。设若原告吴卫明此行是办理外币存款，也确实是因不同意向被告上海花旗银行支付小额外币存款的服务费而没有缔结外币存款合同。在这种情况下，上海花旗银行是否需要向吴卫明承担缔约过失的赔偿责任，取决于上海花旗银行是否存在缔约过失。

被告上海花旗银行是依照《商业银行法》和《外资金融机构管理条例》的规定，经中国人民银行批准，在中国境内设立的外国商业银行分行，是吸收公众存款、发放贷款、办理结算等业务的企业法人。作为企业，商业银行必然以效益性、安全性、流动性为其经营原则，实行自主经营，自担风险，自负盈亏，自我约束。商业银行依法开展业务，不受任何单位和个人的干涉。《商业银行法》第八十八条规定："外资商业银行、中外合资商业银行、外国商业银行分行适用本法规定，法律、行政法规另有规定的，适用其规定。"《外资金融机构管理条例》第二十二条规定："外资金融机构的存款、贷款利率及各种手续费率，由外资金融机构按照中国人民银行的有关规定确定。"对外资金融机构在办理小额存款时能否收取服务费，中国人民银行至今尚无专门规定。上海花旗银行在法律、法规和规章没有明确禁止规定的情况下，决定对小额储户收取服务费，并及时向主管部门备了案。是否准许该行向小额储户收取服务费，宜由主管部门根据形势的发展，特别是我国加入世界贸易组织后的相关规则和商业惯例作出相应规定。在相应规定没有出台前，不能认定上海花旗银行此举违法。

《合同法》第四十二条规定，在订立合同过程中，当事人只有存在"假借订立合同，恶意进行磋商；故意隐瞒与订立合同有关的重要事实或者提供虚假情况；有其他违背诚实信用原则的行为"等情形之一，给对方造成损失的，才应当承担缔约过失的损害赔偿责任。由于被告上海花旗银行对小额储户按月收取服务费与内资银行的传统做法明显不同，因此事前有众多媒体进行了报道，引起市民广泛关注。作为一名关心社会热点问题的法律专业人士，原告吴卫明在上海花旗银行开展个人外币存款业务不久即赶至该行营业场所。尽管吴卫明声称其事先对上海花旗银行的这一收费标准并不知悉，但在吴卫明进入上海花旗银行营业场所后，该行工作人员向其讲解了小额存款的收费标准，吴卫明也获取了上海花旗银行对这一收费标准印制的宣传材料。吴卫明从上海花旗银行处得知的收费标准,与该行事先公布的标准完全相同。《合同法》第三条规定:“合同当事人的法律地位平等,一方不得将自己的意志强加给另一方。”第四条规定:“当事人依法享有自愿订立合同的权利,任何单位和个人不得非法干预。”在缔结外币储蓄合同一事上,上海花旗银行与吴卫明的法律地位平等。该行不存在恶意进行磋商、故意隐瞒与订立合同有关的重要事实或者提供虚假情况等行为,收费行为也不构成对小额储户的歧视。上海花旗银行没有垄断外币储蓄业务,办理外币储蓄业务不是只此一家银行。吴卫明对该行收取服务费的办法不满意,完全可以选择到其他金融机构办理,没必要非与该行缔结外币储蓄合同,也不得将自己的意志强加给该行。吴卫明关于上海花旗银行违背诚实信用原则的诉讼主张,缺乏事实根据;关于上海花旗银行收费行为是对小额储户歧视且给其造成一定心理伤害的诉讼主张,缺乏法律依据。故对吴卫明关于判令上海花旗银行赔礼道歉、赔偿损失的诉讼请求,不予支持。

据此,上海市浦东新区人民法院依照《民事诉讼法》第六十四条第一款的规定,于2002年10月10日判决:原告吴卫明的诉讼请求不予支持。案件受理费50元,由原告吴卫明负担。

一审宣判后,吴卫明不服,向上海市第一中级人民法院提出上诉,理由是:存款有息是《商业银行法》对商业银行规定的原则。被上诉人向小额储户收取服务费的行为,违反这一原则。既然该收费行为未经中国人民银行批准,即应认定违法。虽然被上诉人事先通过媒体发布了收费的消息,但这样的信息不能视为公知信息。上诉人进入被上诉人的营业大厅,与被上诉人的理财顾问洽谈有关个人外汇存款业务,这一事实已经由双方确认。被上诉人没有证据证明上诉人系为其他事由进入营业大厅,应当认定上诉人进入营业大厅的目的就是为与被上诉人缔结储蓄合同。上诉人在事先不知悉收费信息的情况下,为存款有息来与被上诉人缔结外币储蓄合同,却被告知要收取服务费。这种行为确实违反诚实信用原则,侵犯了上诉人的合法权益,被上诉人应当承担缔约过失责任,给上诉人赔偿损失。请求二审撤销一审判决,改判支持上诉人在一审提出的诉讼请求。

被上诉人花旗银行辩称:上诉人不能证明双方已进入缔约阶段,故不存在缔约过失的前提。储蓄是一种理财行为。作为商业银行,只有对储户的账户进行管理,才能取得效益。小额储户过多,则银行从管理这些账户取得的收益,还无法弥补为管理这些账户投入的支出。在此种情况下,被上诉人只得向小额储户收取服务费,这些费用实际是账户管理费。况且账户管理费与利息是两回事,被上诉人仍然按中国人民银行确定的利率给小额储户计算着利息,没有违背存款有息的原则。作为外资银行,被上诉人在向主管部门备案后,有权向小额储户收取账户管理费。被上诉人已将这一收费信息进行了公告,没有违反法律法规的规定和诚实信用原则。市场是开放的,上诉人不满意被上诉人收费,完全可以选择其他银行提供的服务,被上诉人没有义务改变自己的服务条件来与上诉人缔结合同。一审判决正确,应当维持,上诉人的上诉请求应当驳回。

上海市第一中级人民法院经审理,确认一审查明的事实。

本案争议焦点是:对小额储户收取账户管理费,是否违背存款有息的原则,是否违法?在订立合同的过程中,是否存在缔约过失?

上海市第一中级人民法院认为:《外资金融机构管理条例》第二十二条规定,外资金融机构在经中国人民银行批准开展的业务范围内,有权按照中国人民银行的有关规定确定各种手续费率。对小额储户收取账户管理费,这种做法是不是区别于外汇存款的一项新业务,或者这种做法是否属于外资金融机构可以确定的手续费率问题,中国人民银行目前尚未明确规定。故上诉人吴卫明认为被上诉人上海花旗银行对小额储户收取账户管理费属违法行为的主张,没有法律依据。上海花旗银行在向小额储户收取账户管理费的同时,仍向小额储户计付利息,故收取账户管理费与存款有息互不关联。缔约过失责任,是指在订立合同过程中,当事人因实施违反诚实信用原则的行为给对方造成损失后应承担的法律责任。上海花旗银行在对小额储户收取管理费前,已经通过众多媒体将该信息在社会上进行了广泛报道,尽到了必要和可能的公知义务。即使吴卫明事前不知道这一信息,订立合同的过程,也只能从吴卫明进入上海花旗银行营业场所并受到该行工作人员接待时开始,而不是从吴卫明因存款有息而动身前来缔结外币储蓄合同时开始。在订立合同的过程中,上海花旗银行工作人员向吴卫明介绍了小额存款业务的相关信息,吴卫明也对收费情况有了较详细的了解。没有证据证明一方当事人在订立合同的过程中有故意隐瞒或虚假陈述的行为,也没有证据证明另一方当事人在订立合同过程中因此遭受了损失,故在订立合同的过程中未发生缔约过失。吴卫明尽可在清楚其权利义务后,自主确定是否与上海花旗银行订立储蓄合同。吴卫明认为上海花旗银行对小额储户收取管理费违反诚实信用原则，侵犯其合法权益，构成缔约过失的诉讼主张，缺乏事实根据和法律依据，不能支持。

据此，上海市第一中级人民法院依照《民事诉讼法》第一百五十三条第一款第一项规定，于 2003 年 2 月 25 日判决：驳回上诉，维持原判。二审案件受理费 50 元，由上诉人吴卫明负担。本判决系终审判决。

■ 案例评析

□ 重点示意图

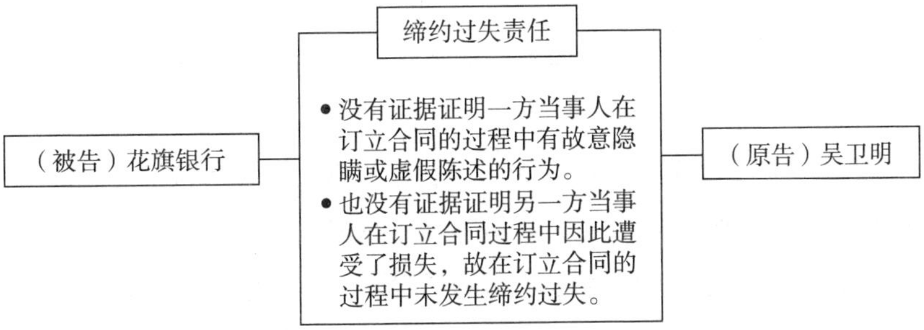

□ 疑难点释析

首先，是否存在缔约过失责任是本案一审和二审法院审理的重点，也是双方争议的焦点。在订立合同过程中，当事人只有存在“假借订立合同，恶意进行磋商；故意隐瞒与订立合同有关的重要事实或者提供虚假情况；有其他违背诚实信用原则的行为”等情形之一，给对方造成损失的，才应当承担缔约过失的损害赔偿责任。

而缔约过失责任是违反义务的法律后果，这种义务不是合同义务，而是先合同义务。所谓先合同义务，又称先契约义务，是当事人在缔约过程中依诚实信用原则所应承担的必要的注意义务。于是本案的下一个争议点就是双方何时开始起算缔约过程？从吴卫明进入上海花旗银行营业场所并受到该行工作人员接待时开始，还是从吴卫明因存款有息而动身前来缔结外币储蓄合同时开始。本案显然应该是从接待时起算比较合理。

其次，由于缔约过失责任采取的是过错责任原则，根据“无损失，无责任”原则，缔约过失责任也必须有损失，此种损失应为信赖利益的损失。通说认为，缔约过失责任的赔偿范围仅限于信赖利益，而非固有利益或履行利益。此乃缔约过失责任与侵权责任及合同责任的又一区别。固有利益又称维持利益，是指违反保护义务，侵害相对人身体健康或所有权，受害人于健康或所有权所受的一切损害。先合同义务不应包含保护义务的内容。行为人违反保护义务，侵害他人的人身或财产造成的损害，应当通过侵权法加以解决。履行利益是指法律行为（尤其是合同）有效成立，但因债务不履行而发生的损失，又称为积极利益或积极的合同利益。履行利益赔偿的结果，是使当事人达到合同完全履行的状态，损害履行利益只能通过合同责任加以解决。如果将损害固有利益和履行利益也通过缔约过失责任加以解决，则将混淆其与侵权责任和合同责任的界线，不利于建立和谐的责任体系。那么，信赖利益的范围又如何界定？各国立法不一，我国《合同法》也并未明确规定。理论上的看法也颇有不同。有的认为信赖利益的损失包括直接损失和间接损失。所谓间接损失，是指如果缔约一方能够获得各种机会，而在另一方的过错导致合同不能成立的情况下，使这些机会丧失。赔偿间接损失的理由为：建立缔约过失责任的目的之一就在于弥补受害人的损失。如果确因一方违反先合同义务造成他方丧失订约机会而受损害，则不予赔偿有失公平，也不利于维持正常的市场交易秩序。有的认为信赖利益的损失仅限于直接损失。所谓直接损失，就是指因为信赖合同的成立和生效所支出的各种费用，如订约费用，准备履行费用及支出上述费用所失去的利息等。因为信赖利益必须是一种合理的能够确定的损失，而机会所形成的利益很难合理确定。如果允许以缔约过失为由要求赔偿机会损失，则缔约过失赔偿范围过大，这是不利于确定责任的。而且机会损失在举证上存在困难，也可能会诱发当事人与第三人恶意串通，索赔巨额机会损失的费用。从另一角度来看，交易必定存在风险，在缔约过程中，缔约双方均应树立风险意识而尽必要的注意义务。认为只要进入缔约阶段就能以相对方存在缔约过失为由获得直接损失和间接损失特别是缔约机会等损失的赔偿，则加大了缔约过失方的注意义务而忽略了另一方的注意义务，可能纵容另一方依据缔约过失责任而得到不当利益，不利于维护正常的交易秩序。至于侵害相对人身体健康或所有权，因违反的是保护义务，可依侵权责任请求赔偿。所以，信赖利益的损失应限于直接损失，其范围应包括：(1)缔约费用,包括邮电、文印费用、赴订约地域察看标的物所支付的合理费用;(2)履约准备费用,包括为运送标的物或受领对方给付所支付的合理费用,或因信赖合同成立而购租房屋、厂房、机器设备或雇工所支付的费用;(3)因支付上述费用而失去的利息。

缔约过失责任是一种损害赔偿责任。通说认为其责任形式仅限于赔偿损失一种,也有学者主张缔约过失的责任不应当限于赔偿损失,赔偿损失只是其主要责任形式。由于实践中缔约过失行为日益复杂化、多样化,有必要在赔偿损失之外考虑其他责任形式的合理性与可行性,如返还财产、恢复原状,并允许多种责任形式合并适用,以便最大限度地保护受害方的利益。返还财物只是一种民事义务而非民事责任,其根据是不当得利或物权的追及性原理。

■ 知识点梳理

当事人在订立合同的过程中无故意隐瞒或虚假陈述的行为,对方当事人亦未遭受损失,应认定未发生缔约过失。信赖利益的损失包括直接损失和间接损失。而直接损失主要包括:缔约费用、准备履约和实际履约所支付的费用;因缔约过失导致合同无效、被变更或被撤销所造成的实际损失;因身体受到伤害所支付的医疗费等合同费用;因支出缔约费用或准备履约和实际履行支出费用所失去的利息等。间接损失主要包括:因信赖合同有效成立而放弃的获利机会损失、利润损失;因身体受到伤害而产生的误工收入;其他可得利益损失。

7

Case Study

时间房地产建设集团有限公司与玉环县国土资源局土地使用权出让合同纠纷案

要约邀请 | 定金保证金

■ 问题提示

1. 关于挂牌出让公告的法律性质问题如何认定？
2. 在挂牌期间撤回要约邀请是否承担法律责任？
3. 定金和保证金的界定标准是什么？

■ 相关法条

《**中华人民共和国合同法**》第五条［公平原则］、第十五条［要约邀请］

《**最高人民法院关于适用〈中华人民共和国合同法〉若干问题的解释（一）**》第四条［合同无效的依据］

《**中华人民共和国担保法**》第八十九条［定金双倍罚则］、第九十条［定金的形式］

《**中华人民共和国民事诉讼法**》第六十四条［举证责任］

《**中华人民共和国招标投标法**》第六十条［履约保证金］

■ 近似案例

郑成国、张利红与余姚保利置业有限公司商品房预售合同纠纷案

磐石市吉东矿业建材有限责任公司与刘桂和等合同纠纷上诉案

广州市百悦餐饮管理有限公司与刘立平等特许经营合同纠纷上诉案

■ 案情介绍

□ 基本案情

2003 年 1 月 9 日,时间房地产建设集团有限公司(以下简称时间公司)向浙江省高级人民法院提起诉讼称:2002 年 11 月 7 日,国土局在《玉环报》上刊登出《挂牌出让公告》,载明经玉环县人民政府批准,国土局挂牌出让开发编号为 2002—005 号,面积 25.9434 公顷,用途为混合住宅用地,土地使用年限为 70 年的国有土地使用权。根据公告的要约,时间公司于 2002 年 11 月 20 日向国土局提交了注册资金为 10089 万元的营业执照副本,并交纳了挂牌押金 2000 万元。2002 年 11 月 21 日,时间公司在国土局规定的挂牌地点玉环县地产交易窗口依法参加挂牌竞投活动,并于当日 14 时 30 分挂出了 5000 万元报价的竞买单。2002 年 11 月 22 日,国土局以该开发宗地未经浙江省国土资源厅批准为由,通知时间公司对该开发宗地停止挂牌出让,拒绝与时间公司订立国有土地使用权出让合同。时间公司认为,根据国家法律规定:“商业、旅游、娱乐和商品住宅等各类经营性用地,必须以招标、拍卖或挂牌方式出让。”而国土局作为唯一代表国家出让国有土地的部门,在未经有权部门批准发布挂牌公告后又取消挂牌,按照常理,是不可能的事情,国土局对此恶意毁约行为应承担全部的法律责任。时间公司已取得了本次挂牌的最高报价,是本次挂牌的竞得人。根据 2001 年 11 月 11 日台州市人民政府第 74 号令即《台州市国有土地使用权出让招标拍卖管理办法》(以下简称台州市政府令)第二十九条之规定,时间公司交纳的 2000 万元履约保证金,是时间公司、国土局约定的在签订国有土地使用权出让合同之前的立约定金,根据《担保法》第八十九条、第九十条之规定,国土局应双倍返还。根据《民法通则》第四条、《合同法》第五条所规定的公平原则和国土资源部、监察部于 2002 年 8 月 26 日颁布的《关于严格实行经营性土地使用权招标拍卖挂牌出让的通知》的精神,为了防止国有资产流失,国土局不得改变《挂牌出让公告》和《挂牌出让须知》中确定的报名主体的条件,应尽速补办相关手续,继续履行公告所确定的义务。故时间公司请求:(1)判令国土局继续履行合同,将开发编号为 2002—005 号开发宗地出让给时间公司;(2)判令国土局双倍返还时间公司所交的约定为定金性质的保证金计4000万元(已返还2000万元);(3)由国土局承担案件受理费。

国土局答辩称:(1)2002年11月7日的《挂牌出让公告》就法律性质而言,是向不特定的多数人所发出的要约邀请,并不是要约,因此,国土局在发出该公告后,根据浙江省国土资源厅的指令撤销该具有要约邀请性质的出让公告,不是毁约行为,更谈不上继续履行合同的问题。(2)国土局停止对该开发宗地的挂牌出让,不是出于恶意,而是为了执行浙江省国土资源厅的指令和遵守程序的规定。2002年11月21日,国土局不只收到了时间公司的"挂牌出让竞买报价单",还收到了渝汇公司的"挂牌出让竞买报价单",且时间公司并不是本次挂牌的最高报价者。时间公司在报名后,当场向国土局索要挂牌材料,因当时在国土局办理事务的人较多,国土局工作人员无法分身,国土局要求时间公司在30分钟后再来领取材料,遭到了时间公司的无端怀疑,时间公司当即向浙江省国土资源厅举报,称国土局"暗箱操作"。鉴于此次挂牌竞买有人举报,加之未经批准就将土地挂牌出让违反了《土地管理法》的有关规定,故在浙江省国土资源厅的干预下,国土局向时间公司发出了停止挂牌的通知。可见,在此次停止挂牌出让的问题上,国土局不存在任何恶意。(3)无论是国土局所发布的《挂牌出让公告》,还是国土局出具的行政事业单位往来款收据,均明确记载时间公司于2002年11月20日向国土局支付的2000万元只是保证金,并不是定金,时间公司将保证金说成是定金,缺乏法律依据。故请求驳回时间公司的诉讼请求。

□ 裁判过程

一审法院认为,关于2000万元是保证金还是定金的问题,根据《担保法》第九十条的规定:"定金应当以书面形式约定。当事人在定金合同中应当约定交付定金的期限。定金合同从实际交付定金之日起生效。"而从本案的证据来看,双方当事人之间没有签订过任何形式的定金合同或定金条款。从双方挂牌出让的有关文件来看,只约定了2000万元的保证金。而《最高人民法院关于适用〈中华人民共和国担保法〉若干问题的解释》(以下简称《担保法解释》)第一百一十八条规定:"当事人交付留置金、担保金、保证金、订约金、押金或订金等,但没有约定定金性质的,当事人主张定金权利的,人民法院不予支持。"从该规定来看,时间公司主张定金权利,缺乏法律依据。约定,是指双方当事人之间意思表示一致,而台州市政府令是独立于当事人意思表示之外的行政规章,据此,时间公司认为台州市政府令的内容就是双方当事人之间意思表示的内容的理由,不能成立。

关于双方当事人之间国有土地使用权出让合同是否成立的问题,《合同法》第十五条第一款明确规定:“要约邀请是希望他人向自己发出要约的意思表示。寄送的价目表、拍卖公告、招标公告、招股说明书、商业广告等为要约邀请。”据此,本案的挂牌公告系要约邀请,而非要约,时间公司诉称本案系要约的理由不能成立,2002 年 11 月 21 日,时间公司的报价系要约。根据中华人民共和国国土资源部 2002 年 5 月 9 日颁布的《招标拍卖挂牌出让国有土地使用权规定》第十九条的规定:挂牌期限届满,按照下列规定确定是否成交:(1)在挂牌期限内只有一个竞买人报价,且报价高于底价,并符合其他条件的,挂牌成交;(2)在挂牌期限内有两个或两个以上的竞买人报价的,出价最高者为竞得人;报价相同的,先提交报价单者为竞得人,但报价低于底价者除外;(3)在挂牌期限内无应价者或竞买人的报价均低于底价或均不符合其他条件的,挂牌不成交。在挂牌期限截止时仍有两个或两个以上的竞买人要求报价的,出让人应当对挂牌宗地进行现场竞价,出价最高者为竞得人。而本案国土局在未经依法批准前,擅自挂牌出让国有土地使用权,浙江省国土资源厅责令停止挂牌,在此种情况下,既没有确定时间公司为中标人,也没有与其签订确认书,国土局尚未作出承诺,据此,双方之间的合同关系尚未成立。时间公司诉称双方之间已形成合同关系的理由不能成立。鉴于 2002 年 11 月 20 日挂牌出让底价为 5700 万元的函件及 2002 年 11 月 21 日“挂牌出让竞买报价单”非本案主要证据,对其认定与否对本案实体处理没有影响,故对时间公司要求对上述两份证据再次申请鉴定,不予支持。

关于双方之间的国有土地使用权出让合同是否有效的问题,双方之间的国有土地使用权出让合同关系尚未成立,因此,不存在国有土地使用权出让合同的效力问题。而讼争地块达 25.9434 公顷,依据上述规定,应报省政府批准,而国土局在挂牌出让公告以前,未报经省政府批准,这种挂牌行为也是无效的。综上,一审法院认为,国土局的挂牌出让行为未经浙江省人民政府批准,该挂牌出让行为是无效的;在挂牌过程中,经浙江省国土资源厅制止,国土局停止了挂牌出让行为,未确认时间公司为中标单位,对时间公司的报价行为未作出承诺,双方之间的合同关系尚未成立,时间公司要求判决双方继续履行合同,将讼争地块出让给时间公司的诉讼请求,缺乏法律依据,不予支持;双方之间也未约定时间公司所交2000万元为定金性质,据此,时间公司要求双倍返还定金的诉讼请求,不予支持。根据《合同法》第十五条、《担保法》第九十条、《担保法解释》第一百一十八条、《民事诉讼法》第六十四条之规定,判决:驳回时间公司的诉讼请求。案件受理费360010元,由时间公司负担。

二审法院认为,时间公司与国土局之间国有土地使用权出让合同关系是否已成立的问题,是时间公司请求继续履行合同的前提,也是国土局承担合同责任的基础。对这一问题的判定应综合挂牌出让公告的法律性质、本案是否存在承诺、国土局承担责任的法律根据等三方面内容进行确定。

关于挂牌出让公告的法律性质是要约邀请还是要约的问题,其区分标准应首先依照法律的规定。《合同法》第十五条载明拍卖公告和招标公告的法律性质为要约邀请,本案刊登于报纸上的挂牌出让公告与拍卖公告、招标公告相同,亦是向不特定主体发出的以吸引或邀请相对方发出要约为目的的意思表示,其实质是希望竞买人提出价格条款,其性质应认定为要约邀请。时间公司于2002年11月21日所作的报价应为本案要约。时间公司诉称挂牌出让公告即为要约的主张缺乏法律依据,不能成立。《合同法》对要约邀请的撤回未作条件限制,在发出要约邀请后,要约邀请人撤回要约邀请,只要没有给善意相对人造成信赖利益的损失,要约邀请人一般不承担法律责任。要约邀请不形成合同关系,撤回要约邀请亦不产生合同上的责任。因此,时间公司要求国土局继续挂牌并与之签订国有土地使用权出让合同的主张于法无据,不予支持。

关于本案是否存在承诺的问题,2002年11月22日,即时间公司与渝汇公司虽已报价但未开始竞价的次日,浙江省国土资源厅以"未经依法批准,擅自挂牌出让国有土地使用权"为由,责令国土局停止挂牌,从而使正在进行中的缔约行为因事实原因的出现而发生中断,此时,挂牌出让程序中的竞价期限尚未届满,国有土地使用权出让合同的主要条款即讼争宗地使用权的价格未能确定,国土局尚未对时间公司的报价作出承诺,双方关系仍停留于缔结合同过程中的要约阶段,因此,本案合同因尚未承诺而没有成立,双方当事人之间没有形成合同关系。时间公司主张存在有效承诺,双方之间已形成合同关系的理由不能成立。

因本案所涉合同未成立，故时间公司认为其与国土局之间存在效力待定合同的主张，亦不予支持。

关于国土局承担责任的法律根据问题，本案正在进行中的国有土地使用权挂牌交易，不仅于挂牌之时未获审批且至本院二审庭审结束时止该宗国有土地使用权出让仍未获浙江省人民政府批准，从而造成时间公司期待缔结国有土地使用权出让合同的目的不能实现，国土局对此存在过错，应承担相应的缔约过失责任。在缔约阶段所发生的信赖利益的损失，必须通过独立的赔偿请求予以保护。本案二审期间，虽然国土局同意承担缔约过失的赔偿责任，但时间公司直至二审庭审结束前仍坚持要求国土局承担继续履行合同或双倍返还保证金的责任，未就国土局缔约过失致其损失提出赔偿请求，限于当事人的诉讼请求和二审案件的审理范围，对此问题，法院不予审理。鉴于本案当事人之间的合同关系尚未成立，一审判决驳回时间公司要求国土局承担合同责任的诉讼请求，适用法律并无不当。

至于《挂牌出让公告》和《挂牌出让须知》所规定的2000万元保证金是否为定金的问题，该2000万元在本案《挂牌出让公告》中载明为“保证金”，双方并未约定为定金。担保法及担保法若干问题解释中规定了定金和保证金的界定标准，即当事人主张保证金为定金的前提是双方有明确约定。时间公司所引用的台州市政府令第二十九条将保证金作为定金处理的规定，因其既不是双方当事人的约定，又不符合法律的相关规定，该政府令不能作为本案认定2000万元保证金为定金的法律依据。一审判决认定本案2000万元保证金不是定金，适用法律正确。时间公司关于该2000万元保证金应为担保正式订立合同的立约定金，国土局应予以双倍返还的主张，缺乏事实和法律依据，法院不予支持。

时间公司在二审期间提出的对渝汇公司的报价单和国土局的底价单的真实性进行重新鉴定，对渝汇公司是否实际交纳2000万元保证金的事实进行调查的请求，因对法院认定双方当事人之间的合同并未成立没有影响，故不予同意。综上，一审判决认定事实清楚，适用法律正确。根据《民事诉讼法》第一百五十三条第一款第(一)项之规定，判决如下：驳回上诉，维持原判。

■ 案例评析

□ 重点示意图

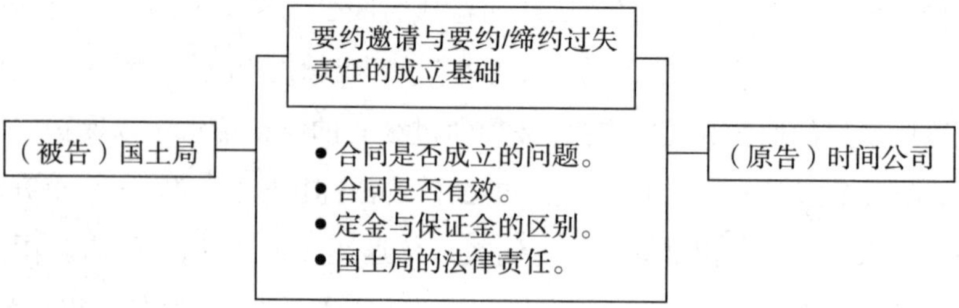

□ 疑难点释析

《合同法》第十五条载明拍卖公告和招标公告的法律性质为要约邀请，本案刊登于报纸上的挂牌出让公告与拍卖公告、招标公告相同，亦是向不特定主体发出的以吸引或邀请相对方发出要约为目的的意思表示，其实质是希望竞买人提出价格条款，其性质应认定为要约邀请，则时间公司于 2002 年 11 月 21 日所作的报价应为本案要约，故时间公司诉称挂牌出让公告即为要约的主张缺乏法律依据，不能成立。《合同法》对要约邀请的撤回未作条件限制，在发出要约邀请后，要约邀请人撤回要约邀请，只要没有给善意相对人造成信赖利益的损失，要约邀请人一般不承担法律责任。要约邀请不形成合同关系，撤回要约邀请亦不产生合同上的责任。根据《合同法》第十五条第一款的规定，国有土地使用权出让公告属于要约邀请，竞买人在竞买申请中提出报价，并按要约邀请支付保证金的行为，属于要约，双方当事人尚未形成土地使用权出让合同关系。国有土地使用权出让方因出让公告违反法律的禁止性规定，撤销公告后，造成竞买人在缔约阶段发生信赖利益损失的，应对竞买人的实际损失承担缔约过失责任。

对于本案中定金和保证金的界定标准问题，《担保法》及其司法解释中规定了定金和保证金的界定标准，即当事人主张保证金为定金的前提是双方有明确约定。

1.《合同法》规定的合格要约应具备以下构成要件：(1)要约应当有相对人承

诺即成立合同而受其约束的确定意思。(2)要约应当以明确的方式向受要约人发出。(3)《合同法》第十四条第二项规定,要约的内容应当具体确定。具体确定,就是明确。但具体确定到什么程度,应根据要约人所要成立的合同的内容来确定。(4)要约必须送达受要约人。此外,要约是由具有订约能力的特定人作出的意思表示。要约的发出旨在与他人订立合同,并唤起相对人的承诺,所以要约人应是订立合同的一方当事人;由于要约人以订立合同为目的而发出要约,因此其应具有订立合同的行为能力。

2. 要约与要约邀请的区别。要约邀请也叫作要约引诱,是一方希望他人向自己发出要约的意思表示。要约与要约邀请在学理上有明显的区别:(1)要约是一方向另一方发出的以订立合同为目的的意思表示,应具备成立一个合同所应具有的内容。而要约邀请是一方向另一方发出的邀请其向自己发出要约的意思表示,不完全具备合同内容条款,否则就是一个要约而不是要约邀请。(2)要约一经生效,受要约人就取得承诺的资格,承诺生效后,合同就成立了。而要约邀请只产生对方向其发出要约的可能,对方发出要约的,还必须要约邀请人承诺才能成立合同。(3)要约人受其发出的生效要约的约束,不能随意单方消灭要约,否则就应对因此给对方造成的损失承担赔偿责任;要约人在接到受要约人的合格承诺时,合同成立,要约人应承担合同义务,违反义务时就应承担违约责任。而要约邀请对行为人不具有任何约束力。

3. 司法实践和理论上的要约和要约邀请区分。(1)依法律规定作出区分。法律如果明确规定了某种行为为要约或要约邀请,即应按照法律的规定作出区分。(2)根据当事人的意愿来作出区分。此处所说的当事人的意愿,是指根据当事人已经表达出来的意思来确定当事人对其实施的行为主观上认为是要约还是要约邀请。具体来说,一方面,如果某项意思表示表明当事人不愿意接受要约的拘束力,则只是要约邀请,而不是要约。另一方面,当事人在其行为或提议中特别声明是要约还是要约邀请,则应根据当事人的意愿来作出区分。(3)根据订约提议的内容是否包含了合同的主要条款来确定该提议是要约邀请还是要约。(4)根据交易的习惯即当事人历来的交易做法来区分。例如询问商品的价格,根据交易习惯,一般认为是要约而不是要约邀请;再如,出租车司机将出租车停在路边招揽顾客,一般认为是要约而不是要约邀请。

此外,在区分要约和要约邀请时,还应当考虑到其他情况,诸如是否注重相对人的身份、信用、资历、品行等情况,是否需要实际接触,一方发出的提议是否使他方产生要约的信赖等,即综合各种因素考虑某项提议是要约还是要约邀请。由于要约与要约邀请的区分常常关涉到合同是否成立,有关当事人是否应当承担合同上的义务和责任等问题,因此,此种区分在实践中意义是很大的。要约邀请与要约之间最根本的区别就在于要约有成立合同的具体确定的内容,而要约邀请不必也不应具备满足合同成立的内容。虽然理论上对它们可作出清楚的划分,但在实践中却往往难以区别,因为要约的内容应如何明确,往往依据合同的内容确定,但合同的内容却没有固定的条款。所以在实践中,有一些要约邀请与要约非常相似,对这些特殊的要约邀请,法律上往往加以特别规定。如《合同法》第十五条规定:“寄送的价目表、拍卖公告、招标公告、招股说明书、商业广告等为要约邀请”,但“商业广告的内容符合要约规定的,视为要约”。可见要约与要约邀请在类型上也是不可能有固定区分的。

4. 保证金的主要作用。保证金,是指合同当事人一方或双方为保证合同的履行,而留存于对方或提存于第三人的金钱。在现实经济生活中流行的保证金主要有两种形式:一种形式的保证金是合同当事人为保证其债权的实现而要求另一方提供的保证金。另一种形式的保证金是双方在合同成立时,为保证各自义务的履行而向共同认可的第三人(通常为公证机关)提存的保证金。保证金也具有类似定金一样的担保合同实现的作用,但其没有双倍返还的功能。而且当事人可以自行约定定金的作用功能(如合同订立的保证、合同生效的条件、合同成立的证明,或者合同解除的代价),而这些功能是保证金不具备的。保证金留存或提存的时间和数额是没有限制的。双方当事人可以自行约定在合同履行前、合同履行过程中皆可;保证金的数额可以相当于债务额,并不像定金那样,其总额不得超过主合同总价款的 20%,而且必须是在合同约定时或者合同签订前给付。保证金只对履行合同的义务起保证作用。

5. 定金的特点。定金则有多种形式:如证约定金、履约定金、成约定金等。从法理的角度,定金属于保证金的一种特殊类型,一般保证金不具有定金罚则的特征,如果合同没有明确保证金的定金性质,不能要求违约方双倍返还。只有合同中明确把保证金写成“定金”而非“订金”等保证金,才能适用“定金罚则”。合同中写

“保证金”与写“订金”一样，均不具备“定金”性质，不可能适用定金罚则，只能要求返还保证金，不能要求双倍返还。另外，根据《合同法》的规定，定金与违约金不能并行，只能选择其一行使，即使保证金确实是定金性质，非违约方也只能选择定金或违约金之一。定金是一个法律概念，根据《担保法》第八十九条的规定：“当事人可以约定一方向对方给付定金作为债权的担保。债务人履行债务后，定金应当抵作价款或者收回。给付定金的一方不履行约定的债务的，无权要求返还定金；收受定金的一方不履行约定的债务的，应当双倍返还定金。”《合同法》第一百一十五条也有同样的规定。定金属于金钱担保，由于定金与合同履行挂钩，使当事人心理产生压力，从而积极履行合同。

6. 定金与押金的区别。押金是民间的一种叫法，其意思还是把金钱交给他人作担保。定金与押金的基本区别在于：定金交付时，标的物并未转移到给付定金一方当事人的手中；而押金交付时，标的物已经（或者同时即将）转移到给付押金一方的当事人手中，例如，定做皮鞋时，交付定金，此时皮鞋尚未做成，更未到定做人手中；租用照相机时，交付押金，此时照相机已经或者即将转移到交付押金者手中。定金与押金虽然同样具有保证金性质，但其性质和法律效果却大不一样。

■ 知识点梳理

要约邀请与要约在法律意义上有很大的差别，如果为要约，则一经承诺，一般情况下合同成立并生效，如果一方违反合同，将承担违约责任；而要约邀请受到认可，并不直接导致合同成立，自然就不涉及违约责任的问题。

8
Case Study

中国建设银行上海市浦东分行诉中国出口商品基地建设总公司等借款合同纠纷案

合同成立 | 书面形式

问题提示

1. 当事人的盖章与签字是否有同等效力，是否一样可以产生合同成立的法律效力？
2. 印章的借用、盗盖、越权盖章、当事人一方未盖章，合同是否成立？

相关法条

《中华人民共和国合同法》第十条［合同的形式］、第十一条［书面形式］、第三十二条［签字盖章］、第四十条［格式合同条款的无效］、第六十条［严格履行与诚实信用］

《中华人民共和国担保法》第六条［保证的定义］、第十八条第二款［连带责任保证］、第十九条［保证方式没有约定或约定不明的推定］、第二十一条［保证范围］、第三十一条［保证人的追偿权］

《中华人民共和国民法通则》第三十八条［法定代表人］

《中华人民共和国民法总则》第六十一条［法定代表人的定义及行为的法律后果］

近似案例

原告张玉波诉被告丹东市振安区楼房镇楼房村民委员会土地租赁合同纠纷案

广州某开房地产开发有限公司与李某超等房屋买卖合同纠纷上诉案

中国银行股份有限公司佛山南庄支行诉邓志方信用卡纠纷案

■ 案情介绍

□ 基本案情

原审法院查明:(1)1996 年 8 月 19 日,中国建设银行上海市浦东分行(以下简称建行浦东分行)与上海中益国际贸易发展有限公司(以下简称上海中益公司)签订一份外汇借款合同。约定:由建行浦东分行向上海中益公司提供流动资金贷款450 万美元;贷款期限自 1996 年 8 月 19 日起至 1997 年 8 月 18 日止;贷款年利率为中国建设银行一年期外汇流动资金贷款利率,按六个月浮动;每年 3 月 20 日、6 月20 日、9 月 20 日、12 月 20 日为付息日;若上海中益公司不能按约偿还该合同项下的任何到期款项,则建行浦东分行将向上海中益公司就逾期款项部分,从应付之日起到实际支付之日止计收逾期利息,利率为该合同贷款利率(指逾期发生时的贷款利率)的 1.3 倍。当日,建行浦东分行依约将 450 万美元划入上海中益公司账户。嗣后,上海中益公司除向建行浦东分行支付自借款日至 1996 年 12 月 23 日止的利息和于 1998 年 1 月 25 日又支付利息 12 万美元外,余款拖欠至今。截至1998 年1 月 20 日,上海中益公司尚欠建行浦东分行本金450 万美元、利息(包括期内息和逾期息)307330.08 美元。(2)中国出口商品基地建设总公司(以下简称中基公司)为本案系争贷款向建行浦东分行出具《不可撤销担保书》一份。该担保书载明,担保金额为 450 万美元以及贷款项下所发生的利息和相关费用;中基公司保证归还上海中益公司在借款合同项下不按期偿还的全部或部分到期借款本息及相关费用,并保证在接到建行浦东分行的书面通知后 14 日内代为偿还上海中益公司所欠借款本息和费用;该担保书是一种连续担保和赔偿的保证,自签订日起生效,直至担保金额已由上海中益公司或中基公司全部偿还为止。该担保书上有薛钊的签章并且加盖有中基公司的公章。(3)上述担保书上所盖的中基公司公章与中基公司预留在国家工商局备案的公章印文样式不相一致。(4)上海中益公司系中基公司与案外人中益国际经济集团有限责任公司(以下简称中益集团)于 1995 年共同投资设立。在办理上海中益公司设立登记手续时,中基公司作为投资股东之一,在向上海市浦东新区工商行政管理局(以下简称浦东工商局)递交的有关设立登记材料上多处使用了本案系争担保章。另外,中基公司在荷兰商业银行上海分行(以下简称荷兰银行)的两笔打包贷款业务中亦使用了本案系争担保章。为了追索欠款,建行浦东分行于1998年2月28日向上海市高级人民法院提起诉讼,要求上海中益公司偿还全部借款本息,并根据不可撤销的担保书的约定要求中基公司对上述债务承担连带担保责任。

上海市高级人民法院受理后,于1999年3月10日作出(1998)沪高经初字第10号民事判决,判令上海中益公司归还建行浦东分行450万美元借款本息,中基公司对此债务承担连带清偿责任。中基公司不服该民事判决,向最高人民法院提起上诉,最高人民法院受理后,于2001年2月3日作出(1999)经终字第179号民事裁定,认为上海市高级人民法院(1998)沪高经初字第10号民事判决认定事实不清,证据不足,裁定将本案发回上海市高级人民法院重审。

上海市高级人民法院经重审认为:本案系借款合同纠纷,建行浦东分行与上海中益公司签订的外汇借款合同合法有效,双方均应按约履行。建行浦东分行依约向上海中益公司放贷后,上海中益公司未能依约还本付息,显属违约,理应承担相应民事责任。上海中益公司有关减免该公司就本案贷款利息部分所应承担的责任的辩称因缺乏法律依据,不予支持。本案所涉担保书上所盖的公章虽与中基公司预留在国家工商行政管理局的公章印文不相一致,但因中基公司在其他的业务活动中亦多次使用了该公章,故应认定中基公司对该公章是认可的,为本案系争贷款提供担保是中基公司的真实意思表示。中基公司作为本案系争贷款的保证人亦应按约承担相应的保证责任。鉴于本案所涉担保书对保证方式约定不明,故中基公司应按连带责任保证承担保证责任。中基公司承担保证责任后,依法有权向上海中益公司追偿。上海中益公司有关该公司从未请中基公司为本案系争贷款提供担保的辩称主张以及上海中益公司与中基公司有关本案所涉担保书上的公章系邬小平用其变造的中基公司公章所盖的辩称,缺乏事实依据,上海市高级人民法院不予采信。

经上海市高级人民法院审判委员会讨论决定,依照《民法通则》第八十四条、《经济合同法》第四十条第二款和《担保法》第六条、第十八条第二款、第十九条、第二十一条、第三十一条的规定判决:(1)上海中益公司应在判决生效之日起10日内,向建行浦东分行偿还借款本金450万美元;(2)上海中益公司应在判决生效之日起10日内,向建行浦东分行偿还借款利息307330.08美元(计算至1998年1月20日止)。1998年1月20日以后发生的逾期利息按合同约定计付,直至付清;(3)中基公司对上海中益公司上述第一、二项付款义务承担连带清偿责任。中基公司在承担相应保证责任后,有权向上海中益公司追偿。案件受理费人民币209021.45元,由上海中益公司、中基公司共同负担。

□ 裁判过程

本案二审争议的焦点是《不可撤销担保书》是否成立。《合同法》第三十二条规定:"当事人采用合同书形式订立合同的,自双方当事人签字或者盖章时合同成立。"该条规定表明,当事人的签字或盖章都可以使合同成立。

当事人的签字,包括自然人本人或其委托代理人签字,企业法人或者其他经济组织的法定代表人、负责人或其委托代理人签字。《民法通则》第三十八条规定:"依照法律或者法人组织章程规定,代表法人行使职权的负责人,是法人的法定代表人。"第四十三条规定:"企业法人对它的法定代表人和其他工作人员的经营活动,承担民事责任。"企业的法定代表人签字的合同代表了企业的意思表示,可以产生合同成立的法律效果。本案讼争《不可撤销担保书》系法定代表人的签字,不存在委托代理人代理行为,但是对该法定代表人薛钊的签字系他人伪造,薛钊不应对不是由其签名的行为负责,也不能据此认定《不可撤销担保书》的内容反映了中基公司的意思。因此,伪造的签名不能使本案讼争的《不可撤销担保书》成立生效,中基公司不因伪造的法定代表人签字而产生民事责任。

盖章也可以产生合同成立的效果。合同书上盖章的意义在于证明该合同书的内容是印章记载当事人的意思表示,此时合同书上的印模具有证据的作用。加盖真实印章的合同,其权利义务由该当事人承受。本案讼争的《不可撤销担保书》,加盖的是以中基公司贸发部的印章变造后的中基公司印章,不是中基公司的正式印章,《不可撤销担保书》并不当然代表中基公司的意思,当然也不代表中基公司贸发部的意思。

中基公司是否应当依据该《不可撤销担保书》承担担保责任,需要根据本案的相关事实综合判定。如果加盖变造印章的行为是中基公司本人所为,则该印章虽为变造,但仍能代表中基公司的意思表示,中基公司应当承担担保责任。但是,中基公司贸发部的印章在出具《不可撤销担保书》时为中益集团持有，建行浦东分行经办业务人员虽称《不可撤销担保书》是交给中基公司办公室主任章志忠并由该公司盖章，但在原审庭审过程中不能辨认章志忠，其所称的《不可撤销担保书》上的变造印章系由中基公司加盖的事实不能得到印证。因此，建行浦东分行所称《不可撤销担保书》加盖变造印章系中基公司所为没有证据佐证。

原审判决在无证据证实的情况下，认定中基公司在其他业务活动中多次使用了变造后的中基公司公章不当。中基公司贸发部向荷兰银行申请打包贷款的时间发生在中基公司贸发部由中益集团公司经营管理期间，该打包贷款系以中基公司贸发部的名义申请的，该笔贷款后来汇入的14801103019账户也是由中基公司贸发部申请开立的，而且在该贷款转账凭证上加盖的也是中基公司贸发部财务章。无证据表明该笔打包贷款申请和划转过程与中基公司有直接联系。虽然在上述14801103019账户开户资料中包含有一份中基公司企业法人营业执照复印件，但由于一个企业的营业执照复印件可以从工商部门、税务部门以及企业本身等多个渠道获取，因此，单就中基公司贸发部持有中基公司企业法人营业执照复印件这一事实，不能认定该复印件就是由中基公司向中基公司贸发部提供的。而且，即使认定该复印件是由中基公司提供的，因当时中基公司贸发部由中益集团公司独立经营管理，仍不能认定中基公司对中基公司贸发部设立该14801103019账户是知情的，也不能认定中基公司对中基公司贸发部向荷兰商业银行上海分行申请710990美元打包贷款是知情的，更不能认定中基公司对上述打包贷款申请文件中使用了变造的中基公司章一事是知情的。即使中基公司知道在某一交易中他人使用变造印章，并对该交易行为予以认可，也是就该交易中他人的代理行为予以认可，其效力仅及于该项代理事务。中基公司在转让上海中益公司部分股权时，使用了合法的印章，该行为可以认为是对成立上海中益公司的行为的追认。如果无此行为或其他追认行为，该变造印章仍不能代表中基公司的意思。而在农行北京分行开户和与荷兰银行上海分行的信用证交易中，无证据表明中基公司知道变造印章的使用并且追认上述行为。因此，他人多次使用变造中基公司的印章，并不产生该变造印章在每项交易中均能代表中基公司意思的效果。建行浦东分行辩称：中基公司用所谓假公章向荷兰商业银行上海分行申请的贷款已经打入中基公司在中国农业银行北京市分行的账户，中基公司不但使用了这笔贷款，并且还归还了这笔贷款，与事实不符。

建行浦东分行主张其相信变造印章可以代表中基公司的理由一是盖章的过程,二是该变造印章的多次使用。如上所述,建行浦东分行不能证明系中基公司加盖的变造印章,而变造印章的多次使用本身并不产生当然代表中基公司意思表示的效果,况且,建行浦东分行在接受《不可撤销担保书》时,并不知道该印章曾多次被使用,该行是在争议发生后,才收集到有关证据。可见,建行浦东分行在接受《不可撤销担保书》时,并未将该印章的多次使用作为其相信该印章可以代表中基公司意思表示的理由。建行浦东分行作为专业性的金融机构,在从事金融业务时,本应尽到谨慎的注意义务,但其经办人员疏于履行职责,接受加盖变造印章的担保,对此,中基公司无过错,不应承担《不可撤销担保书》项下的义务。《不可撤销担保书》上的签名和变造的中基公司章均不能认定或者依法推定为中基公司真实意思表示,因此该《不可撤销担保书》不成立,中基公司不应承担上海中益公司对建行浦东分行450万美元借款本息的担保责任。

最高人民法院依照《民事诉讼法》第一百五十三条第一款第(一)、(二)、(三)项之规定,判决如下:(1)维持上海市高级人民法院(2001)沪高经重字第2号民事判决主文的第一项、第二项;(2)撤销上海市高级人民法院(2001)沪高经重字第2号民事判决主文的第三项;驳回中国建设银行上海市浦东分行要求中国出口商品基地建设总公司承担担保责任的诉讼请求。

■ 案例评析

□ 重点示意图

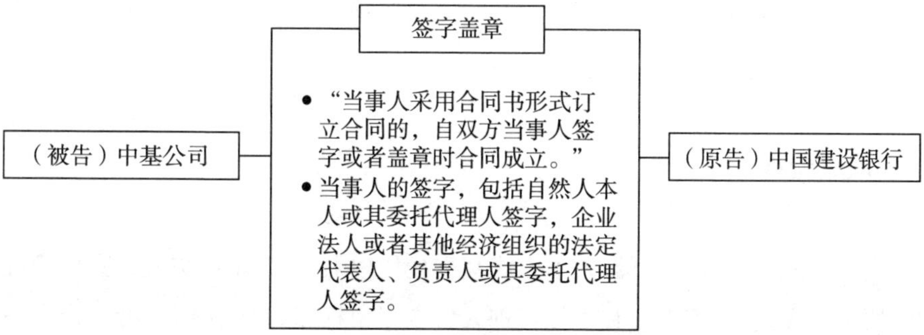

□ 疑难点释析

当事人签订民事合同具有复杂的动机、目的，合同除确定具体的交易关系外，还可以具有规范和指引作用，即当事人通过合同对以后发生的权利义务关系进行规范和指引；合同还可以具有确认和评价的作用，即当事人通过合同对双方既往发生的民事法律行为的性质、目的和作用加以确认、补充、完善和评价。

首先，当事人盖章可否推定争议合同文本为该当事人的真实意思表示？对于有争议的合同文本，经司法鉴定认定，一方当事人的签名系伪造，印章系变造，且经当事人举证和人民法院查证，均不能证明变造的印章为该当事人自己加盖或授意他人加盖，也不能证明该当事人有明知争议合同文本的存在而不予否认，或者在其他业务活动中使用过变造印章，或者明知他人使用变造印章而不予否认等情形，故不能认定或推定争议合同文本为该当事人真实意思的表示。

其次，对于合同书上盖章的意义的理解是，盖章可以产生合同成立的效果。合同书上盖章的意义在于证明该合同书的内容是印章记载当事人的意思表示，此时合同书上的印模具有证据的作用。加盖真实印章的合同，其权利义务由该当事人承受。加盖变造印章的行为的定性我国法目前认可的是，如果加盖变造印章的行为是当事人本人所为，则该印章虽为变造，但仍能代表当事人的意思表示，当事人也应当承担相应的责任。

最后，他人多次使用变造的当事人印章如何认定当事人的意思表示？即使当事人知道在某一交易中他人使用其变造印章，并对该交易行为予以认可，也是就该交易中他人的代理行为予以认可，其效力仅及于该项代理事务。因此，他人多次使用变造的当事人印章，并不产生该变造印章在每项交易中均能代表该当事人意思的效果。

■ 知识点梳理

当事人的签字，包括自然人本人或其委托代理人签字，企业法人或其他经济组织的法定代表人、负责人或其委托代理人签字。根据原《民法通则》第三十八条和

第四十三条规定,[1]企业的法定代表人签字的合同代表了企业的意思表示,可以产生合同成立的法律效果,而合同书上的盖章的意义也在于证明该合同书的内容是印章记载当事人的意思表示,此时合同书上的印模具有证据的作用,加盖真实印章的合同,其权利义务应由该签章人承受。

---

〔1〕 原《民法通则》第 38 条和第 43 条关于法定代表人的相关规定现由《民法总则》第 61 条替代和修改,但定义未变。法定代表人是指依照法律或者法人章程的规定,代表法人从事民事活动的负责人,为法人的法定代表人。法定代表人以法人名义从事的民事活动,其法律后果由法人承受。法人章程或者法人权力机构对法定代表人代表权的限制,不得对抗善意相对人。

PART 03

合同的效力

9

Case Study

成路诉无锡轻工大学教学合同纠纷案

格式合同 | 合同解释

问题提示

1. 格式合同在何种情形下会归于无效?
2. 对合同条款有两种以上解释的,以何种解释为准?

相关法条

《**中华人民共和国合同法**》第三十九条[格式合同条款定义及使用人义务]、第四十条[格式合同条款的无效]、第四十一条[格式合同的解释]、第四十四条[合同的生效]、第五十二条[合同无效的法定情形]

近似案例

中国平安财产保险股份有限公司东莞分公司与黄升丙等机动车交通事故责任纠纷上诉案

陈勇林诉武汉联投半岛置业有限公司房屋买卖合同纠纷案

姜灵芝与南京奶业(集团)有限公司经济补偿金纠纷上诉案

案情介绍

基本案情

原告成路因与被告江苏省无锡轻工大学(以下简称轻工大)发生教学合同纠

纷,向江苏省无锡市郊区人民法院提起诉讼。

原告诉称:1998年9月25日,原告报名参加了被告与美国金门大学(以下简称金门大学)合办的工商管理硕士学位班。学习期间,仅因一次单独旅游就被金门大学除名,经济上遭受巨大损失。事后原告了解到,被告与金门大学合办该学位班并没有经过教育部门批准。被告也从不解释 Master of Business Administration (以下简称 MBA)与 Executive Master of Business Administration(以下简称 EMBA)的区别,在学位问题上欺骗了原告。请求确认被告与金门大学合办的这个学位班是非法的,判令被告归还原告交纳的学费16.6万元。

原告提交的证据有:(1)国家教委发布的《中外合作办学暂行规定》;(2)16.6万元学费的交费收据;(3)成路与轻工大经贸管理系签订的协议一份;(4)1998年9月5日《无锡广播电视报》上登载的轻工大学办学广告一份;(5)金门大学给成路的除名决定一份。

被告辩称:被告与金门大学之间的合作办学,经过国家批准,是合法有效的;原告对就读的是EMBA班这一点是明知的,不存在被告欺骗原告的事实。原告是因未经批准私自出游才被除名,这个后果要由自己负责。法院应当驳回原告的诉讼请求。

被告提交的证据有:(1)国家轻工业局轻人教(1998)2号文件;(2)成路就读金门大学EMBA班的入学申请表一份,EMBA班在轻工大学开学典礼上的照片5张,成路在金门大学就读时填写的课程表;(3)成路与轻工大经贸管理系签订的协议一份;(4)成路的护照复印件、金门大学对成路的除名决定、金门大学学生守则以及成路的请假条、证人刘某某、施某的证词;(5)金门大学南加州校区校长凯茜发给轻工大的电子邮件,以及证人俞某某、刘某某的证词等。

□ 裁判过程

无锡市郊区人民法院经审理查明:1998年7月,经国家轻工业局轻人教[1998]2号文件批准,被告轻工大与金门大学合作开设工商管理硕士课程。同年9月5日,轻工大在《无锡广播电视报》上登载广告称:轻工大与金门大学合作开办98'EMBA高级管理人才工商管理硕士班。9月25日,原告成路报名参加该班,并与轻工大达成“就读金门大学工商管理硕士班的有关协议”。协议约定:金门大学工商管理硕士学位班由金门大学和轻工大联合举办，由轻工大经贸管理系负责日常教学管理及协调工作；该项目包括12门课程，其中5门课程在中国完成，另7门在美国完成；该班费用为2万美元或等值的人民币；学员在学满6门课后退学，学校不退学费。之后，成路填写了金门大学Executive Master of Business Administration班入学申请表。10月5日，该班正式开学。成路按协议的约定，在无锡学完5门课程后，于1999年2月赴金门大学学习，并选修3门EMBA课程。3月底，金门大学南加州校区校长告知成路和其同班同学：根据他们所持护照的性质，不能单独外出旅游。4月2日，成路未经金门大学批准私自出去旅游。4月5日，金门大学以成路未经批准外出旅游和多次未参加学校组织的文化活动为由，通知成路休学。4月7日，成路离开金门大学。4月14日，金门大学对成路正式除名。5月初，成路回国。回国后，成路以轻工大欺骗本人为由，要求轻工大退还全部学费，由此酿成纠纷。

以上事实，有国家轻工业局和国家教委的文件、交费收据、关于就读金门大学工商管理硕士学位班的协议、轻工大办学广告、入学申请表、照片、课程表、护照复印件、金门大学学生守则、成路的请假条、电子邮件、金门大学给成路的除名决定以及证人证言证实。以上证据经庭审质证，可以作为认定本案事实的根据。

无锡市郊区人民法院认为：双方当事人的争议焦点如下：（1）被告轻工大与金门大学之间的合作办学是否合法、有效？（2）原告成路就读EMBA班而不是MBA班，是否属于受轻工大欺骗？（3）成路被金门大学除名，是因成路自己的过错造成，还是由于轻工大的规定不明确所造成？

综合本案证据，无锡市郊区人民法院认定：（1）被告轻工大与金门大学之间的合作办学，经轻工大的上级主管部门国家轻工业局批准，符合1995年1月国家教委员会发布的《中外合作办学暂行规定》，是合法的。原告成路称轻工大与金门大学之间的合作办学行为无效，无事实根据，不予采纳。（2）成路填写的金门大学入学申请表和在金门大学选修的课程，都明确注明为EMBA。成路参加的轻工大开学典礼，仪式上就清楚标明是EMBA班，而非MBA班。故成路对其就读的是EMBA班这一点，事前是明知的，且其在学习过程中也从未对此提出过异议。成路诉称轻工大不解释MBA与EMBA的区别，以致因含义不明受了轻工大欺骗，无事实根据，不予采信。（3）成路在与轻工大签订的协议中和在金门大学的入学申请表上，均明确表示其愿意遵守轻工大和金门大学关于EMBA班的一切规章制度。然而，成路在金门大学南加州校区校长已明确告知其不能单独旅游的情况下，仍未经同意私自出游，导致被金门大学除名，责任在成路自己，由此产生的后果应由成路自行承担。《民法通则》第八十五条规定："合同是当事人之间设立、变更、终止民事关系的协议。依法成立的合同，受法律保护。"第八十八条第一款规定："合同的当事人应当按照合同的约定，全部履行自己的义务。"原告成路与被告轻工大所签订的协议是教学合同，合同内容是双方当事人的真实意思表示，且符合有关法律规定，合法有效，双方当事人均应按合同履行各自的义务。成路违反校规是违反合同约定的行为，因此被除名所造成的损失应由成路自己承担。

据此，无锡市郊区人民法院判决：驳回原告成路要求确认被告轻工大与金门大学合作办学无效和要求轻工大归还学费16.6万元的诉讼请求。案件受理费4830元，由原告成路负担。

原告成路不服一审判决，向江苏省无锡市中级人民法院提起上诉。理由是：(1)被上诉人轻工大被批准开办的应当是MBA学位班，因此其开办EMBA学位班是非法的，以EMBA学位班的名义收费也没有任何法律依据，是乱收费。(2)轻工大举办的是EMBA学位班，却又在广告、收费单据中多次使用MBA字样，以此来欺骗上诉人。因此，上诉人读EMBA学位班，就应当得到EMBA学位，这一点轻工大是办不到的。(3)上诉人与金门大学签订的协议中，虽然有如不遵守规章制度将承担全部学习费用的承诺，但该合同是格式文本，其内容不是上诉人的真实意思表示，是虚假的。(4)上诉人是在1999年4月12日，才收到轻工大转交的金门大学学生守则。在上诉人被除名前，从未有人给上诉人告知过金门大学的规章制度。金门大学校长告知的规定，上诉人是知道的，但上诉人不相信会有此规定。故上诉人在美国被除名，没有任何合法依据，请求改判轻工大给上诉人退还学费，并负担本案的诉讼费用。

无锡市中级人民法院二审查明：上诉人成路与被上诉人轻工大达成的"就读金门大学工商管理硕士班的有关协议"中，除一审认定的内容外，还有如下内容：学员在学习过程中，应遵守轻工大与金门大学的有关教学要求和规定，服从统一领导，如有违规，视具体情况酌情处理。上诉人成路所持的是J－1签证的护照。金门大学南加州校区校长在告知成路及其同班同学时说过，根据他们所持护照的性质,不能单独外出旅游。如有违反,将不能保持签证状态。

金门大学接受了上诉人成路的注册后,于1999年3月3日与成路达成过一份协议,约定:介于金门大学接受成路的注册,成路同意遵守金门大学的规章制度;如果成路取消任何课程或产生任何行为,影响成路的入学资格,应以书面形式及时通知注册部,并承担费用表上的所有费用。

金门大学通知上诉人成路休学后,被上诉人轻工大于1999年4月10日以传真方式将金门大学的学生守则告知成路。成路收到后,未按守则的要求对导致休学的原因作出详细说明。1999年8月23日,金门大学向其与被上诉人轻工大合作开办的98'EMBA班学习并完成全部学业的学员颁发了工商行政管理硕士学位(the degree of Master of Business Administration)。

除此以外,二审确认了一审认定的全部事实。

无锡市中级人民法院经审理认为:Master of Business Administration (MBA)是工商管理硕士学位,而Executive Master of Business Administration(EMBA)则是指行政管理人员取得这一学位的途径,并非一种学位。完成EMBA全部课程的行政管理人员,获得的是MBA学位,不是EMBA学位。

被上诉人轻工大经国家轻工业局批准,与金门大学合作开设工商管理硕士(MBA)课程。在具体执行中,确定招收高级管理人员学习这一课程,这一行为符合国家教委《中外合作办学暂行规定》的要求,是合法的。轻工大根据双方签订的教学合同向上诉人成路收取费用,不违反法律的禁止性规定,应为合法。成路上诉主张轻工大被批准开办的是MBA学位班,因此开办EMBA学位班是非法的,以EMBA学位班的名义收费是乱收费。这一主张没有事实根据和法律依据,不予认定。

被上诉人轻工大整个招生过程中,确实既使用过EMBA,也使用过MBA字样。这是由于有时需要说明该学员的性质,有时需要说明该班学员能获得的学位。在不同的情况下分别使用不同的英文字样,不是欺骗。上诉人成路所持读EMBA班获EMBA学位的说法,不能成立。成路主张轻工大欺骗其入学的意见,不予采纳。格式合同也是法律所允许的一种书面合同。格式合同的内容虽由一方当事人事先拟就,但在双方当事人签字后,就成为双方当事人一致的意思表示,合同即告成立。双方当事人如果对格式合同条款的理解发生争议,按照通常的理解予以解释;如果解释有两种以上,应当采用不利于提供格式条款一方的解释。格式合同的条款只在存在法律规定的无效情形时，才能被宣告无效，并非只要是格式合同就一定无效。上诉人成路与金门大学签订的格式合同，内容是合法的，也是明确的。对该合同的内容，成路在上诉中没有提出不同的理解，也不解释自己为什么在其上签字，却以该合同是格式合同，就认为合同的内容虚假，不是自己的真实意思表示，主张该合同无效，这个理由不能成立。

上诉人成路是在明知校方不允许私自旅游的情况下未经批准出游，还多次未参加校方组织的文化活动，因此于4月5日被金门大学通知休学。4月10日，被上诉人轻工大向成路传真了金门大学的学生守则。收到休学通知和金门大学学生守则后的成路，应当完全清楚后果的严重性，也知道了怎样做才能避免被除名，却仍坚持己见，导致于4月14日被除名。成路上诉称其在被除名前从未被告知学生守则，与事实不符，不予采纳。成路在修完6门以上课程后，因擅自离校未被允许和多次不参加校方组织的文化活动而被金门大学通知休学，休学后又没有按学生守则的规定对自己的行为作出合理的解释，因此被除名。成路被除名的原因，并非轻工大违反了教学合同中自己一方的义务，也不符合双方在教学合同中约定的退款事由，故成路主张退还学费的上诉请求，不予支持。

据此，无锡市中级人民法院于2000年3月13日判决：驳回上诉，维持原判。一、二审案件受理费各4830元，均由上诉人成路负担。

■ 案例评析

□ 重点示意图

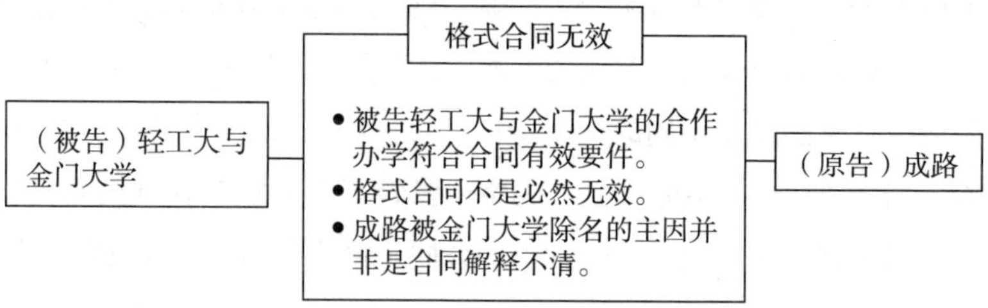

□ 疑难点释析

格式合同,又称标准合同、定型化合同,是指当事人一方预先拟订合同条款,对方只能表示全部同意或者不同意的合同。格式合同的产生及其普遍运用是基于一定的社会经济基础的。一般而言,某一行业垄断的存在、交易内容的重复性、交易双方所要求的简便、省时导致了格式合同的存在并大量运用于商事生活领域。标准的格式合同具有下述法律特征:(1)格式合同的要约向公众发出,并且规定了在某一特定时期订立该合同的全部条款;(2)格式合同的条款是单方事先制定的;(3)格式合同条款的定型化导致了对方当事人不能就合同条款进行协商;(4)格式合同一般采取书面形式;(5)格式合同(特别是提供商品和服务的格式合同)条款的制定方一般具有绝对的经济优势或垄断地位,而另一方为不特定的、分散的消费者。

合同成立,是指双方当事人就合同的主要条款达成了合意,产生了合同关系。但当事人的合意并不一定符合法律规定的生效要件,如果不符合生效要件,则已经成立的合同和合同条款是不能生效的。而对于格式合同的条款只有具有法律规定的无效情形时才能被宣告无效。《合同法》第三十九条第一款规定:"采用格式条款订立合同的,提供格式条款的一方应当遵循公平原则确定当事人之间的权利和义务,并采取合理的方式提请对方注意免除或者限制其责任的条款,按照对方的要求,对该条款予以说明。"该条规定了提供方的一般义务,并规定了提供方免责格式条款的"提请注意义务"和"说明义务"。

格式条款订人合同必须经过一定的程序,并不能自动纳入合同。格式条款订入合同的程序实际上就是《合同法》第三十九条第一款所规定的提供条款的一方应当采取合理的方法提请对方注意,即有义务以明示或者其他合理、适当的方式提醒相对人注意其欲以格式条款订立合同的事实。此种提醒应达到合理的程度,具体可从文件的外形、提请注意的方法、清晰明白的程度、提请注意的时间等方面综合判断。《合同法》第四十条规定:"格式条款具有本法第五十二条和第五十三条规定情形的,或者提供格式条款一方免除其责任、加重对方责任、排除对方主要权利的,该条款无效。"

本条采取列举的方式,规定了格式条款的无效情形。需要注意的是:(1)格式条款中的免责条款是否一概无效。应当认为,本条所谓免除责任,是指格式条款的制定人在格式条款中已经不合理或不正当地免除其应当承担的责任,而且所免除的不是未来的责任,而是现在应当承担的义务和责任,其含义不同于第三十九条所规定的"免除或者限制其责任的条款";(2)何为"对方的主要权利"? 一说认为是指法律规定的权利,如消费者的权利;一说认为应由法官自由裁量;一说认为应依合同性质确定。应当认为后者较为妥当,因为前者应适用《合同法》第五十二条(违反强行法),第二种观点则等于无以为据。《合同法》第四十一条规定:"对格式条款的理解发生争议的,应当按照通常理解予以解释。对格式条款有两种以上解释的,应当作出不利于提供格式条款一方的解释。格式条款和非格式条款不一致的,应当采用非格式条款。"本条规定了格式条款的解释规则,包含三个层次内容:(1)通常理解规则。对格式条款的解释应以一般人的、惯常的理解为准,而不应仅以条款制作人的理解为依据,对某些特殊术语,也应作出通常的、通俗的、一般意义的解释,亦即依据订约者平均的、通常具有的理解能力予以解释。(2)不利解释规则。不利解释规则古已有之,现代各国民法均予以采纳,即应作不利于格式条款提供者的解释。(3)非格式条款效力优先规则。非格式条款即个别商议条款,其效力应优先于格式条款,这样既尊重了当事人的意思,也有利于保护广大消费者。

在格式条款的运用中常被忽视的生效要件主要有以下三种:生效要件一,公平原则,格式合同中内容应对双方有利,如果格式条款对一方明显有利而同时对另一方明显不利,免除了条款制定人的基本合同义务,则是不公平的。生效要件二,法律规定原则,即是规定是否符合有关法律规定的原则。生效要件三,基本权利原则,即是格式条款是否排除了相对方的基本权利。

综上所述,格式合同也是法律所允许的一种书面合同。格式合同的内容虽由一方当事人事先拟就,但在双方当事人签字后,就成为双方当事人一致的意思表示,合同即告成立。格式合同的条款只在存在法律规定的无效情形时,才能被宣告无效,并非只要是格式合同就一定无效。格式条款如果不存在违法情形则为有效条款,其对应的格式合同亦即有效。本案中的上诉人成路与金门大学签订的格式合同,完全符合合同的所有生效要件,我国《合同法》第八条规定:"依法成立的合同,对当事人具有法律约束力。"这一规定表明合同一但被确认有效,即产生强制约束力,非经法定主体依法定程序不得撤销、变更,当事人必须遵循合同,否则要承担违约责任。

依据《民法总则》关于“民事法律行为”[1]和《合同法》关于“合同效力”的规定，合同效力要件一般包括：(1)缔约人应具有相应的行为能力；(2)缔约人意思表示真实；(3)不违反法律和行政法规的强制性规定和不得损害第三方利益；(4)合同必须具备法定的形式。本案中的格式合同内容根据上述两部法律的相关规定是合法、明确的。在这一前提下，对该合同的内容，作为完全民事法律行为能力人的成路事先是知情并且认可的，当合同生效后就不能仅以该合同是格式合同就认为合同的内容虚假，不是自己的真实意思表示，从而主张该合同无效。

■ 知识点梳理

合同成立是指双方当事人就合同的主要条款达成了合意，产生了合同关系。但仅有当事人的合意并不一定符合法律规定的生效要件，如果不符合生效要件，则已经成立的合同和合同条款是不能生效的。而对于格式合同的条款，只有具有法律规定的无效情形时才能宣告其无效。

---

〔1〕《民法总则》第一百三十三条：“民事法律行为是民事主体通过意思表示设立、变更、终止民事法律关系的行为。”

10
Case Study

中国农业银行长沙市先锋支行与湖南金帆投资管理有限公司、长沙金霞开发建设有限公司借款担保合同纠纷案

合同无效 | 借款合同

■ 问题提示

当合同当事人分别持有的合同文本内容有出入时，能否据此认定合同某一方当事人存在故意欺诈的情形?

■ 相关法条

《**中华人民共和国合同法**》第四十四条[合同的生效]、第五十二条[合同无效的法定情形]、第七十五条[合同撤销的期间]、第一百九十六条[借款合同定义]、第一百九十八条[合同的担保]、第二百零五条[利息的支付]、第二百零六条[借款的返还期限]、第二百零七条[逾期利息]

《**中华人民共和国担保法**》第三十八条[抵押合同的订立]、第四十六条[抵押担保的范围]、第五十七条[物上保证人的追偿权]

《**中华人民共和国物权法**》第十五条[合同效力与物权效力的区分]、第一百七十九条[抵押权的基本权利]、第一百八十条[抵押财产的范围]

■ 近似案例

汤龙、刘新龙、马忠太、王洪刚诉新疆鄂尔多斯彦海房地产开发有限公司商品房买

卖合同纠纷案

洪秀凤与昆明安钡佳房地产开发有限公司房屋买卖合同纠纷案

于存库诉董成斌、董成珍房屋买卖纠纷案

■ 案情介绍

□ 基本案情

上诉人长沙金霞开发建设有限公司(以下简称金霞公司)为与被上诉人中国农业银行长沙市先锋支行(以下简称农行先锋支行)、湖南金帆投资管理有限公司(以下简称金帆公司)借款担保合同纠纷一案,不服湖南省高级人民法院(2006)湘高法民二初字第30号民事判决,向最高人民法院提起上诉。本案现已审理终结。

原审法院经审理查明:

1. 2001年12月12日,金帆公司向农行先锋支行出具《流动资金(中短期)借款申请书》(以下简称《申请书》),申请借款4000万元,借款用途为"借新还旧"。金霞公司在该《申请书》上以担保人的身份加盖了公章,并注明"同意以合作双方土地抵押担保,不得以其他形式担保"。

2001年12月29日,金帆公司(借款人)与农行先锋支行(贷款人)签订了(430108001)农银借字(2001)第041号《借款合同》,约定:借款金额人民币4000万元,借款种类为"短期借款",借款用途为"借新还旧",借款及还款期限分别为2001年12月31日和2002年12月31日。同月31日,双方办理了该4000万元的《借款凭证》。

2001年12月29日,农行先锋支行(抵押权人)、金帆公司(债务人)、金霞公司(抵押人)签订了(430108001)农银高抵字(2001)第0024号《最高额抵押合同》,约定:抵押人自愿为债务人自2001年12月30日起至2003年12月31日止,在抵押权人处办理约定的各类业务,实际形成的债务的最高余额折合人民币5238万元提供担保;抵押人同意以金霞新区5号及7号规划地块作为抵押物。之后,金霞公司以金霞新区5号及7号规划地块办理了抵押权利人为农行先锋支行的长国土他项(2002)字第066号《土地他项权利证明书》,他项权利的设定日期自2001年12月30日至2003年12月31日止。

2. 2002 年 11 月 30 日,金霞公司向农行先锋支行出具了《关于为湖南金帆投资管理有限公司在银行贷款提供抵押担保的承诺书》,称:“2001 年 12 月 30 日我司以名下土地金霞新区 5 号(面积 48 563.34 平方米,土地评估价 34 892 760 元)、7 号(面积 55 585.48 平方米,土地评估价 39 938 167 元)地块为湖南省金帆经济发展公司在农行先锋支行的 5238 万元贷款提供了抵押担保。现因湖南省金帆经济发展公司脱钩改制,变更为湖南金帆投资管理有限公司,我司同意以金霞新区 5 号、7 号地块为湖南金帆投资管理有限公司在农行先锋支行 5238 万元短期流动资金贷款提供抵押担保,履行相应的抵押担保责任。”2002 年 12 月 31 日,金帆公司(借款人)与农行先锋支行(贷款人)签订了(430108001)农银借字(2002)第 0047 号《借款合同》,约定:借款金额人民币 4000 万元,借款种类为“流动资金”,借款用途为“借新还旧”,借款及还款期限分别为 2002 年 12 月 31 日和 2003 年 12 月 31 日。同日,双方办理了该 4000 万元的《借款凭证》。

3. 2003 年 12 月 31 日,金帆公司(借款人)与农行先锋支行(贷款人)签订了(430108001)农银借字(2003)第 0062 号《借款合同》,约定:借款金额人民币 3995 万元,借款种类为“流动资金贷款”;借款及还款期限分别为 2003 年 12 月 31 日和 2004 年 12 月 31 日;本合同项下借款年利率为 6.903%,按月结息,结息日为每月的第 20 日;借款人不按合同约定的期限归还贷款本金的,贷款人有权对逾期贷款根据逾期天数按日利率万分之二点一计收逾期利息;对应付未付利息,贷款人有权按执行利率计收复利;本合同项下借款的担保方式为抵押,担保合同另行签订;本合同一式三份,双方当事人、担保人各一份。同日,农行先锋支行、金帆公司办理了该 4000 万元的《借款凭证》。

关于“借款用途”的约定,农行先锋支行(贷款人)与金霞公司(担保人)分别持有的该《借款合同》不一致:农行先锋支行提供的该《借款合同》(原件)约定借款用途为“流动资金贷款借新还旧”(手写);而金霞公司提供的该《借款合同》(原件)约定借款用途仅为“流动资金”(手写),并无“贷款借新还旧”字样。

此外,农行先锋支行与金霞公司分别持有的该《借款合同》还存在其他三个方面的不同:(1)合同第八条“其他事项”一栏中,农行先锋支行所持的合同上(手写)注明了“本合同由编号为 430108001 农银抵字 2003 第 0053 号的抵押合同和编号为 430108001 农银抵字 2003 第 0054 号的抵押合同提供担保”,而金霞公司所持有的合同上该栏为空白;(2)在农行先锋支行所持的合同上,金帆公司法定代表人向军是盖的其私人印章,而在金霞公司所持的合同上却是向军的签名;(3)在农行先锋支行所持的合同上,农行先锋支行盖的是其“贷款合同专用章”而在金霞公司所持的合同上,农行先锋支行盖的是其行政公章。

4. 2003年12月31日,农行先锋支行(抵押权人)与金霞公司(抵押人)分别签订了(430108001)农银抵字(2003)第0053号和(430108001)农银抵字(2003)第0054号两份《抵押合同》,约定:为了确保金帆公司(债务人)与抵押权人签订的编号为(430108001)农银借字(2003)第0062号《借款合同》(主合同)的切实履行,保障抵押权人债权的实现,抵押人愿意为债务人与抵押权人依主合同所形成的债务提供抵押担保;抵押人以金霞新区7号规划地块(作价39938167元)和金霞新区5号规划地块(作价34892760元)作为抵押物,分别为流动资金贷款2000万元和1995万元进行担保;抵押人担保的范围包括主合同项下的债务本金、利息、逾期利息、复利、罚息、违约金、损害赔偿金以及诉讼费、律师费、抵押物处置费、过户费等抵押权人实现债权的一切费用。之后,金霞公司以金霞新区7号、5号规划地块分别办理了抵押权利人为农行先锋支行的长国土他项(2002)字第续066-1号和长国土他项(2002)字第续066-2号《土地他项权利证明书》。该两份《土地他项权利证明书》载明:长沙市开福区金霞新区7号、5号规划地块的地号均为5999997,权属性质均为“国有”,使用权类型均为“出让”,7号地块的土地面积为55 585.48平方米,5号地块的土地面积为48 563.34平方米。

5. 2004年12月1日,农行先锋支行向金帆公司发出《贷款到期通知书》,称(430108001)农银借字(2003)第0062号《借款合同》项下的借款本金3995万元及相应利息于2004年12月31日到期,要求金帆公司准备资金,如期偿还。金帆公司在该通知书上盖章确认。2005年1月4日,农行先锋支行向金帆公司发出《债务逾期催收通知书》,对金帆公司所欠本金3995万元及相应利息进行催收,金帆公司在该通知书上盖章确认。

2004年12月31日,金霞公司向农行先锋支行出具了一份函件,称:“长沙金霞开发建设总公司于2003年12月31日分别与贵行签署农银抵字(2003)第0053号、第0054号《抵押合同》,上述抵押担保的主债务用途为流动资金贷款。长沙金霞开发建设总公司根据《公司法》,规范改制为长沙金霞开发建设有限公司的工作现已基本完成。本公司获悉主债务人金帆公司的贷款用途为向贵行的以新还旧业务,本公司对主债务人的贷款用途提出异议,同时拒绝贵行对本公司的资产行使抵押权。”同日,农行先锋支行向金霞公司出具了一份《复函》,称:“贵公司2003年12月31日以农银抵字(2003)第0053号和农银抵字(2003)第0054号《抵押合同》为金帆公司3995万元贷款提供的抵押担保,合法、有效,不存在任何法律疑点,请贵公司严格履行担保人义务。”2005年1月4日,农行先锋支行向金霞公司发出《担保人履行责任通知书》,就金帆公司所欠本金3995万元及其相应利息,要求金霞公司立即履行担保责任。上述《复函》和《担保人履行责任通知书》均由长沙市公证处于2005年1月14日送达给金霞公司,长沙市公证处就此出具了(2005)长证内字第182号《公证书》。

6. 上述3995万元贷款于2004年12月31日到期后,金帆公司一直未向农行先锋支行偿还贷款本金,并从2004年9月21日开始积欠利息。在本案诉讼中,农行先锋支行以正常年利率6.903%、逾期年利率7.56%为依据,计算出金帆公司截至2006年11月20日共积欠利息总额为7067934.41元。

□ 裁判过程

原审法院经审理认为:本案中金帆公司与农行先锋支行分别于2001年12月29日、2002年12月31日、2003年12月31日签订的三份《借款合同》,均合法有效。从三份借款合同的内在关系和贷款的实际用途来看,后一份借款合同项下的贷款均是对前一份借款合同项下的贷款进行“借新还旧”。故本案只应以2003年12月31日的《借款合同》作为认定农行先锋支行与金帆公司之间的权利义务关系的依据,农行先锋支行也是就该份《借款合同》项下的3995万元贷款向金帆公司主张权利的。金帆公司未能按期偿还贷款本金3995万元及其相应利息,是造成本案纠纷的直接原因,依法应承担向农行先锋支行偿还贷款本金3995万元及其相应利息的民事责任。

农行先锋支行、金帆公司、金霞公司于2001年12月29日签订的一份《最高额抵押合同》和农行先锋支行、金霞公司于2003年12月31日签订的两份《抵押合同》,均为金霞公司以其有权处分的长沙市开福区金霞新区5号、7号规划地块的土地使用权为金帆公司向农行先锋支行的借款提供抵押担保,此乃各方当事人的真实意思表示，且依法办理了土地使用权的抵押登记手续，故应当认定上述抵押合同均合法有效。因金帆公司于2001年12月12日向农行先锋支行出具的《流动资金(中短期)借款申请书》明确写明了申请借款4000万元的用途为“借新还旧”，而金霞公司在该《申请书》上以担保人的身份加盖了公章，所以，金霞公司在2001年12月29日提供最高额抵押担保时，对金帆公司与农行先锋支行同日签订的《借款合同》约定4000万元借款的用途为“借新还旧”是明知的。根据《最高人民法院关于适用〈中华人民共和国担保法〉若干问题的解释》(以下简称《担保法解释》)第三十九条第一款“主合同当事人双方协议以新贷偿还旧贷，除保证人知道或者应当知道的外，保证人不承担民事责任”的规定，保证人知道或者应当知道主合同当事人双方协议“借新还旧”，而仍然进行保证担保的，保证人应当承担保证责任。参照这一解释，本案中金霞公司在明知金帆公司与农行先锋支行约定4000万元借款的用途为“借新还旧”的情况下，仍然对金帆公司与农行先锋支行2001年12月29日所签《借款合同》项下的4000万元“借新还旧”贷款提供最高额5238万元的抵押担保，故金霞公司对该笔贷款应当依法承担抵押担保责任。

鉴于2001年12月29日的《最高额抵押合同》是对2001年12月29日的《借款合同》和2002年12月31日的《借款合同》的担保，2003年12月31日的两份《抵押合同》是对2003年12月31日的《借款合同》的担保，而2003年12月31日的《借款合同》客观上是对2001年12月29日和2002年12月31日两份《借款合同》项下贷款的“借新还旧”，故本案中金霞公司只应依据2003年12月31日的两份《抵押合同》对同日的《借款合同》项下的贷款承担抵押担保责任。虽然农行先锋支行持有的2003年12月31日的《借款合同》约定借款用途为“流动资金贷款借新还旧”，但金霞公司持有的该份《借款合同》约定的借款用途却是“流动资金”，而并非“借新还旧”，并且金霞公司于2004年12月31日向农行先锋支行出具函件对金帆公司该笔贷款的用途为“借新还旧”提出了异议，故应当认定2003年12月31日金霞公司提供抵押担保时，对同日的《借款合同》项下的3995万元贷款的实际用途系“借新还旧”是不知道或者不应当知道的。根据《担保法解释》第三十九条第一款“主合同当事人双方协议以新贷偿还旧贷，除保证知道或者应当知道外，保证人不承担民事责任”和第二款“新贷与旧贷系同一保证人的，不适用前款的规定”的规定，新贷与旧贷是同一保证人的，即使保证人不知道或者不应当知道主合同当事人双方协议“借新还旧”的，保证人仍应承担保证责任。同样的道理，主合同当事人双方协议“借新还旧”，新贷与旧贷系同一抵押人的，抵押人不能免除抵押担保责任。因此，尽管金霞公司于2003年12月31日提供抵押担保时不知道或者不应当知道担保的3995万元贷款系“借新还旧”，但因该3995万元新贷与2001年12月29日《借款合同》、2002年12月31日《借款合同》项下的4000万元旧贷均系金霞公司同一抵押人以同一抵押物进行的担保，并且金霞公司对新贷3995万元的担保并未加重其对旧贷4000万元的担保责任，故金霞公司仍应根据2003年12月31日两份《抵押合同》约定的担保范围，对金帆公司在2003年12月31日《借款合同》项下所欠的3995万元贷款本金及其相应利息承担抵押担保责任。金霞公司答辩称农行先锋支行并未将3995万元的流动资金贷款实际发放给金帆公司，农行先锋支行对金霞公司不享有抵押权的理由不能成立，法院不予采纳。

金帆公司与农行先锋支行于2003年12月31日签订的《借款合同》明确约定：该合同项下借款年利率为6.903%，按月结息；借款人不按本合同约定的期限归还贷款本金的，贷款人有权对逾期贷款根据逾期天数按日利率万分之二点一计收逾期利息；对应付未付利息，贷款人有权按执行利率计收复利。该内容系双方当事人的真实意思表示，并未违反国家法律、行政法规的强制性规定，应为有效。并且，该《借款合同》中关于逾期贷款按日利率万分之二点一计收逾期利息的约定，与银行系统对逾期贷款按年利率7.56%（0.21‰/天×360天=7.56%）计算逾期利息是一致的。因此，农行先锋支行在本案中按照借款合同关于正常利率、逾期利率、复利的约定，以正常年利率6.903%、逾期年利率7.56%为依据。计算出金帆公司截至2006年11月20日共积欠利息的总额为7 067 934.41元是正确的，该院对此予以采纳。金帆公司提出的农行先锋支行对利息的计算与借款合同的约定不符，以及金霞公司提出的本案利息不能按借款合同的约定计算的意见，法院不予采纳。

综上所述，金帆公司应向农行先锋支行偿还所欠贷款本金3995万元及其相应利息，在金帆公司不履行该债务时，金霞公司应当用其提供抵押的长沙市开福区金霞新区5号、7号规划地块的土地使用权承担抵押担保责任。故农行先锋支行要求金帆公司偿还所欠贷款本息以及要求对金霞公司的抵押财产享有优先受偿权的诉讼请求成立，法院予以支持。据此，法院依照《合同法》第一百九十六条、第一百九十八条、第二百零五条、第二百零六条、第二百零七条，以及《担保法》第三十三条、第三十四条第一款第(三)项、第三十八条、第四十一条、第四十六条、第五十七条之规定,并参照《担保法解释》第三十九条之规定,判决:一、由金帆公司偿还农行先锋支行贷款本金3995万元及其相应利息[截至2006年11月20日的利息为7067934.41元,2006年11月21日以后至清偿完毕之日止按2003年12月31日(430108001)农银借字(2003)第0062号《借款合同》约定的贷款逾期利率计付]。上述给付义务限判决发生法律效力后十日内履行完毕,逾期不履行的,按照《民事诉讼法》第二百三十二条的规定,加倍支付迟延履行期间的债务利息。二、金帆公司不履行上述债务时,农行先锋支行对金霞公司用以抵押担保的长沙市开福区金霞新区5号、7号规划地块(地号均为5999997,5号地块抵押面积为48563.34平方米,7号地块抵押面积为55585.48平方米)的土地使用权的价款享有优先受偿的权利。三、金霞公司承担上述抵押担保责任后,有权向金帆公司追偿。案件受理费为242116元,由金帆公司负担。

金霞公司不服原审法院上述民事判决,提起上诉。

最高人民法院经二审审理,对原审法院查明事实予以确认。

最高人民法院认为,农行先锋支行与金帆公司签订的(430108001)农银借字(2003)第0062号《借款合同》系当事人真实意思表示,不违反法律禁止性规定,依法有效。金帆公司在合同到期之后未偿付相应借款,应当履行偿还借款本息的民事责任。债务人金帆公司对原审法院判决其履行债务的相关内容未提出异议,最高人民法院予以维持。

为保证上述借款合同的履行,农行先锋支行与金霞公司分别签订了(430108001)农银抵字(2003)第0053号和(430108001)农银抵字(2003)第0054号两份《抵押合同》,并办理了相关的抵押登记手续。上述抵押合同系当事人真实意思表示,不违反法律禁止性规定,依法有效。在金帆公司不履行相关债务时,金霞公司应当依照抵押合同约定履行担保义务。

金霞公司以其持有的借款合同与农行先锋支行提供的借款合同部分内容不一致为由,主张农行先锋支行和金帆公司存在恶意串通,故意隐瞒“借新还旧”的重要内容,骗取金霞公司提供担保。但当事人分别持有的合同内容有出入,客观原因复杂多样,不能据此简单认定是合同某一方的故意欺诈行为。金霞公司如主张农行先锋支行和金帆公司恶意串通欺诈,应当提供其他证据予以证明。金霞公司提出金帆公司在办理抵押登记手续时将合同原件加上“借新还旧”字样，以帮助农行先锋支行向金霞公司主张权利。从常理上看，办理抵押登记手续的申请主体应当是抵押人，而不是债权人；从本案证据上看，长沙市国土资源局提供的《业务受理回执单》上明确记载办理本案抵押登记手续的人员是金霞公司的代理人“丁利”，金霞公司作为被代理人应当对代理人的代理行为承担民事责任。金霞公司没有提供相应证据证明债权人农行先锋支行参与了办理抵押登记行为，其关于农行先锋支行故意欺诈的上诉主张不能成立。

根据《合同法》第五十四条第二款、第五十五条的规定，一方以欺诈、胁迫的手段或者乘人之危，使对方在违背真实意思的情况下订立的合同，受损害方有权请求人民法院或者仲裁机构变更或者撤销。具有撤销权的当事人自知道或者应当知道撤销事由之日起一年内没有行使撤销权，撤销权消灭。金霞公司 2004 年 12 月 31 日向农行先锋支行出具的函件中表示该公司已获悉金帆公司的贷款用途为以新还旧。金霞公司如认为农行先锋支行与金帆公司在订立合同时有欺诈行为，应当至迟在 2005 年 12 月 31 日之前向人民法院或者仲裁机构申请变更或者撤销合同。金霞公司在上述期限内没有行使撤销权，因此，即使抵押合同存在可撤销事由，其撤销权已经消灭。金霞公司在本案中以合同当事人欺诈为由拒绝履行合同义务与法律规定不符，法院不予支持。

本案当事人分别持有的借款合同中虽然部分内容有出入，但当事人对各自持有的合同本身的真实性不持异议，不妨碍合同成立的事实认定。金霞公司主张免除其担保义务的主要理由是其持有的借款合同中借款用途系“流动资金”贷款，与农行先锋支行持有的借款合同上借款用途为“流动资金贷款借新还旧”不同。企业流动资金系相对固定资产而言的企业资产，包括企业用于支付工资、购买原材料、偿付债务等的现金款项。金霞公司同意为金帆公司“流动资金”借款提供担保，金帆公司将借款用于支付到期债务，并未超出金霞公司的担保范围。金霞公司、金帆公司与农行先锋支行之间在本案合同签订之前已签订过其他的借款抵押合同，金霞公司对于金帆公司在农行先锋支行是否存在尚未偿还的债务是明知或者应当知道的。如果金霞公司不愿意为金帆公司用于偿还债务的借款提供抵押，应当在合同中明确加以限制。金霞公司在本案合同中笼统地承诺为金帆公司“流动资金”借款提供担保，未对金帆公司的借款用途加以限制，现在诉讼中提出不同意借款人将借款用于偿还债务有违诚实信用原则。

《担保法解释》第三十九条规定，主合同当事人双方协议以新贷偿还旧贷，除保证人知道或者应当知道外，保证人不承担民事责任。新贷与旧贷系同一保证人的，不适用前款的规定。本案中金霞公司就同一抵押物先后为金帆公司的新旧贷款提供抵押担保，金帆公司以新贷偿还旧贷，并未加重金霞公司的担保责任，金霞公司要求免除其担保责任的上诉主张与上述规定不符。金霞公司关于本案利息计算有误的上诉主张，亦没有相应的事实和法律依据，最高人民法院不予支持。

综上，原审判决认定事实清楚，适用法律正确。最高人民法院依照《民事诉讼法》第一百五十三条第一款第(一)项的规定，判决如下：驳回上诉，维持原判。本案二审案件受理费为242116元，由长沙金霞开发建设有限公司承担。本判决为终审判决。

■ 案例评析

□ 重点示意图

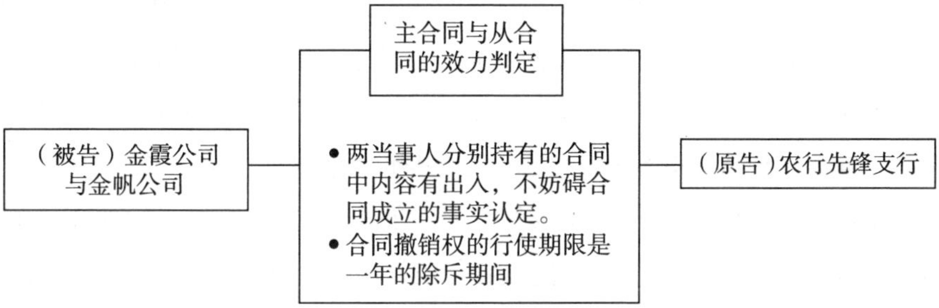

□ 疑难点释析

本案的第一个核心问题：导致合同当事人分别持有的合同文本内容有出入的原因复杂多样，不能据此简单地认定合同某一方当事人存在故意欺诈的情形。合同一方当事人如果据此主张对方当事人恶意欺诈，还应当提供其他证据予以证明。再者，欺诈，是指行为人故意用捏造虚假情况，或者歪曲、掩盖、隐瞒真实情况的手段，致使相对人陷入错误的认识并基于这种错误认识而做出意思表示的行为。欺诈是一种违法行为，但因受欺诈而为的民事法律行为，主要是意思表示不真实的民事法律行为，加上现实生活中时移事易、情势变化，行为双方的利益状况也并非一成不变，因此，不宜将这类民事法律行为的效力一律加以否定，其效力可属于无效或可变更、可撤销更加公平。为了充分维护受欺诈方的利益，并且对欺诈方实施制裁，法律赋予被欺诈人以撤销权，将瑕疵意思表示效力的决定权交给被欺诈人，使其能在充分考虑其利害得失以后，作出是否撤销的决定。同时，为了维护社会公共利益，避免国家利益遭受侵害，法律规定，以欺诈手段损害国家利益的合同，一律无效。

对欺诈的认定，应从欺诈人和受欺诈人两方面来考察。作为欺诈人，应当具备两方面条件：一是欺诈人实施了欺诈行为。欺诈行为的方式可以是编造虚假情况或隐瞒真实情况，既可以是作为的，也可以是不作为的方式。二是欺诈一方主观上有欺诈的故意。所谓故意，是指欺诈者的主观心理状态，明知自己的欺诈行为会使对方当事人陷入错误而做出非真实意思表示，并希望或放任这种结果的发生。作为受欺诈人，也应具备两方面条件：一是受欺诈人因受欺诈而陷入错误，并基于错误而做出非真实意思表示，即受欺诈一方当事人陷入错误并基于错误所做出的意思表示与欺诈行为有因果关系。如果行为人的错误及其意思表示与欺诈行为无关，则不构成因欺诈而为的民事法律行为。二是受欺诈一方在主观上不知道对方在欺诈自己。如果明知对方在进行欺诈而仍然为意思表示，则不构成欺诈。

就本案而言，金霞公司已经以自己的书面行为表示自己的知情，就不存在有因受欺诈而陷入错误认识的情节。所以也是典型的不构成欺诈。

本案的第二个核心问题：撤销权的行使。撤销权是一种权利，具有撤销权的当事人既可以行使撤销权，向人民法院或者仲裁机构请求撤销或者变更该合同，也可以放弃撤销权，不行使该权利。那么在什么情况下，当事人的撤销权消灭？具有撤销权的当事人自知道或者应当知道撤销权事由之日起 1 年内没有行使撤销权的，撤销权消灭在可撤销合同中，具有撤销权的当事人有权撤销合同，但是当事人的这种撤销权并非是没有任何限制的，也就是说，撤销权人必须在规定的期间内行使撤销权。因为，可撤销的合同往往只涉及当事人一方意思表示不真实的问题，如果当事人自愿接受此种合同的后果，则法律就会让此种合同有效。然而，如果撤销权人长期不行使其权利，不主张撤销合同，就会让合同长期处于不稳定的状态，这既不利于社会经济秩序的稳定，也不利于加快交易的发展，同时还可能使法院或者仲裁机构在判断是否准予撤销时,由于时间太长无法作出正确的判断。正是基于此种考虑,各国的立法往往都明确规定撤销权必须在规定的期限内行使,如果超过了此期限还不行使,撤销权人就会失去撤销合同的权利,该合同有效。2017 年生效民法通则《民法总则》第一百五十二条修改了原先《民法通则》对于撤销权期限没有具体规定的情形,做出了详尽具体的规定;有下列情形之一的,撤销权消灭:(1)当事人自知道或者应当知道撤销事由之日起一年内、重大误解的当事人自知道或者应当知道撤销事由之日起三个月内没有行使撤销权;(2)当事人受胁迫,自胁迫行为终止之日起一年内没有行使撤销权;(3)当事人知道撤销事由后明确表示或者以自己的行为表明放弃撤销权。当事人自民事法律行为发生之日起五年内没有行使撤销权的,撤销权消灭。这里就明确的规定了几种可以撤销的情形,最为重要的就是意思表示错误而赋予表意人的撤销权。至于赋予撤销权的原因,即在意思理论与表示理论折中的选择:意思表示虽然有效,但表意人却可以选择通过撤销的方式消灭之。既然表意人有选择权,那么从表示受领人的利益出发,这种悬而未决的状态应当尽快结束,以便尽快确定自己的处境。所以这里也规定了撤销权的除斥期间,除重大误解是 3 个月,其他情形的除斥期间都是 1 年;就起算时间点而言,除胁迫是从胁迫行为终止之日起,其他都是从知道或应当知道可撤销事由之日起。在第(三)项还规定了放弃行使撤销权的情形,即撤销权人以明示或者默示的方式放弃撤销权。最后还规定了一个撤销权行使的最长期间,即自法律行为发生之日起 5 年。

本案中,法院认定:金霞公司如认为农行先锋支行与金帆公司在订立合同时有欺诈行为,应当至迟在 2005 年 12 月 31 日之前向人民法院或者仲裁机构申请变更或者撤销合同。金霞公司在上述期限内没有行使撤销权,因此,即使抵押合同存在可撤销事由,其撤销权已经消灭。这里所涉及的撤销权时效的法律含义如下:债权人撤销权是对债务人与第三人之间的法律关系的破坏,如果撤销权长期不行使,将会使债务人与第三人之间的法律关系长期处于不稳定状态,不利于对债务人及第三人利益的保护,也影响到交易的安全。为此,对于撤销权的行使,必须限定在一定的期间内,也就是前文所述的《合同法》第七十五条规定,撤销权自债权人知道或者应当知道撤销事由之日起一年内行使。自债务人的行为发生之日起五年内没有行使撤销权的,该撤销权消灭。《最高人民法院关于适用〈中华人民共和国合同法〉若干问题的解释(一)》第8条将《合同法》第75条规定的“五年”界定为“不变期间,不适用诉讼时效中止、中断或者延长的规定”,该“不变期间”为除斥期间。由于除斥期间不仅消灭胜诉权,而且消灭起诉权,故对债权人超过该“不变期间”而起诉行使撤销权的,人民法院不应受理;已经受理的,应当裁定驳回起诉。

本案的第三个核心问题:最高额保证责任。《担保法》第十四条规定:“保证人与债权人可以就单个主合同分别订立保证合同,也可以协议在最高债权额限度内就一定期间连续发生的借款合同或者某项商品交易合同订立一个保证合同。”上述规定中的最高额保证,通常是为将来一定期间连续发生的债务提供保证,其中某一笔交易的效力并不影响最高额保证合同的效力,而普通保证则因主合同无效而无效。因此,最高额保证较之普通保证最大的区别,即在于最高额保证与主债务的关系具有更强的独立性。最高额保证人的责任是在订立合同时确立的,通过最高额保证期间和最高限额限定保证责任,即只要是发生在最高额保证期间内、不超过最高限额的债务余额,最高额保证人均应承担保证责任。在最高额保证的情形下,即使主债务无效,基于主债务无效而确定的债务额也要作为最高额保证计算债务余额的基数。其次,根据《担保法解释》第二十三条“最高额保证合同的不特定债权确定后,保证人应当对在最高债权额限度内就一定期间连续发生的债权余额承担保证责任”的规定,最高额保证范围为最高额保证期间已经发生的债权和偿还债务的差额,并非指最高额保证期间已经到期的债权余额。

■ 知识点梳理

对于无效合同的处理,人民法院一般应当根据《合同法》第五十八条“合同无效或者被撤销后,因该合同取得的财产,应当予以返还;不能返还或者没有必要返还的,应当折价补偿。有过错的一方应当赔偿对方因此所受到的损失,双方都有过错的,应当各自承担相应的责任”的规定,判令取得财产的一方返还财产。

11
Case Study

许桂荣诉西安市碑林区旅馆村村民委员会合同撤销权纠纷案

可撤销合同 | 显失公平

问题提示

1. 以受胁迫为由主张显失公平,可以要求撤销合同的当事人承担合同违背自己真实意思的举证责任吗?
2. 主张合同撤销的理由有哪些?

相关法条

《中华人民共和国合同法》第五十四条[可撤销合同]、第五十五条[撤销权的消灭]、第五十八条[合同无效或被撤销的法律后果]

近似案例

再审申请人河南省修武县郇封镇郇封村村民委员会与被申请人薛海金承包合同纠纷案
香港大千国际企业有限公司与于秋敏、海门市大千热电有限公司第三人撤销之诉纠纷案
北京博创英诺威科技有限公司与保利民爆科技集团股份有限公司合同纠纷案

案情介绍

基本案情

原告许桂荣诉称:其于2005年9月19日向被告出具承诺一份,内容为其自愿

放弃被西安曲江新区管理委员会(以下简称管委会)征用的其承包被告的30亩土地上的苗木补偿。该承诺系受胁迫所为,违背其真实意思,且被告有乘人之危的行为,属于《合同法》第五十四条规定的情形,故要求依法撤销该承诺。

被告辩称:原告所作上述承诺,完全是其自愿的单方行为,不存在受胁迫和被告乘人之危,使其在违背真实意思情况下作出该承诺的事实,依法不应予以撤销,不同意原告之诉讼请求。

一审法院查明的事实:1988年1月13日,原告以未经注册登记的"西安月季园"名义与被告签订土地承包合同一份,约定:原告承包被告所属位于曲江池西的土地56亩用于种植经营,每亩年承包费50元,年底一次付清,期限为5~10年。期限届满后若国家政策不变,又不征用该土地,合同继续有效。承包期间若遇国家征地,原告地面附属物和苗木赔偿问题由双方共同与征地单位协商。合同签订后,双方即依约履行。2004年12月17日,被告与管委会签订"关于征用旅馆村土地和新村建设安置村民的框架性协议"一份,约定管委会征用被告土地99.872亩(包括原告承包被告的56亩土地),其中用于被告新村建设的30亩土地办理征用手续,不支付征地费用,采用划拨方式给被告,地上苗木由被告负责清理,管委会不予补偿。其余被告被征用土地上的苗木,由管委会负责出资补偿,苗木产权归管委会。上述30亩土地系原告承包。2005年3月15日,被告以其与管委会已于2004年12月22日签订了征地协议,原告承包的土地全部被征用为由,书面通知原告于2005年3月22日前腾出用于新村建设的30亩土地,移植地上苗木。次日,原告针对该通知书面回函被告,称被告未通知原告独自与征地方签订征地协议决定苗木赔偿问题,违反了双方所签承包合同之约定,对征地协议约定由被告负责清理其承包土地上的苗木表示异议。被告当日收到原告回函。2005年3月18日,被告再次书面通知原告移植苗木,要求原告于2005年3月25日前腾出土地,并称双方从2000年开始即多次协商新村建设用地项目,原告曾明确表示分文不取。本案审理中,原告提供了一份其于2005年3月20日就被告二次通知的书面回函,内容为,原告否认其曾口头承诺对被告村上用地表示分文不取之说,对被告所属土地被征用及划拨返还新村建设用地提出质疑,并表明坚决拒绝被告的两次通知。被告称未收到原告此回函,原告未提供相关证据证明。

2005年9月19日,原告向被告出具书面承诺称,其自愿放弃被告用于新村建设的30亩被征用承包土地上的苗木补偿，其余38余亩土地上的苗木补偿款由征地方管委会直付其本人，其与被告签订的土地承包合同终止。原告称该承诺并非其真实意思表示，系受胁迫及被告乘其之危逼迫所为。原告所述“受胁迫及被告乘其之危”，意指在其与管委会协商38亩土地的苗木补偿时，被告要求其必须放弃用于新村建设的30亩土地的苗木补偿，否则不同意管委会把280万元的补偿款直付原告，管委会亦随声附和，要求其放弃，否则不给原告付款。被逼无奈，其只好违心地向被告出具了上述承诺。原告出具承诺当日，被告作出了一份“关于许桂荣承包我村土地苗木问题的处理意见”，内容有三点：(1)用于新村建设的30亩土地上的苗木由被告负责处理；(2)同意终止双方签订的土地承包合同；(3)同意管委会将其余38亩土地的苗木补偿款直接付给原告本人。庭审中，被告称其第3条意见只是基于与原告所签承包合同的约定表明意见，无胁迫原告之意。本案审理中，原告提供一份其于2005年9月21日给被告的书面函，内容为其同意被告“处理意见”的2、3条，不同意第1条，称其很支持被告建设新村，已主动放弃了该30亩地上的苗木补偿，但苗木归其所有，会很快移走，不同意被告负责处理苗木。被告称其未收到此函，原告未提供相关证据证明。

2005年9月23日，原告向管委会出具苗木补偿承诺书承诺，其本人完全同意280万元一次性终结补偿其在被告约38亩土地上的苗木，同意分两次支付其补偿款，第一次支付230万元，第二次支付50万元；其与被告之间就30亩土地的苗木补偿问题与管委会无关，由原告、被告自行解决。据此承诺，原告与实施具体补偿行为的西安市国土资源局曲江新区分局签订了承诺书所涉38亩土地的苗木补偿协议书，补偿金额及付款方式同原告承诺书内容。该协议已实际履行，补偿款280万元已于2006年8月前分两次向原告付清。原告称该承诺是管委会强迫其签字确认的，但未提供相关证据证明。本案审理中，西安曲江新区新城管理办公室经被告向法院出具证明一份，称其与原告签订的苗木补偿协议是双方友好协商的结果，且已依约向原告付清了补偿款。原告2005年9月19日的承诺与其无关。

原告提供一份其于2006年9月8日邮寄给被告的“关于索要30亩苗木赔偿费的函”，证明其从未放弃涉案30亩土地的苗木所有权。该函内容为，原告称其虽然在2005年9月19日被迫违心答应放弃30亩土地的苗木补偿款，但其本意只是放弃该30亩土地上苗木因移栽而产生的人工、运输、苗木死亡等费用的补偿，并未放弃对苗木的所有权。被告否认收到此函,并称原告2005年9月19日出具承诺时,30亩土地上的苗木已被移植,原告承诺放弃苗木补偿应包括苗木本身在内。原告仅提供特快专递邮寄收据,未提供被告收到邮件回执。

被告提供其村民韩健康、倪建军、窦建民三人证言,证明原告曾多次口头表示对被告村上用地不取分文之事实。三证人出庭接受了质询。原告称其从无该意思表示,对证人证言不予认可。

□ 裁判过程

一审法院认为,《合同法》第五十四条第二款规定:"一方以欺诈、胁迫的手段或者乘人之危,使对方在违背真实意思的情况下订立的合同,受损害方有权请求人民法院或者仲裁机构变更或者撤销。"原告诉称其于2005年9月19日向被告所作书面承诺系受胁迫所为,不是其真实意思表示,且被告有乘人之危的行为。原告关于其"受胁迫及被告乘人之危"的事实陈述为:在其与管委会协商被征用的其余38亩承包土地的苗木补偿问题时,被告要求其必须放弃被告用于新村建设的30亩土地的苗木补偿,即承诺内容,否则不同意管委会把38亩土地的苗木补偿款280万元直付其本人,且管委会亦附和被告意见,要求原告放弃,否则不予付款。虽然被告与管委会签订的征地框架协议中双方约定用于新村建设的30亩原告承包土地的苗木管委会不予补偿,但这只是该协议双方的意思表示,对原告并没有约束力。原告未提供直接证据证明被告及管委会以上述38亩土地苗木补偿款为条件要挟并胁迫其放弃30亩土地苗木补偿之事实。相反,原告于2005年9月19日向被告作出承诺之后,于2005年9月21日就被告于承诺当日所作关于苗木问题的处理意见致函被告,表示其很支持被告新村建设,主动放弃了该30亩土地上的苗木补偿,但不同意被告处理苗木。其后原告又于2006年9月8日再次致函被告,强调其2005年9月19日承诺违心答应放弃苗木补偿,其本意只是放弃30亩土地上的苗木因移栽而造成的人工、运输及苗木死亡等方面的补偿,并未放弃苗木所有权。该两份函的内容是原告的真实意思表示,即原告同意放弃30亩土地上的苗木补偿,只是对"苗木补偿"的意思理解与被告产生歧义。原告在致管委会的苗木补偿承诺书中明确表示,其完全同意280万元补偿其余38亩承包土地的苗木损失,其和被告之间就30亩地的苗木补偿问题由双方自行解决,与管委会无关。

因原告无证据证明上述承诺是管委会强迫其签字所为，且此后就38亩土地苗木补偿所签协议就是据此承诺签订并已实际履行完毕。故依法认定原告该承诺内容真实。被告仅用与其有利害关系的证人证言证明原告曾口头同意“村上用地其分文不取”一节，因原告否认，依法不予采信。原告提供的证据不足以证明其2005年9月19日向被告所作承诺是受胁迫及被告乘人之危所为之事实成立，故其要求撤销该承诺的请求依法不能成立，不予支持。据此，依照《民事诉讼法》第六十四条第一款、《最高人民法院关于民事诉讼证据的若干规定》第二条之规定，判决如下：驳回原告之诉讼请求。诉讼费300元由原告负担。

宣判后，原告不服，提起上诉，称原审判决遗漏了其在诉状中的首要理由是“显失公平”。认为本案的实质是其辛苦经营了17年的30亩苗木竟然被被告无偿取得，价值几百万元的物权被无偿占有，原审法院驳回其诉讼请求判决有误。被告和管委会明明采取的是国家征地的方式，却又不想按合同约定的方式处理赔偿，强迫其承诺放弃赔偿，其在无奈的情况下违心地出具承诺并收取另外38亩苗木补偿款后，委曲求全地放弃了补偿，并没有放弃苗木所有权。请求撤销一审判决，改判《承诺函》显失公平，予以撤销。被告辩称，原告所作放弃30亩苗木补偿款之承诺，完全是其自愿的单方行为，不存在受胁迫和被告乘人之危的事实，请求二审法院维持原判。

二审法院审理查明，原审认定事实属实。

二审法院认为，本案双方当事人争议的焦点有二：一是原告于2005年9月19日作出的承诺是不是在被胁迫的情况下作出，从而显失公平；二是对原告在承诺中作出了放弃青苗补偿费如何认定。二审法院认为，上诉人作为一个具有完全行为能力的自然人，对自己所作出的民事行为应承担相应的法律责任和后果，上诉人应对自己对被上诉人村委会承诺所造成的结果是明知的，并且其也未提供有力证据证明其作出该承诺是被胁迫所为，从而显失公平。故上诉人认为其所作承诺是在被胁迫下作出的上诉理由不能成立。

关于上诉人在承诺中作出的放弃青苗补偿费的认定，二审法院认为，上诉人认为放弃青苗补偿费指的是放弃苗木运输及移栽等费用，没有放弃苗木所有权。但以字面及通常理解，放弃苗木补偿费应指的是放弃因腾空土地对地面上所有苗木所造成损毁的补偿，当然也包括苗木的所有权。所以上诉人认为放弃青苗补偿费并不代表放弃苗木所有权的上诉理由亦不能成立。综上,原审法院认定事实清楚,适用法律正确。依照《民事诉讼法》第一百五十三条第一款第(一)项之规定,判决:驳回上诉,维持原判。二审案件受理费100元由许桂荣承担。

■ 案例评析

□ 重点示意图

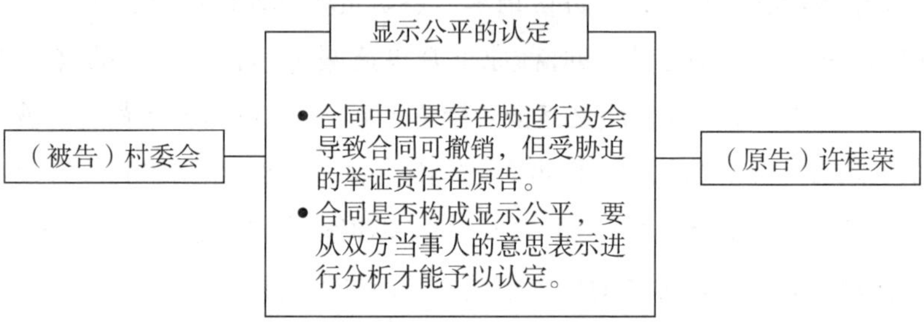

□ 疑难点释析

本案是围绕当事人能否具有撤销合同的法定事由和权利展开的。首先来分析《合同法》第五十五条中撤销权消灭的概念,"具有撤销权的当事人知道撤销事由后明确表示或者以自己的行为放弃撤销权",撤销权是具有撤销权的当事人的一种权利,因此当事人可以行使撤销权,也可以放弃撤销权。本条第(二)项对具有撤销权的当事人放弃撤销权的方式作出了规定,当事人可以以两种方式放弃撤销权:第一种是具有撤销权的当事人知道撤销事由后明确表示放弃撤销权。以明示的方式放弃撤销权的行为是很典型的对权利的处分的方式。放弃撤销权的明确表示可以是用口头的方法明确表示,也可以是用书面的方法明确表示。任何默示的方式都不构成对撤销权的放弃。第二种是具有撤销权的当事人以自己的行为放弃了撤销权。具有撤销权的当事人在放弃其具有的撤销权时,并不一定要向当事人明确表示,他也可以以自己的行为来放弃该撤销权,如该当事人在合同履行期限到来时,自动履行了合同中规定的义务或者向对方要求合同中规定的债权。再如,具有撤销权的当事人向法院起诉对方当事人违约而不是申请撤销合同等都是对撤销权放弃的行为。当事人以自己的行为表明了其愿意接受合同的约束，放弃了按法律应当享有的撤销权。具有撤销权的当事人放弃撤销权后，造成的法律效果就是，该撤销权消灭，合同产生绝对的效力，该当事人不得再以相同的理由要求撤销该合同，而应按照合同的规定履行自己的义务，否则就构成违约。

其次，来分析本案的两个争论焦点：本案的焦点一，该合同是否构成显示公平。对于合同性质的认定应当以法律为依据，以当事人的真实意思表示为基础。合同是当事人协商一致的产物，是合意的结果，是当事人在平等、自愿基础上进行协商，达成一致的意思表示。对合同性质的认定应当结合法律规定和当事人的一致意思表示作出判断。本案诉争合同是否构成显示公平，要从双方当事人的意思表示进行分析才能予以认定。根据我国《民法总则》第一百五十一条对显失公平的构成要件和法律效果做出了规定："一方利用对方处于危困状态、缺乏判断能力等情形，致使民事法律行为成立时显失公平的，受损害方有权请求人民法院或者仲裁机构予以撤销。"该条在内容上较以往有明显变化，以可撤销为法律效果，包含主观与客观两个方面的构成要件。因而，应从公平、诚实信用、意思自治等多项原则的协力角度理解其本质。从本案来看，上诉人在订立合同的当时，对自己对被上诉人村委会承诺所造成的结果是明知的，并且其也未提供有力证据证明其作出该承诺是被胁迫所为，从而导致显失公平。而村委会在合同订立的过程中也并无优势可言。该份合同系双方当事人自愿签订，是双方当事人的真实意思表示，因此，上诉人主张合同显失公平，无事实依据，要求撤销的理由自然是不能成立。对于"显示公平"中的"公平"的理解应该准确。所谓公平原则，即在合同的订立和履行过程中，要以公平观念来调整合同当事人之间的权利义务关系。所谓"公平观念"，是指以利益是否均衡作为价值判断标准来确定当事人之间的利益关系，追求公正与合理的目标。公平的本义是公正合理。公平原则是进步和正义的道德观念在法律上的体现，是民法的一项基本原则，该原则也适用于合同法。《德国民法典》第一百三十八条第二款规定："法律行为，如系乘他人之强制情况、无经验、欠缺判断能力或显著意志薄弱，使其对自己或他人的财产为财产上利益之约定或给付，而此财产利益与给付相比显失公平时，尤应无效。"中国台湾地区"民法典"第七十四条规定："法律行为，系乘他人之急迫、轻率或无经验，使其为财产上之给付或为给付之约定，依当时情形显失公平者，法院得因利害关系人之申请，撤销其法律行为或减轻其给付。”显失公平行为的构成要件是：(1)须给付与对待给付之间显失均衡。学说上称为客观要件；(2)须一方利用了对方处于急迫、没有经验或者轻率等不利情势。学说上称为主观要件，其法律效果为可撤销，即法律赋予因法律行为显失公平而不受利益的一方当事人以撤销权。在我国合同法中，公平原则要求合同当事人应本着公平的观念订立和履行合同，正当行使合同权利和履行合同义务，兼顾他人的利益。“遵循公平原则确定各方的权利和义务”，是指合同当事人在合同订立、合同履行、合同解释等过程中，要根据公平的观念确定各自的合同权利和合同义务的内容。在双务合同中，一方当事人在享有权利的同时，也要承担相应义务，当事人之间的利益要均衡，取得的利益要与付出的代价相适应，这是公平原则的应有之义。如果这种公平被打破，就是“显失公平”。

本案的焦点二，对于可撤销的合同类型，我国的法律主要集中体现在《民法总则》第一百四十七条、第一百四十八条、第一百四十九条、第一百五十条、第一百五十一条以及《合同法》第五十四条。对于因重大误解，显失公平，一方以欺诈、胁迫的手段或者乘人之危，使对方在违背真实意思的情况下订立的合同，受损害方有权请求人民法院或者仲裁机构变更或者撤销。当事人请求变更的，人民法院或者仲裁机构不得撤销。对于此类合同，由于法律规定变更权优先适用于撤销权，故责任的承担可通过变更合同有关权利义务的内容来予以弥补。如合同最终仍被撤销，则可参照无效合同的责任情形来处理。这里尤其注意所谓重大误解的合同，是指行为人因对合同的重要内容产生错误认识而使意思与表示不一致的合同。根据民法的基本理论行为人因对行为的性质、对方当事人、标的物的品种、质量、规格和数量等的错误认识，使行为的结果与自己的意思相悖，并造成较大损失的，可以认定为重大误解。

■ 知识点梳理

对合同性质的认定应当以法律为依据，以当事人的真实意思表示为基础。合同显失公平的认定宗旨应在于保障社会公平、维护合同正义，认定方式应坚持主观标准和客观标准的统一。在显失公平的认定问题上应注意保护诚信守约的合法权益，避免造成一方以显失公平为由任意违约的现象。

12
Case Study

广东黄河实业集团有限公司与北京然自中医药科技发展中心一般股权转让侵权纠纷案

合同撤销 | 合同欺诈

问题提示

1. 担任法人之法定代表人的自然人，哪些行为的法律后果应该由该法人承担？
2. 合同欺诈中确定欺诈是否成立的关键是什么？是在于合同签订的当时是否有欺诈事项还是在于当事人的身份有欺诈？

相关法条

《中华人民共和国合同法》第五十二条［合同无效的法定情形］、第五十四条［可撤销合同］、第五十五条［撤销权的消灭］、第五十八条［合同无效或被撤销的法律后果］

近似案例

北京建通兴业环境科技有限公司诉南京尤孚泵业有限公司买卖合同纠纷案

重庆三中院判决朱兴万诉名典公司买卖合同纠纷案

裘某法诉杭州优派液压机械有限公司买卖合同纠纷案

案情介绍

基本案情

上诉人北京然自中医药科技发展中心（以下简称然自中心）为与被上诉人广

东黄河实业集团有限公司(以下简称黄河公司)一般股权转让侵权纠纷一案,不服北京市高级人民法院(2007)高民初字第773号民事判决,向最高人民法院提起上诉。本案现已审理终结。

北京市高级人民法院审理查明:北京先农坛医药科学城投资有限公司(以下简称先农坛公司)成立于2003年4月,法定代表人为刘先其,注册资本5000万元,股东为:然自中心出资3000万元,占注册资本60%;葫芦岛银河经贸有限公司出资2000万元,占注册资本40%。

2004年12月,葫芦岛银河经贸有限公司将其在先农坛公司2000万元的股份转让给北京江山投资有限公司(以下简称江山公司)。先农坛公司变更后的股权结构为:然自中心出资3000万元,占注册资本60%;江山公司出资2000万元,占注册资本40%。然自中心为股份合作制企业,注册资金288万元,法定代表人为刘先其。

2006年11月19日、20日、21日,然自中心、江山公司、先农坛公司先后作出股东会决议,主要内容为:(1)股东一致同意然自中心将持有的先农坛公司60%的股权转让给黄河公司;(2)江山公司放弃股权优先购买权;(3)股权转让后,江山公司承担先农坛公司在股权转让前所有的债权债务。

2006年11月22日,然自中心与黄河公司签订了《股权转让协议书》,约定:(1)然自中心转让持有的先农坛公司60%的股权给黄河公司,价款2.6亿元;(2)黄河公司在协议书签署3日内支付定金1000万元,2006年12月30日前支付9000万元,2007年6月30日前支付6000万元,2007年12月31日前支付1亿元;(3)然自中心在收到黄河公司的全部转让价款后,开始协助办理股东名册变更,自变更之日起,黄河公司成为先农坛公司的股东;(4)违约责任:黄河公司每迟延支付转让款一日,支付然自中心1%的滞纳金,然自中心有权解除协议,黄河公司承担股份转让款2%的违约金。该《股权转让协议书》后附有14份附件。依据该协议书附件的内容:2002年全国高科技健康产业工作委员会中医药专业委员会(以下简称中医药专业委员会)与北京市宣武区人民政府签订协议,约定由中医药专业委员会在宣武区建立"北京先农坛国际科学医学城"。2003年3月18日,中医药专业委员会决定建立"北京先农坛医学科学城",并为此组建先农坛公司,后该计划未实现。2005年3月,中医药专业委员会与河北大厂县回族自治县人民政府(以下简称大厂县政府)签订协议,约定中医药专业委员会在大厂县成立中国中医药科学城,总投资215亿元,建设期6年,分三期进行,第一期投资30亿元,建设期两年,两年内无明显进展,协议自行终止。后经大厂县政府申请,大厂县人大常委会批准,同意《中医药科学城规划方案》,该项目规划面积为46800亩。

2006年11月24日,然自中心与黄河公司签订了协议书后,黄河公司将定金1000万元打入然自中心账户。此后,黄河公司认为刘先其有诈骗嫌疑,遂向北京市公安局朝阳分局(以下简称朝阳公安分局)报案,并通过银监会冻结了1000万元股权转让款。黄河公司未支付剩余股权转让款,双方亦未履行股东名称变更手续。

本案审理中,由于本案然自中心法定代表人刘先其涉嫌犯罪,该院审理本案的合议庭向朝阳公安分局调查相关情况,朝阳公安分局称,双方签订协议书时,刘先其称其现身份为中共中央老干部局局长,曾任五十四集团军军长、上海警备区司令员、湖南省军区司令员,并称其拥有大厂县46800亩土地的一级开发权,用于开发中国中医药科学城,上一个五年计划国家发改委已有规划,已立项审批,包括国土资源部的审批,只要交了土地出让金,就可以进行一级开发。刘先其还称由于其身份特殊,不能直接卖项目,但可以通过股权转让的方式来实现,即先农坛公司是唯一可以开发科学城的企业,如果黄河公司购买然自中心在先农坛公司60%的股权,就会成为先农坛公司大股东,就控制了先农坛公司,从而实质取得项目土地的一级开发权。黄河公司请刘先其拿出国家发改委同意立项及土地部门的审批文件,刘先其以虚假理由骗取黄河公司信任,双方签订了《股权转让协议书》,即黄河公司在没有看到任何国家级批文的情况下签订了合同。黄河公司支付给然自中心1000万元股权转让金后,提出与刘先其共管1000万元,被刘先其拒绝,引起了黄河公司的怀疑。后黄河公司了解到,中共中央老干部局局长不是刘先其,遂向公安机关报案。

2006年11月26日,朝阳公安分局决定对刘先其以诈骗立案侦查。同年11月27日,对刘先其进行了拘留。同年12月30日,刘先其取保候审。2007年8月6日,北京市朝阳区人民检察院以刘先其涉嫌诈骗对其批捕。

通过调查,朝阳公安分局确认,刘先其在为然自中心与黄河公司签订《股权转让协议书》时,虚构身份和事实。

2007年4月18日,然自中心向北京市高级人民法院提起诉讼,请求判令:黄河公司给付股权转让款9000万元及滞纳金9720万元。同年10月30日,黄河公司对然自中心提起反诉,请求判令:(1)撤销双方签订的股权转让协议书;(2)然自中心返还其1000万元并支付违约金80.4万元(庭审中经法庭释明,黄河公司违约金的请求明确为利息请求,按照企业同期存款利率计算至给付之日);(3)诉讼费由然自中心负担。同年12月10日,然自中心申请撤回对黄河公司的起诉,北京市高级人民法院已裁定准许然自中心撤回起诉。

□ 裁判过程

北京市高级人民法院审理认为,然自中心是本案当事人之一,刘先其作为该公司法定代表人,因本案股权转让事宜涉嫌诈骗,已被检察机关批准逮捕并全国通缉。《最高人民法院关于在审理经济纠纷案件中涉及经济犯罪嫌疑若干问题的规定》第十条规定:"人民法院在审理经济纠纷案件中,发现与本案有牵连,但与本案不是同一法律关系的经济犯罪嫌疑线索、材料,应将犯罪嫌疑线索、材料移送有关公安机关或检察机关查处,经济纠纷案件继续审理。"依据上述规定,本案关于刘先其涉嫌犯罪的部分,该院将相关案卷材料送至朝阳公安分局,不影响本案然自中心与黄河公司股权转让民事部分的审理。

依据现有证据,能够证明2006年11月22日然自中心与黄河公司签订《股权转让协议书》之前,然自中心法定代表人刘先其虚构特殊身份,虚构可一级开发土地的事实,采用欺诈手段,使黄河公司误以为真,作出错误的意思表示,在违背真实意思表示的情况下,签订了协议书。双方在签订协议书时,黄河公司的目的是取得46800亩土地的开发权,双方是以高于所转让股权的价格转让的,且协议书附件已经对在大厂县境内开发中国中医药科学城有所体现,可见股权转让协议的真正目的是取得所谓的46800亩土地的一级开发权,但实际上然自中心根本不具有该土地开发权。刘先其以虚假身份采用欺诈的手段骗取了黄河公司的信任,签订了协议书,使然自中心从黄河公司获得1000万元的股权转让款。《合同法》第五十四条第二款规定:"一方以欺诈、胁迫的手段或者乘人之危,使对方在违背真实意思表示的情况下订立的合同,受损害方有权请求人民法院或者仲裁机构变更或者撤销。"依据该规定,本案双方签订的《股权转让协议书》的性质应确定为可撤销合同。黄河公司依据该协议书向然自中心交付了定金1000万元,属于受损害方,其有权在撤销权行使的期间内请求人民法院撤销该协议,请求侵害方然自中心返还定金1000万元并赔偿损失。由于可撤销合同自始没有法律约束力,因此然自中心已经收取黄河公司的1000万元股权转让款,应当返还给黄河公司,并赔偿黄河公司损失。黄河公司关于撤销合同并返还股权转让款的请求,予以支持。由于双方之间的合同被撤销,不存在违约的问题,因此黄河公司在庭审中将违约金的请求变更为利息损失请求,符合法律规定,予以支持。关于刘先其涉嫌经济犯罪问题,该院依法将涉嫌犯罪的案件材料移送至公安机关,不影响本案民事部分的审理和判决。综上,该院依据《合同法》第五十四条、第五十五条、第五十八条的规定,判决:(1)撤销然自中心与黄河公司2006年11月22日签订的《股权转让协议书》;(2)然自中心于该判决生效之日起十日内返还黄河公司股权转让款1000万元并赔偿相应利息(按照中国人民银行同期企业存款利率计算,自2006年11月24日计算至款付清之日止)。如果未按该判决指定的期间履行给付金钱义务,应当按照《民事诉讼法》第二百三十二条的规定,加倍支付迟延履行期间的债务利息。一审案件受理费43312元,由然自中心负担。

然自中心不服原审法院上述民事判决,向最高人民法院提起上诉称:(1)原审判决依据朝阳公安分局侦察材料及与办案警官的谈话记录认定刘先其构成欺诈,属认定事实证据不足。关于项目的真实性,朝阳公安分局提供给原审法院的关于全国高科技健康产业工作委员会等机关登记情况的材料,与本案无关联性。对此,然自中心提交了相关证据,因其中部分证据属于国家机关保存的公文,请求法院对证据原件进行调取。原审法院不予调查取证,且对已提交的证据也未组织质证,仅凭缺乏关联性的证据就认定项目缺乏真实性属于证据不足。全国高技术产业化协作组织系信息产业部等九个部委或所属部门联合成立的旨在促进科技产业化的协作组织,就其性质而言,既不是企业又不是社会团体,也不是国家机关和事业单位,因此相应的登记机构当然不可能有本案所涉及机构的登记材料。案件中所涉及的中医药科学城项目确实存在,至于项目开发进展如何与项目存在与否是两个性质不同的事情。大厂县政府出具的函和证明,证明此项目是真实存在的,并已进行了有效的开发工作。确定欺诈是否成立的关键在于合同签订时该项目是否存在,而合同履行过程中出现各种情况致使进展缓慢或者下马都属于正常的商业风险。黄河公司受让然自中心在先农坛公司的股份,可能是考虑到中医药行业的乐观前景或出于其他考虑,双方协商确定的股权转让价格,根本不存在以2.6亿元购买土地46800亩的意思表示。黄河公司的合同目的就是取得然自中心在先农坛公司的股权,取得土地开发权只不过是动机而已。原审判决对黄河公司合同目的的认定违背合同法原理,有失公允。(2)原审判决认定刘先其作为然自中心法定代表人与黄河公司签订股权转让合同时虚构事实已构成欺诈,不但与公安机关认为的犯罪嫌疑基于同一法律关系,而且与公安机关认为的诈骗行为是同一行为。因此,原审判决自相矛盾,其以公安机关侦查材料为依据,适用《最高人民法院关于在审理经济纠纷案件中涉及经济犯罪嫌疑若干问题的规定》第十条的规定,显属适用法律错误。本案中,本诉涉嫌犯罪,而反诉则与刑事犯罪嫌疑不属于同一法律关系,并利用刑事方面的材料来定案,原审判决剥夺了然自中心的诉讼权利,损害了然自中心的合法权益。请求撤销原审判决,裁定驳回黄河公司的起诉。

被上诉人黄河公司答辩称:根据原审法院庭审调查确定的事实,然自中心的法定代表人刘先其采取冒充身份、虚构中医药科学城项目及已经取得46800亩土地一级开发权的事实,骗取了黄河公司的信任,通过签订《股权转让协议书》的形式,骗得首期资金人民币1000万元,造成了巨大的经济损失。事实证明,然自中心根本没有也无法取得46800亩土地一级开发权。鉴于《股权转让协议书》是在黄河公司受到欺骗,违背真实意思的情况下签订的,原审判决撤销该协议认定事实清楚,适用法律正确。请求驳回上诉,维持原判。

最高人民法院经二审审理,对原审法院查明的事实予以确认。

最高人民法院认为,黄河公司向原审法院提起诉讼,请求撤销其与然自中心签订的《股权转让协议书》,理由是该协议系受然自中心的法定代表人刘先其欺诈而为,违背了黄河公司的真实意思表示。为查明该事实,原审法院向侦查刘先其涉嫌犯罪的朝阳公安分局进行了调查。朝阳公安分局根据刘先其的供述以及对相关部门的调查,确认刘先其在为然自中心与黄河公司签订《股权转让协议书》时,虚构身份和事实。原审法院依据现有证据,作出关于刘先其以虚假身份采用欺诈的手段骗取了黄河公司的信任,签订了协议书,使然自中心从黄河公司获得1000万元股权转让款的认定,并无不当。然自中心上诉主张认为本案认定事实证据不足,但其并不能提供否定上述事实的证据。故其上诉主张不能成立,不予支持。

根据本案查明的事实,刘先其作为然自中心的法定代表人,以然自中心的名义,采取欺诈手段与黄河公司签订民事合同,所获取的款项被然自中心占有。上述事实产生的法律后果是除刘先其个人涉嫌诈骗犯罪外,然自中心与黄河公司之间亦因合同被撤销形成了债权债务关系,然自中心依法应当承担相应的民事责任。故原审法院依据《最高人民法院关于在审理经济纠纷案件中涉及经济犯罪嫌疑若干问题的规定》第十条的规定,将刘先其涉嫌犯罪的部分移送公安机关,而继续审理本案民事纠纷部分并无不当,最高人民法院予以维持。然自中心以本案与公安机关认为的犯罪嫌疑基于同一法律关系,应当裁定驳回黄河公司起诉的上诉理由没有法律依据,最高人民法院不予支持。综上,然自中心的上诉理由没有事实依据和法律依据,原审判决认定事实清楚,适用法律正确,应予维持。最高人民法院依照《民事诉讼法》第一百五十三条第一款第(一)项的规定,判决如下:驳回上诉,维持原判。

■ 案例评析

□ 重点示意图

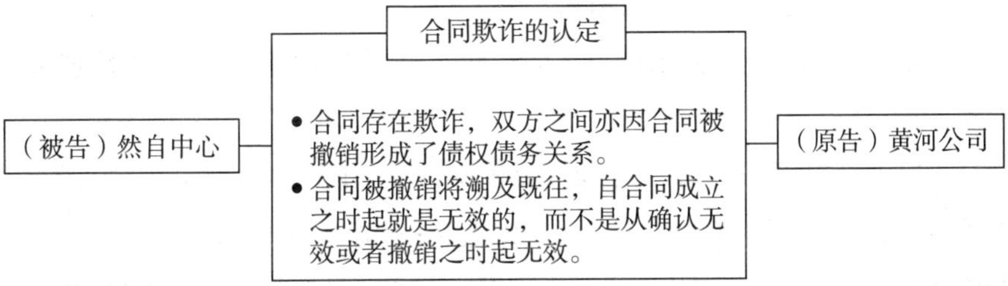

□ 疑难点释析

合同法中的撤销权,是指债权人对于债务人所为的危害债权的行为,可请求法院予以撤销的权利。对于撤销权的行使,《合同法》有相关的规定。

本案中担任法人之法定代表人的自然人,以该法人的名义,采取欺诈手段与他人订立民事合同,从中获取的财产被该法人占有,由此产生的法律后果,是该自然人涉嫌合同诈骗犯罪,同时该法人与他人之间因合同被撤销而形成债权债务关系。人民法院应当依照《最高人民法院关于在审理经济纠纷案件中涉及经济犯罪嫌疑若干问题的规定》第十条的规定，将自然人涉嫌犯罪部分移交公安机关处理，同时继续审理民事纠纷部分。

在民事审理部分，当合同被依法确认无效或应当事人的请求由人民法院或者仲裁机构予以撤销后，其产生以下法律后果：(1)根据《合同法》第五十六条的规定，无效的合同或者被撤销的合同自始没有法律拘束力。所谓自始无效，是指合同被确认无效或者被撤销以后，将溯及既往，自合同成立之时起就是无效的，而不是从确认无效或者撤销之时起无效。对于无效合同来说，因其内容违反法律、行政法规的强制性规定和损害社会公共利益，属于当然无效，当事人即使事后追认，也不能使这些合同生效；在被确认前只是一种事实状态，没有效力，确认实际上是对这种无效从法律上予以确认。对于效力待定的合同而言，该合同未被有关权利人事后追认的，即被确认为无效合同。对于可撤销的合同而言，该合同在撤销前有效，但在被依法撤销后，其已经发生的法律效力归于消灭。(2)从内容上讲，合同内容被确认为全部无效的，该合同全部内容自始无法律效力。根据《合同法》第五十六条的规定，无效的合同或者被撤销的合同，部分无效，不影响其他部分效力的，其他部分仍然有效。根据《合同法》第五十七条规定，合同中独立存在的有关解决争议方式的条款，其不会因合同无效、被撤销或者终止而受影响，亦即仍可根据合同中规定的解决合同争议的方法加以解决。

合同被确认无效和被撤销后当事人应负返还财产、折价补偿或赔偿损失等民事责任：

(1)当事人之间返还财产。根据《合同法》第五十八条的规定，合同无效或者被撤销后，因该合同取得的财产，应当予以返还；不能返还或者没有必要返还的，应当折价补偿。所谓返还财产，是指一方当事人在合同被确认无效或被撤销以后，对其已交付给对方的财产享有返还请求权，而已经接受对方交付的财产则负有返还对方的义务。在返还财产的问题上还要注意到以下几点：第一，从返还财产的目的来看，返还财产旨在使财产关系恢复到合同订立前的状态，而不是使当事人处于合同被履行后的状态。通过返还财产应使当事人恢复其对原物的占有，其从对方那里所获得的财产利益也应返还给对方，从而使当事人在财产利益方面完全达到合同成立前的状态。因此，合同成立前的状态与当事人现有的财产状况之间的差距，就是当事人所应返还的范围。第二，返还财产的对象仅限于原物及因原物所产生的孳息。如果当事人接受的财产是实物或货币时,原则上应返还原物或货币,不能以货币代替实物或以实物代替货币。如果当事人接受的财产是利益,则应以当时国家规定的价格或市场价格折合成钱款予以返还。如果原物已遭到毁损灭失,返还财产已在客观上不可能,应当如何处理呢?不能返还包括事实上不能返还和法律上不能返还两种情况,事实上不能返还主要是指标的物已经变形、毁损等发生质的变化,例如,木材已经制成家俱,建筑材料已经建成大楼;法律上不能返还主要是指财产已经转让给善意的第三人,善意第三人已取得该财产的所有权。当出现不能返还的情况时,接受履行的一方应负赔偿损失的责任。如果第三人取得财产时出于恶意,则所有人有权请求第三人返还财产。如果返还财产虽有可能但在经济上极不合理(如机器已经被安装,如果要返还则要拆卸并因此将遭受极大的损失),则根据《合同法》第五十八条,当事人不应该请求返还财产而应当要求折价补偿。第三,一方行使返还财产的请求权原则上不应当考虑对方是否具有过错的问题。也就是说,另一方如果接受了一方交付的财产,只要该财产仍然存在或能够返还,便应当负有返还责任而不管其在主观上是否具有过错。当然,如果其主观上具有过错并给对方造成损失,则应当负赔偿损失责任。

(2)折价补偿或赔偿损失。根据《合同法》第五十八条的规定,合同无效或者被撤销后,因该合同取得的财产不能返还或者没有必要返还的,应当折价补偿;有过错的一方应当赔偿对方因此所受到的损失,双方都有过错的,应当各自承担相应的责任。合同被撤销以后,也将产生赔偿损失的责任。《合同法》第五十八条规定:"合同无效或者被撤销后……有过错的一方应当赔偿对方因此所受到的损失,双方都有过错的,应当各自承担相应的责任。"合同被撤销后的赔偿损失的构成要件是:要件一,损害事实的存在。所谓损害事实的存在,是指当事人确因合同被撤销而遭受了损害。损害必须是实际发生的且可以确定的,而不是当事人主观臆测的和设想的。当事人一方要主张赔偿损失,必须要证明损害的实际存在。因合同被撤销所造成的损失包括两方面:一是在合同订立过程中,因一方恶意谈判、欺诈、泄露商业秘密等给另一方所造成的损失;二是在合同履行过程中非过错的一方因对方的过错(如欺诈、以合法形式掩盖非法目的)所受的损失。要件二,赔偿义务人具有过错。过错的表现形式有多种,例如违反了法律规定、采取了欺诈和胁迫手段、乘人之危等。如果是单方过错,则由过错的一方向非过错的一方承担因其过错而给对方造成的损失。如果是双方过错，则应适用双方过错原则，即根据双方的过错程度来确定其相应的赔偿责任。例如，一方是故意的而另一方仅为过失，则故意一方的责任应大于过失一方的责任。如果过错相当，可以由双方各自承担自己的责任。如果双方恶意串通，损害国家、集体或第三人的利益的，因此取得的财产收归国家所有或者返还集体、第三人。要件三，过错与损失之间的因果关系。所谓因果关系，是指一方或双方的过错与另一方或双方遭受的损失之间的前因后果联系。如果不存在因果关系，则即使一方具有过错，也不能赔偿另一方的损失。在合同被撤销以后，当事人的合同关系已不复存在，那么非过错方提出赔偿的请求权的根据是什么？一般认为，请求权的根据在于其因对方的过错而遭受了信赖利益的损失，也就是说，他因信赖合同将有效而支付了各种订约和履行费用，而因合同无效使这些费用未能补偿，因此有权要求过错方予以赔偿，而过错方赔偿的范围主要限于因信赖合同将有效而支付的各种订约和履行费用，而不应当包括合同在有效的情况下获得的期待利益的损失(如未能获得标的物及利润的损失等)。

(3)收归国有或返还集体、第三人。根据《合同法》第五十九条规定，当事人恶意串通，损害国家、集体或者第三人利益的，因此取得的财产应当收归国家所有或者返还集体、第三人。这一条的规定仅适用于当事人恶意串通，损害国家、集体或者第三人利益所订立的这种无效合同，不适用于其他无效合同和被撤销的合同。

■ 知识点梳理

一方以欺诈、胁迫的手段或者乘人之危，使对方在违背真实意思表示的情况下订立的合同，受损害方有权请求人民法院或者仲裁机构变更或者撤销。

13
Case Study

顾某某与周甲房屋买卖合同纠纷上诉案

恶意串通 | 合同欺诈

问题提示

1. 顾某某与周甲签订的房屋买卖合同是否存在欺诈行为而应予撤销?
2. 顾某某行使撤销权是否超过法律规定的一年除斥期间?

相关法条

《中华人民共和国合同法》第六条[诚实信用原则]、第八条[依合同履行义务原则]、第三十二条[合同成立时间]、第四十四条[合同的生效]、第五十二条[合同无效的法定情形]

《中华人民共和国民事诉讼法》第六十四条第一款[举证责任]

近似案例

香港大千国际企业有限公司与于秋敏、海门市大千热电有限公司第三人撤销之诉纠纷案

应高峰诉嘉美德(上海)商贸有限公司、陈惠美其他合同纠纷案

韶关市汇丰华南创展企业有限公司与广东省环境工程装备总公司广东省环境保护工程研究设计院合同纠纷案

■ 案情介绍

□ 基本案情

就上诉人顾某某与被上诉人周甲房屋买卖合同纠纷一案,湖州市吴兴区人民法院于2012年11月20日作出(2012)湖吴民初字第618号民事判决,上诉人顾某某不服该判决,向湖州市中级人民法院提起上诉。本案现已审理终结。

原审法院审理查明:顾某某与丈夫周丙有四子(长子周丁、二子周戊、三子周己、四子周甲为本案被上诉人)三女(长女周A、二女周乙、小女周B)。顾某某与丈夫周丙及周甲均系湖州市某某实业总公司职工。顾某某夫妻与周甲夫妻及周×(系周甲之子)五人共同生活并居住于湖州某某一村×幢×××室。1994年1月顾某某以购房人的身份参加房改,与湖州市某某实业总公司签订了《湖州市区公有住房买卖协议书》,出资5268.15元价款购买了湖州某某一村×幢×××室房屋(建筑面积55.92平方米)50%的产权。周丙于1994年10月25日病故,顾某某与周甲夫妻等四人仍继续共同生活与居住。1999年6月30日顾某某又出资8557.97元购买了上述房屋剩余50%的产权,同年7月1日顾某某委托周甲之妻胡某某与湖州市某某实业总公司签订了《湖州市区公有住房买卖协议书》,并将该房屋产权登记在顾某某名下。顾某某的七个子女当时均已知晓该房屋产权登记在顾某某名下。因涉及国家对房产交易税收的调整因素,2003年9月27日顾某某在长子周丁的陪同下前往房产管理部门与作为周甲代理人的胡某某以周甲的名义签订房屋买卖合同一份,将房屋以买卖形式过户至周甲名下,房屋买卖合同载明价款为60000元,但周甲至今未支付该房款。2010年11月,顾某某的子女对顾某某的赡养及湖州某某一村×幢×××室房屋产权过户问题发生纠纷,经吴兴区某某街道某某家园社区的人民调解委员会调解未果。2011年8月16日顾某某的长子周丁、二子周戊、三子周己、小女周B作为原告将其母顾某某、周甲作为被告诉至原审法院,以其母顾某某与周甲恶意串通为理由,请求判决确认其母顾某某与周甲于2003年9月27日签订的房屋买卖合同无效,案件经审理后,周丁等四人于同年9月16日申请撤回起诉。事后,顾某某以受周甲欺骗将房屋过户至周甲名下为由诉至原审法院,要求撤销房屋买卖合同,将原属于自己所有的房屋重新登记至顾某某名下。

□ 裁判过程

原审法院审理认为:双方于 2003 年 9 月 27 日签订的房屋买卖合同合法有效,应受法律保护。顾某某要求撤销该房屋买卖合同的请求,不予支持。理由如下:(1)签订房屋买卖合同时,顾某某、周甲双方均具有完全民事行为能力。(2)顾某某亲自到房产管理部门并在房屋买卖合同上摁印,证明顾某某同意将房产过户给周甲,尤其是有顾某某的长子周丁陪同其前往房产管理部门,顾某某及其长子更应知晓前往房产管理部门的目的和将产生的法律后果。(3)顾某某的长女周 A、二女周乙均知晓顾某某将房屋出售给周甲的事实。(4)顾某某至今未提供其受周甲欺骗而将房屋出售给周甲的证据,仅凭"年老文盲,诱骗在纸上摁了指印,完全不知与周甲签订了所谓的房屋买卖合同"的陈述,要求撤销已经发生法律效力的房屋买卖合同,明显不符合法律规定和生活常理。(5)即使顾某某先前不知该房屋被过户之事,但在 2010 年 11 月 28 日为赡养之事发生纠纷,经人民调解委员会调解时,顾某某及其他子女已知晓该房屋已被过户至周甲名下的事实,顾某某应及时行使撤销权。顾某某现提起撤销权诉讼,已超过《合同法》第五十五条规定的一年期间,顾某某已不再享有行使撤销权的权利。综上所述,顾某某的诉讼请求缺乏事实和法律依据,故不予支持。原审法院据此,依照《合同法》第六条、第八条、《民事诉讼法》第六十四条第一款,《最高人民法院关于民事诉讼证据的若干规定》第二条之规定,判决:驳回顾某某的诉讼请求。本案案件受理费 100 元,减半收取 50 元,由顾某某负担。

宣判后,顾某某不服原审法院上述民事判决,向湖州市中级人民法院提起上诉称:(1)原审判决认定双方于"2003 年 9 月 27 日签订的房屋买卖合同合法有效,应受法律保护"与事实相悖。事实是,顾某某及陪顾某某到房产管理部门签订房屋买卖合同的顾某某的长子周丁都是文盲,顾某某虽在房屋买卖合同上摁了手印,但并不知道这是房屋买卖合同,房屋买卖合同是在欺诈的情况下签订的。(2)房屋买卖合同确定房屋成交价为 60000 元,原审判决既不撤销买卖合同,又不令周甲支付房款显属不当。(3)签订房屋买卖合同时顾某某并未授权,也没有承诺把房屋给周甲。(4)顾某某直到2011年6月才知道房屋已被过户到周甲名下,至2012年5月28日主张行使撤销权,未超过《合同法》第五十五条规定的一年期间,顾某某享有行使撤销权的权利。(5)原审判决在采信证据时程序违法。首先,原审判决书中对于各方提交的证据只列明了证据的名称,未写明证据的证明对象,也没有认证过程,更没有认证结果;其次,周甲提交的证人证言未经证人出庭作证,原审判决即予采信,明显违反相关法律规定。综上所述,原审判决认定事实错误,采纳证据程序违法。请求二审法院撤销原审判决,改判为撤销顾某某与周甲2003年9月27日签订的房屋买卖合同。

周甲答辩称:原审判决认定事实清楚,适用法律正确,请求二审法院驳回上诉,维持原判。

二审期间,双方均未向湖州市中级人民法院提供新的证据。

湖州市中级人民法院二审查明的事实与原审法院查明的事实一致。

湖州市中级人民法院认为,本案二审的争议焦点为:(1)顾某某与周甲签订的房屋买卖合同是否存在欺诈行为而应予撤销。(2)顾某某行使撤销权是否超过法律规定的一年除斥期间。(3)原审判决对双方提供的证据的认证程序是否违法问题。

关于争议焦点一,《合同法》第五十四条规定,一方以欺诈的手段使对方在违背真实意思的情况下订立的合同,受损害方有权请求人民法院撤销。顾某某上诉称,顾某某及陪同顾某某到房产管理部门签订房屋买卖合同的顾某某的长子周丁都是文盲,顾某某虽在房屋买卖合同上按了手印,但并不知道这是房屋买卖合同,房屋买卖合同是在受周甲欺诈的情况下签订的,请求撤销该房屋买卖合同。法院经审查认为,一方当事人故意告知对方虚假情况,或者故意隐瞒真实情况,诱使对方当事人作出错误意思表示的,可以认定为欺诈。本案中,顾某某虽主张其系受周甲欺诈而将房屋出售给周甲,但未能提供证据证明周甲存在故意告知其虚假情况或者故意隐瞒真实情况的行为。顾某某虽系文盲,但作为具有完全民事行为能力的公民,应当知道房屋买卖合同的内容,其在房屋买卖合同上摁手印的行为,即是对合同内容的确认。而后在周丁的陪同下,顾某某与周甲方共同到房产管理部门办理房屋过户手续,顾某某对于办理房屋过户手续的法律后果也应当是明知的。顾某某对其去房产管理部门并不知道是办什么事,就是按了手印的陈述,明显不符合生活常理,法院不予采信。双方于2003年9月27日签订的房屋买卖合同合法有效,应受法律保护。

关于争议焦点二,撤销权的行使以合同存在可撤销事由为前提。本案中,现有证据不能证明房屋买卖合同存在可撤销事由,不存在顾某某行使撤销权是否超过法律规定的一年期间问题。

关于争议焦点三,根据原审庭审笔录记载,原审法院对本案双方当事人提交的证据,庭审中交由对方进行质证,双方当事人均发表了质证意见,原审法院在听取质证意见的基础上进行了认证。对周甲提交的证明顾某某到房产管理部门签订房屋买卖合同时,由顾某某长子周丁陪同前往的证人证言,虽未经证人出庭作证,但顾某某本人也已认可其到房产管理部门签订房屋买卖合同时,由长子周丁陪同前往的事实,故原审判决予以采信并无不当。原审判决虽然遗漏了对证据认证过程的表述,但并非是对双方当事人提供的证据未予认证,故顾某某认为原审判决双方当事人提供的证据未予认证,程序违法的上诉理由不能成立。

顾某某上诉认为,房屋买卖合同确定房屋成交价为60000元,原审判决既不撤销买卖合同,又不令周甲支付房款显属不当。法院认为,顾某某原审中没有提出要求周甲支付房款的诉讼请求,故原审判决对此不予审查并无不当。顾某某认为其对周甲享有债权,可另行主张。

综上所述,原审判决认定事实清楚,适用法律正确,虽在判决书中未写明对证据认证过程和认证结果,但不影响本案查明事实和判决结果,原审判决应予维持。依据《民事诉讼法》第一百七十条第一款第(一)项之规定,判决如下:驳回上诉,维持原判。二审案件受理费100元,由上诉人顾某某负担。本判决为终审判决。

案例评析

重点示意图

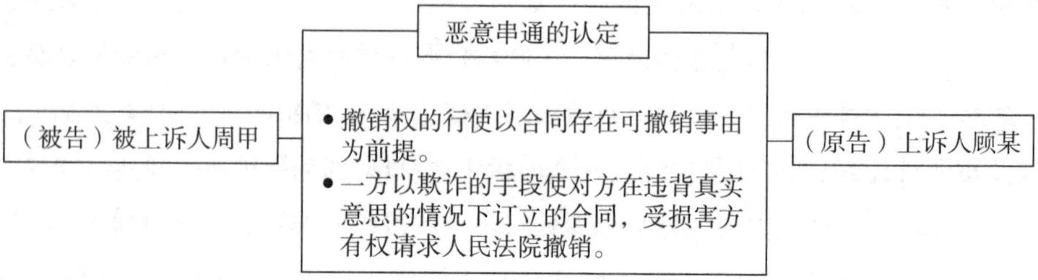

疑难点释析

根据《合同法》第五十四条:“下列合同,当事人有权请求人民法院变更或者撤销:(一)因重大误解订立的;(二)在订立合同时显失公平的;一方以欺诈、胁迫的手段或者乘人之危,使对方在违背真实意思的情况下订立的合同,受损方有权请求人民法院或者仲裁机构变更或者撤销。”本案是典型的对第五十四条中关于一方以欺诈手段使对方在违背真实意思的情况下订立合同被撤销的适用,对如何判断是否违背当事人的真实意思适用作出阐述。

对于欺诈的理解和界定,根据《最高人民法院关于贯彻执行〈中华人民共和国民法通则〉若干问题的意见》第六十八条的规定,欺诈是指一方当事人故意实施某种欺骗他人的行为,并使他人陷入错误而订立的合同。构成欺诈必须具备以下要件:首先,欺诈人有欺诈行为,欺诈行为是指为使被欺诈人陷于错误判断。如有两方合同当事人甲和乙,若乙方知道甲方与第三人的关系便不会签这样的合同,乙方误以为甲方想真实交易才签合同;其次,欺诈人必须有欺诈的故意,欺诈故意是指欺诈人有使被欺诈人因受其欺诈而陷入错误,并以此为意思表示的目的。故意本是属于主观的内容,但现有客观的证据可以表明甲方与第三人签订合同的目的是使乙方利益受损,并不是真实交易;最后,被欺诈人因欺诈人的欺诈而陷入错误的认识,欺诈目的完全就是使得被欺诈人利益受损,实际也产生了被欺诈的的利益损失。本案中的顾某某从其行为来看,不存在违背自己真实意思的法定情形,其在房屋买卖合同上摁手印即对合同内容的确认。而后在儿子的陪同下,顾某某与周甲方共同到房产管理部门办理房屋过户手续,完全都是出于自愿,属于在履行合同的过程中有证据表明她履约交易的真实的意图,所以该合同依法属于不可撤销的合同。

本案中还提及了恶意串通,那么恶意串通在合同中是如何认定的?恶意串通是指合同当事人在订立合同过程中,为牟取不法利益合谋实施的违法行为。恶意串通的合同具有以下两个特征:

(1)当事人双方是出于故意。因恶意串通而成立的合同的当事人都是故意的,这种故意的本质在于通过损害他人的利益来获取自己的非法利益。当然因恶意串通而成立的合同不以行为人已经或必然获得了非法利益为必要条件,只要有恶意串通危及他人利益的故意就可以认定。这里需要注意的是,因恶意串通成立的合同,未必都是当事人的故意,如当事人的代理人与对方当事人或对方当事人的代理人串通危害被代理人的利益而订立合同,就不应认为是当事人的故意。代理人的故意足以构成恶意串通。

(2)恶意串通的合同是为牟取非法利益。当事人订立恶意串通的合同就是为了取得非法利益。这种非法利益可以有不同的表现形式。例如,在招投标过程中,投标人之间串通,压低标价;在买卖中,双方抬高货物的价格以获取贿赂等。从本案的案情来看,显然不符合恶意串通的法律特征。

■ 知识点梳理

《合同法》第五十四条规定,一方以欺诈的手段使对方在违背真实意思的情况下订立的合同,受损害方有权请求人民法院予以撤销。

PART 04

合同的履行

14 Case Study

原告沈阳万维物业服务有限公司诉被告杨影物业服务合同纠纷案

同时履行 | 公平公正

问题提示

原、被告的合同履行有无先后顺序的要求？原告能否主张同时履行抗辩权？

相关法条

《中华人民共和国合同法》第四十四条[合同成立生效]、第六十六条[同时履行抗辩权]、第六十七条[先履行义务]

近似案例

洛阳市根泰建筑工程有限公司申请执行洛阳市电子科技中等专业学校建设工程施工合同纠纷案

牡丹江市宏阁建筑安装有限责任公司诉牡丹江市华隆房地产开发有限责任公司、张继增建设工程施工合同纠纷案

案情介绍

□ 基本案情

原告沈阳万维物业服务有限公司诉称，原、被告双方系物业服务合同的民事法律关系，建筑面积258.09平方米。原告为被告提供物业服务，被告应依约按每平

方米每月1.2元标准交付物业费。原告依约履行义务，提供了物业服务，但被告却未按协议缴纳物业费，此款经公司多次向被告催要，未果。故诉至法院，请求被告给付2012年1月1日至2012年12月31日物业费3716元，2013年7月1日至2013年12月31日物业费1858元，及滞纳金200元，共计5774元。案件受理费由被告承担。

被告杨影辩称，欠物业费起始时间、金额属实，但不同意原告的诉讼请求，理由如下：原告提供的物业服务存在重大瑕疵，具体为本园区门禁管理不到位，没有完善的人员登记制度，园区没有完善的保安巡岗制度，园区的护栏设施损坏严重，不能够避免陌生人的随便出入小区，不能起到防护作用，园区的监控设施处于瘫痪状态，存在盲区，不能对偷盗人员起到震慑作用，被告报警时，原告不能及时调取监控录像，导致被告损失的物品不能被及时追回。被告不缴纳物业费行使的是合同法中的同时履行抗辩权和不安抗辩权，被告不应该承担滞纳金的责任，诉讼费应由原告承担。原告是于2014年12月30日起诉，其部分诉讼请求已超过诉讼时效，没有诉讼时效或重新计算的事由。

经审理查明，原告沈阳万维物业服务有限公司于2010年1月5日及2013年11月5日分别与被告居住的莱茵南郡小区业主委员会签订了两份《莱茵南郡别墅物业服务合同》。合同约定，由原告对莱茵南郡别墅及公寓小区全体业主提供物业管理服务，物业管理服务标准为："别墅住宅按建筑面积每月每平方米1.2元，公寓住宅按建筑面积每月每平方米0.8元向业主或物业使用人收取。"业主或物业使用人逾期不缴纳物业管理费，从逾期之日起按千分之二缴纳滞纳金。被告所有的房屋坐落于沈阳市苏家屯区红椿路88-20-4门，建筑面积为258.09平方米。被告于2012年1月1日至2012年12月31日物业费3716元，2013年7月1日至2013年12月31日物业费1858元，滞纳金200元，共计5774元没有缴纳，该款经原告多次催要，被告始终未给付，故诉至法院。

上诉事实，有原告陈述笔录，原告提供的《莱茵南郡别墅物业服务合同》《营业执照副本》在卷为凭，可以采信。

□ 裁判过程

法院认为，原告与被告居住的莱茵南郡小区业主委员会签订的两份《莱茵南郡别墅物业服务合同》系双方之间真实意思表示,且没有违反法律、行政法规强制性规定,合法有效。该两份物业服务合同都对全体业主具有约束力。现被告违约,其对双方之间产生的纠纷负全部责任。故法院判决被告给付原告物业费 5774 元。关于原告要求被告给付滞纳金 200 元的主张,因该条款系格式条款,加重了被告的责任,故法院对其该主张不予支持。关于被告提出家中于 2012 年 11 月 12 日被盗丢失了价值 6 万余元物品的辩解,因被告提供了家中被盗的报案证据,能够证明其家中确实被盗,根据 2010 年 1 月 5 日《物业服务合同》第二条第六项约定的内容即(原告提供的物业管理服务包括以下内容):“公共秩序维护,安全防范等事项的协助管理”,能够证明原告对被告家中被盗应承担相应的责任,故法院判决原告降低 2012 年物业收费标准,按 80% 判决被告给付原告 2012 年 1 月 1 日至 2012 年 12 月 31 日物业费 3716 元的 80% 即 2972.8 元。关于被告提出原告的主张已超过诉讼时效的辩解,因原告一直在主张权利多次给被告家贴催缴单,被告的辩解无法律及事实依据,故对其辩解不予采信。

综上所述,依照《民事诉讼法》第五十八条,《合同法》第四十四条一款、第六十条一款、第一百零七条之规定,判决如下:(1)被告杨影于本判决发生法律效力后五日内给付原告沈阳万维物业服务有限公司物业费人民币 4830.8 元。如果未按本判决指定的期间履行给付金钱义务,应当依照《民事诉讼法》第二百五十三条之规定,加倍支付迟延履行期间的债务利息。(2)驳回原告其他诉讼请求。案件受理费 50 元,由被告负担。

■ 案例评析

□ 重点示意图

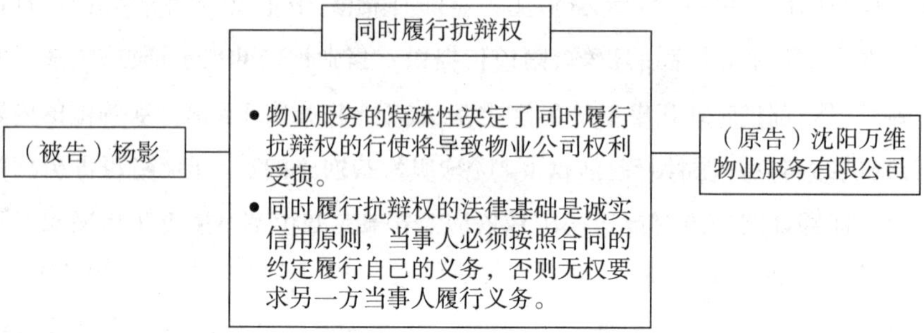

□ 疑难点释析

《合同法》第六十六条规定了当事人互负债务，没有先后履行顺序的，应当同时履行。一方在对方履行之前有权拒绝其履行要求。另一方在对方履行债务不符合约定时，有权拒绝其相应的履行要求。这是对同时履行抗辩权的解释，但如何行使未作规定。从法理上来讲，抗辩权是与请求权相对应而专门对抗请求权的权利，即在一方当事人未行使请求权的情况下，另一方当事人请求确认享有同时履行抗辩权的请求并无法律依据。同时履行抗辩权的法律基础是诚实信用原则，即依照诚信原则，当事人必须按照合同的约定履行自己的义务，否则无权要求另一方当事人履行义务。具体可以分为三种情况：第一，如果一方当事人未完全履行义务或者履行义务有瑕疵，导致对方当事人不能实现合同目的，则对方当事人有权行使同时履行抗辩权。第二，如果当事人间的债务可以分割，则在一方当事人未完全履行义务或者履行义务有瑕疵的情况下，另一方当事人可以在对方未履行的部分或者有瑕疵的部分内，行使同时履行抗辩权。第三，如果一方当事人未完全履行义务或者履行义务有瑕疵，不影响另一方当事人合同目的的实现，且义务不可以分割，则可以认为另一方当事人行使同时履行抗辩权有违诚实信用原则，因此依法不能行使。同时在对方当事人未按合同履行义务的情况下，也有权拒绝履行自己的义务。同时履行抗辩权一般

适用于买卖、租赁、互易等双务合同中,但其有严格的构成条件:

(1)须当事人在同一合同中互负债务。此条件有两个含义:第一,当事人相互间的债务是基于同一合同关系。如果当事人间的债务不是基于同一合同,则不适用同时履行抗辩。第二,需当事人双方互负债务。如果合同的一方当事人仅享有权利不负担义务,另一方当事人仅负担义务不享有权利,则不能适用同时履行抗辩。同时需要明确的是,当事人之间互负的债务必须具有对价或牵连关系,即其债务之间互为条件、互为牵连。如果当事人之间的债务没有牵连性,则不能适用同时履行抗辩。

(2)须双方的债务均已届清偿期。由于同时履行抗辩权的适用条件之一是,当事人双方的债务必须同时履行,否则不构成同时履行抗辩,因此清偿期对双方债务来讲是同一的,也就是说,双方债务一定是同时到期。此外根据该条件的要求,当事人双方的债务必须已届清偿期,否则任何一方当事人均无权要求对方履行,从而也无适用同时履行抗辩权的余地。如果当事人双方明确约定了债务清偿期,则很容易判断债务是否到期,进而判断是否适用同时履行抗辩。但是,如果当事人对债务履行期未作约定,或者只约定了一方的债务履行期而未约定另一方的债务履行期,那么是否适用同时履行抗辩,则需要加以研究。根据合同法的规定,当事人对债务履行期限约定不明确的,债务人可以随时履行,债权人也可以随时要求履行,但应当给予对方必要的准备时间。所以,如果当事人对其债务履行期均未作约定,则可以认为双方的债务履行期相同,一方不履行债务而要求对方履行的,对方当事人可以援引同时履行抗辩权。如果只约定了一方的债务履行期而另一方的债务履行期未约定,则需要通过判断一方的债务履行期对于另一方履行债务来讲是否合理,如果合理,则可以认为双方之间的债务成立同时履行,可以援引同时履行抗辩权,否则不能成立同时履行抗辩。

(3)须对方未履行债务。双务合同中,当事人要援引同时履行抗辩权以对抗对方当事人的履行请求,必须是对方当事人未履行债务。如果对方当事人已履行债务,则未履行的一方不得援引同时履行抗辩权。对这一点无论在理论上还是在实践中,都非常清楚。值得研究的是,如果一方当事人已履行了大部分义务,仅剩一小部分义务未履行,或者履行义务有瑕疵,则另一方当事人有权行使同时履行抗辩权,来拒绝履行自己的主要合同义务。

(4)须对方的履行是可能的,如果对方当事人因不可抗力或者其他原因,不能履行义务,则当事人不能援引同时履行抗辩权,而是适用免责规定或者违约规定进行处理。

本案中,原告与被告签订的两份服务合同系双方之间真实意思表示,且没有违反法律、行政法规强制性规定,合法有效。既然在合同中没有确定履行的先后顺序,依法可以推定为互负同时履行的合同。在本案中的物业服务合同有其特殊性,合同中约定原告的物业的服务中包括公共秩序维护、安全防范等事项的协助管理,这些服务很难事先具体的列举和量化,在事后原告提供的物业服务存在部分履行不符合约定,所以这里的适当履行,不局限于严格按合同约定的要求履行,还包括双方同意的其他方式的履行。比如在买卖合同中交付标的物出现瑕疵,卖方进行更换、修理、重作都可认为是按合同原约定的质量标准的履行;买受方同意利用标的物,在双方协商同意后,按质论价,减少价款的,可视为对原合同的变更履行。变更履行后,后履行债务一方同样应承担对待履行的义务。而在本案中法院判决原告降低 2012 年物业收费标准,按 80% 判决被告给付原告 2012 年 1 月 1 日至 2012 年 12 月 31 日物业费 3716 元的 80% 即 2972.8 元,就是对原告瑕疵履行的惩罚,支持了被告的同时履行抗辩权。

法律中的条文和原则不是个体独立的存在,而是一个综合的体系,所有的单个法条必须相互结合,整体适用,才能公平公正和有效地保障当事人的合法权益。而合同法律除了保护单个主体的公平,更要维护的是整个交易的安全与秩序,这是法律的内在价值的基本要求。如果支持被告行使同时履行抗辩权,虽然从法条出发是于法有据的,但实质上造成的结果是,原告因服务存在的部分瑕疵而导致已付出的所有服务和劳动得不到应有的对价和回报,对原告就是极大的不公平,这显然是与法律的精神背道而驰的。因此本案中,被告以同时履行抗辩权为由拒付全部物业费用,是对合同抗辩权片面的、不适当的行使,其请求是不可能得到法院支持的。

■ 知识点梳理

当事人互负债务,有先后履行顺序,先履行一方未履行的,后履行一方有权拒绝其履行要求。

15
Case Study

邱文杰与广州润粤房地产开发有限公司商品房预售合同纠纷案

不安抗辩 | 违约责任

问题提示

1. 在本案中能否允许当事人使用不安抗辩权来主张违约责任?
2. 双方对交楼时间的认定有何差异,法律依据是什么?

相关法条

《中华人民共和国合同法》第五条[公平原则]、第六十条[严格履行与诚实信用]、第七十七条[合同变更条件]、第一百零七条[违约责任]、第一百一十三条[损害赔偿的范围]、第一百一十四条[违约金]

近似案例

温州靓号贷投资管理有限公司诉吴金鹏合同纠纷案

李小鸟与徐微微合同纠纷案

中国光大银行与内蒙古包头华达合资卧具装饰厂、中国农业银行包头市青山区支行、包头市青山区人民政府自由路办事处侵权纠纷案

案情介绍

基本案情

原审法院经审理查明:2012 年 9 月 7 日邱文杰与广州润粤房地产开发有限公

司（以下简称润粤公司）签订了《商品房买卖合同》（编号：2012xxx909），约定邱文杰（乙方）购买润粤公司（甲方）开发的从化市太平镇水南村石子桥地段（105 国道）（D2 栋）502 房，建筑面积为 84.43 平方米，套内面积为 71.58 平方米，房屋价款为 406395 元。《商品房买卖合同》第八条“付款方式”约定：邱文杰于合同签订之日（2012 年 9 月 7 日）支付全部房价款的 21.26%，即 86395 元作为首期购房款，剩余房款 320000 元，须于 2012 年 9 月 7 日前向中国工商银行股份有限公司广州北京路支行申请办理银行按揭手续，并按照按揭方式付款；第十二条“交房条件”约定，该商品房项目工程竣工验收合格，并取得了建设工程质量监督机构出具的商品房建设项目符合验收管理规定的《建设工程质量监督报告》和规划、公安消防、人防、环保部门出具的认可文件或准许使用文件；满足供水、供气、供电及通邮等必要居住条件，并取得了公共服务单位出具的永久供水、供气、供电、通邮的证明文件；第十三条“房屋交付”约定，甲方应当在 2013 年 8 月 30 日前将作为本合同标的物的房屋交付乙方使用，交付房屋时，应当向乙方发出收楼通知书；第十四条“延期交房的违约责任”约定，甲方应自本合同第十三条约定的交付日期的次日起至实际交付之日止，每日按总房价款 0.05% 的标准向乙方支付违约金，本合同继续履行；第十五条“房屋交付时的有关资料”约定，双方进行房屋验收交接时，甲方应当向乙方提供有关该商品房的下列资料：（1）规划部门出具的《建设工程规划验收合格证》，（2）建设单位出具的《建设工程竣工验收报告》，（3）消防部门出具的《建设工程消防验收合格意见书》或备案凭证，（4）供水、供气、供电、通邮的永久使用证明材料，（5）人防、环保部门出具的认可文件或准许使用文件，（6）《房地产（住宅）质量保证书》，（7）《房地产（住宅）使用说明书》，（8）《临时管理规约》或《管理规约》。上述文件中，（1）至（5）项应出示原件并向乙方提供加盖甲方公章的复印件，（6）、（8）项应载明水电等设施配置说明、有关设备安装预留位置说明、装修注意事项和建筑节能等有关内容，甲方应提供已加盖公章的原件给乙方，（8）项应交由乙方填写或签署。上述文件不全的，视为不符合交付标准，乙方有权拒绝收楼，由此产生的逾期交付责任由甲方承担；第二十三条“甲方关于装饰、设备标准承诺的违约责任”：甲方交付使用的商品房的装饰、设备标准应符合双方约定的标准。达不到约定标准的，乙方有权要求甲方将装饰、设备修复至符合约定的标准或以同等档次、相同质量的材料进行替代，但甲方不作任何补偿，乙方不得因此拒绝收楼；

《附件七:本合同补充协议》第五条第三款:若由于银行未能批准乙方之按揭贷款申请(自《商品房买卖合同》约定的申请办理按揭手续的期限届满之日起 30 日内未能向甲方提供银行出具的同意贷款批文的,即可视为银行未能批准乙方之按揭贷款申请),乙方须于银行或银行代理律师或甲方代理律师通知送达乙方之日起 5 天内选择甲方提供的其他付款方式并按照甲方要求的期限内付清房款,否则按照逾期付款处理;《附件七:本合同补充协议》第七条第二款:甲方书面通知乙方后,乙方应按照收楼通知书的时间和要求办理交房手续,若出现《住宅质量保证书》中的质量问题,不影响乙方正常使用房屋的均属质量保修范围,不影响该商品房的交付,甲方应按照《商品房买卖合同》第二十五条的约定承担保修责任;《附件七:本合同补充协议》第九条:房屋交付验收的时间为甲方首次发出的收楼通知书指定的办理收楼手续期限届满之日起 5 日内。如交付时甲方具备合同第十五条约定的资料,乙方无权拒绝收楼,否则视为房屋已交付。乙方对于房屋交付标准或条件有异议的,应在房屋交付验收期限届满之日起 5 日内一次性提出书面异议,并说明异议的具体事项,否则视为乙方无异议,房屋已交付。

合同签订当日(2012 年 9 月 7 日),邱文杰按合同的约定向润粤公司支付了首期购房款 86395 元。随后,邱文杰按照合同约定向润粤公司指定的银行申请办理相关按揭贷款手续,银行于 2013 年 9 月 26 日发放了按揭贷款 320000 元,并于当天到账润粤公司。润粤公司于 2013 年 8 月 28 日向邱文杰寄发了《收楼通知书》,2013 年 9 月 2 日由邱文杰本人签收。润粤公司于 2013 年 12 月 20 日向邱文杰寄发了《关于催促尽快收楼的通知》,2013 年 12 月 24 日已签收。邱文杰在收到《收楼通知书》、《关于催促尽快收楼的通知》后,于 2014 年 8 月 5 日办理了收楼手续。

另查明,润粤公司于 2010 年 6 月 20 日开始施工建设华某苑住宅楼工程 18 幢、会所、商铺工程 1 幢、公厕、燃气调压站和垃圾压缩站工程各 1 幢,涉案房屋属于该工程范围,其于 2013 年 5 月 27 日取得《建设工程规划验收合格证》,于 2013 年 9 月 23 日取得《建设工程竣工验收报告》,于 2013 年 8 月 26 日取得《建设工程消防验收合格意见书》,于 2012 年 11 月 28 日取得《市政供水工程竣工验收报告》,于 2013 年 7 月 31 日取得《工程联合验收单》,于 2013 年 6 月 25 日取得《客户受电工程竣工检验意见书》,于 2013 年 5 月 28 日经从化市邮政局批复同意通邮,于 2013 年 9 月 16 日取得《人防工程专项竣工验收备案意见书》,于 2013 年 9 月 3 日取得《关于华某苑建设项目竣工环保验收的意见》,于 2013 年 12 月 16 日取得《房屋建筑工程和市政基础设施工程竣工验收备案表》,于 2013 年 10 月 11 日取得《建设工程质量监督报告》。

邱文杰以润粤公司未依约交付符合收楼标准的房屋为由,于 2014 年 1 月 8 日向原审法院提起本案诉讼,请求法院判令:(1)润粤公司向邱文杰支付延迟交楼违约金(自 2013 年 8 月 31 日起至润粤公司实际交付房屋给邱文杰之日止,每日按总房价款 406395 元的万分之五的标准计算,暂计到起诉日为 24383 元);(2)润粤公司承担案件诉讼费。

润粤公司在原审诉讼中提出反诉,请求法院判令:(1)邱文杰向润粤公司支付逾期付款违约金人民币 56640 元;(2)邱文杰承担案件全部诉讼费用。在一审审理过程中,润粤公司申请增加一项诉讼请求,并将其诉讼请求明确为:(1)邱文杰向润粤公司支付逾期付款违约金人民币 56640 元;(2)邱文杰承担案件全部诉讼费用;(3)邱文杰向润粤公司支付逾期收楼违约金 59130.4 元。

□ 裁判过程

原审法院认为:邱文杰与润粤公司签订的《商品房买卖合同》是双方的真实意思表示,内容符合法律的规定,是有效合同,双方应当按照合同的约定全面履行自己的义务。

关于涉案房屋是否符合交付条件的问题,根据双方订立《商品房买卖合同》第十三条的约定,润粤公司应当在 2013 年 8 月 30 日前将房屋交付给邱文杰使用,第十二条、第十五条约定商品房交付条件为取得:(1)规划部门出具的《建设工程规划验收合格证》,(2)建设单位出具的《建设工程竣工验收报告》,(3)消防部门出具的《建设工程消防验收合格意见书》或备案凭证,(4)供水、供气、供电、通邮的永久使用证明材料,(5)人防、环保部门出具的认可文件或准许使用文件,(6)《房地产(住宅)质量保证书》,(7)《房地产(住宅)使用说明书》,(8)《临时管理规约》或《管理规约》。涉案房屋所属工程,于 2013 年 5 月 27 日取得《建设工程规划验收合格证》,于 2013 年 9 月 23 日取得《建设工程竣工验收报告》,于 2013 年 8 月 26 日取得《建设工程消防验收合格意见书》,于 2012 年 11 月 28 日取得《市政供水工程竣工验收报告》,于 2013 年 7 月 31 日取得《工程联合验收单》,于 2013 年 6 月 25

日取得《客户受电工程竣工检验意见书》,于2013年5月28日经从化市邮政局批复同意通邮,于2013年9月16日取得《人防工程专项竣工验收备案意见书》,于2013年9月3日取得《关于华某苑建设项目竣工环保验收的意见》,于2013年10月11日取得《建设工程质量监督报告》;2013年12月16日,该工程取得编号:穗从建验备2013-065《房屋建筑工程和市政基础设施工程竣工验收备案表》,备案表内容显示,该工程于2013年9月13日已验收合格,并于2013年12月16日经从化市城乡建设局建设工程竣工验收备案办公室确认工程竣工项目验收备案文件目录(包括《房地产(住宅)质量保证书》和《房地产(住宅)使用说明书》)已收讫,同意备案,备案内容证实具备交楼的条件。根据涉案房屋约定交付条件和法定交付条件的实际取得情况,原审法院确认涉案房屋具备交付使用条件之日为竣工验收备案之日即2013年12月16日。

关于逾期交付房屋及违约金的认定问题。第一,逾期交房事实的确认。《商品房买卖合同》约定涉案房屋应于2013年8月30日前交付,虽然润粤公司于2013年8月28日向邱文杰寄发了《收楼通知书》,但涉案房屋直至2013年12月16日才具备交付使用条件,即于合同约定期限内涉案房屋仍然未符合房屋交付使用条件,无法按照约定期限实际交付。原审法院认为,润粤公司未按约定期限向邱文杰交付符合交付使用条件的房屋构成逾期交房的事实,属于违约,应承担违约责任。第二,涉案房屋实际交付时间的确认。涉案房屋于2013年12月16日具备了交付使用条件,此后,润粤公司于2013年12月20日向邱文杰发出《关于催促尽快收楼的通知》。该通知是润粤公司在涉案房屋已经具备交付使用条件的情况下向邱文杰发出的,具备收楼通知的合同约束力,应视为《商品房买卖合同》中的“收楼通知书”。《附件七:本合同补充协议》第七条、第九条约定:润粤公司书面通知后,邱文杰应按照收楼通知书的时间和要求办理交房手续,对于房屋交付标准或条件有异议的,应在房屋交付验收期限届满之日起5日内一次性提出书面异议,并说明异议的具体事项,否则视为无异议,房屋已交付。据此,邱文杰应按照《关于催促尽快收楼的通知》于办理收楼手续期限2013年12月24日前往办理收楼手续。但邱文杰在收到该通知后未按照通知的时间前往办理相关收楼手续,为此,按照合同约定,涉案房屋实际交付时间应为2013年12月24日。第三,逾期交房违约金数额的确定。根据双方签订的《商品房买卖合同》第十四条约定,甲方应自本合同第十三条约定的交付日期的次日起至实际交付之日止，每日按总房价款 0.05% 的标准向乙方支付违约金，本合同继续履行。涉案房屋价款为 406395 元（邱文杰已经完全支付），合同第十三条约定的交付时间为 2013 年 8 月 30 日，实际交付时间为 2013 年 12 月 24 日，迟延交付房屋 116 天，即润粤公司应支付邱文杰逾期交付房屋违约金 23570.9 元（406395 元 ×0.0005 元/天 ×116 天）。

关于邱文杰是否逾期付款的问题。润粤公司认为邱文杰未能在申请办理按揭手续期限届满之日起 30 日内向其支付剩余房款，也未能提供银行出具的同意贷款批文，该行为视为银行未能批准按揭贷款申请，且邱文杰未能按合同约定及时与润粤公司协商变更其他付款方式支付房款，视为逾期付款。但结合本案案情及合同约定，原审法院认为邱文杰不存在逾期付款的事实：首先，根据《商品房买卖合同》第八条的约定，邱文杰以按揭贷款方式付款，其中首期款 86395 元于预售合同网上签订之日付清，剩余房款 320000 元由邱文杰于 2012 年 9 月 7 日前向中国工商银行股份有限公司广州北京路支行申请办理按揭手续，并按照按揭方式付款。合同签订当日（2012 年 9 月 7 日），邱文杰按合同约定向润粤公司支付了首期购房款 86395 元，随后按照合同约定向润粤公司指定的银行申请办理了相关按揭贷款手续，并且该银行已于 2013 年 9 月 26 日发放了按揭贷款 320000 元，当天到账润粤公司，因此，邱文杰已经全额支付了购房款，完成了付款合同义务。其次，根据《附件七：本合同补充协议》第五条第三款：若由于银行未能批准乙方之按揭贷款申请（自《商品房买卖合同》约定的申请办理按揭手续的期限届满之日起 30 日内未能向甲方提供银行出具的同意贷款批文的，即可视为银行未能批准乙方之按揭贷款申请），乙方须于银行或银行代理律师或甲方代理律师通知送达乙方之日起计 5 日内选择甲方提供的其他付款方式并按照甲方要求的期限内付清房款，否则按照逾期付款处理。

从上述约定的内容来看，一方面，“可视为银行未能批准乙方按揭贷款申请”的情况，仅属于一种推定事实，若有反证，则可推翻。本案中，银行已于 2013 年 9 月 26 日发放了按揭贷款，足以推翻“银行未能批准乙方之按揭贷款申请”的推定事实；另一方面，润粤公司未能提供证据证明从申请办理相关按揭贷款手续到银行发放按揭贷款的期间内，银行或银行代理律师或润粤公司代理律师向邱文杰发出过未能批准按揭贷款申请的通知。故润粤公司主张邱文杰未能按合同约定及时与其协商变更其他付款方式支付房款的事实，原审法院不予确认。综上，邱文杰并不存在逾期付款的事实，润粤公司要求邱文杰支付逾期付款违约金的主张，缺乏事实依据，不予支持。

对于润粤公司要求邱文杰支付逾期收楼违约金的诉讼请求。《附件七：本合同补充协议》第七条第四款约定："由于乙方原因，逾期未能交付房屋的，乙方应自逾期之日的次日开始承担与该商品房有关的一切税费及物业管理费等费用，并每日按该商品房总价款0.5‰的标准向甲方支付违约金……"本案中，虽然涉案房屋已于2013年12月24日实际交付，而邱文杰至今仍未办理相关收楼手续，符合补充协议约定的"由于乙方原因，逾期未能交付房屋"的情况，但是《合同法》中规定的违约金属于赔偿性违约金（经营者对消费者提供商品或者服务有欺诈行为的，依照《中华人民共和国消费者权益保护法》的规定承担损害赔偿责任的除外），违约金应当是合同当事人双方预先估计的损害赔偿总额，考虑到实践当中业主逾期收楼并不会对开发商造成实际损失，而且润粤公司未能就其因邱文杰逾期收楼所受到的预期损失或实际损失予以举证证明，为此，对于润粤公司要求邱文杰支付逾期收楼违约金的诉讼请求，不予支持。

据此，原审法院依照《合同法》第五条、第六十条、第七十七条、第一百零七条，第一百一十三条、第一百一十四条和《民事诉讼法》第六十四条的规定，于2014年11月10日作出如下判决：(1)润粤公司在判决生效之日起5日内支付邱文杰逾期交付房屋违约金23570.9元；(2)驳回润粤公司的全部反诉请求。一审案件本诉受理费255元，由邱文杰负担10元，润粤公司负担245元；反诉受理费1216元，由润粤公司负担。

一审判决后，上诉人润粤公司不服原审判决，向广州市中级人民法院提起上诉称：(1)润粤公司于2013年9月16日已取得合同约定交楼需向邱文杰交付的所有资料，并向邱文杰寄发《收楼通知书》，违约金计算时间应截至2013年9月16日。润粤公司已于2013年9月16日取得了《商品房买卖合同》第十五条约定的资料，即涉案房屋在上述日期已符合合同约定的交付条件，上述合同约定交楼时间为2013年8月30日，符合交楼时间为2013年9月16日，逾期时间为17天，所以，延期交付房屋违约金应为3454.3元（406395元×0.0005元/天×17天）。另外，邱文杰在2013年9月26日才将贷款打入润粤公司账户，其未依约按时支付房款，根据《附件七：本合同补充协议》第七条第一款的约定，润粤公司可以行使不安抗辩权、延迟交楼时间。且本案逾期交房违约金标准过高,法院应予以调低。(2)邱文杰没有在《商品房买卖合同》约定的时间向润粤公司付清楼款或出具银行同贷意见书,已违约,应向润粤公司支付逾期付款违约金。根据《商品房买卖合同》第八条及《附件七:本合同补充协议》第五条第三款的约定,邱文杰未能在签订合同一个月内取得银行同意贷款批文或支付剩余房款,极大地损害了润粤公司的资金收益,因此,邱文杰需按《附件七:本合同补充协议》第五条第四款约定,自逾期付款违约事实发生之日起每日按未支付房款0.5‰的标准向润粤公司支付违约金。(3)原审法院已确认邱文杰存在逾期收楼事实,邱文杰应遵循合同精神,按约定向润粤公司支付逾期收楼违约金。邱文杰逾期收楼给润粤公司造成损失是肯定的,润粤公司维护保管涉案房屋肯定会产生相关费用,但相关费用是整体产生的,只是不能单独列出,不能据此认为没有损失。且邱文杰怠于履行自己的义务,导致润粤公司背负着涉案房屋不能及时过户而需向银行承担担保责任,极大地增加了润粤公司的资金风险,因此,按《附件七:本合同补充协议》七条第四款的约定,邱文杰应向润粤公司支付逾期收楼违约金。为此上诉请求:(1)撤销原审判决,改判邱文杰向润粤公司支付逾期付款违约金56640元,支付逾期收楼违约金59130.4元,两项合计115770.4元;(2)改判邱文杰向润粤公司支付逾期交付房屋违约金减少至3454.3元;(3)一、二审诉讼费用由邱文杰承担。

被上诉人邱文杰答辩称:同意一审判决,不同意上诉人润粤公司的上诉请求、事实和理由。

上诉人润粤公司与被上诉人邱文杰对原审法院查明事实没有异议。

二审查明,双方签订的《附件七:本合同补充协议》第七条第四款约定:"由于乙方原因,逾期未能交付房屋的,乙方应自逾期之日的次日开始承担与该商品房有关的一切税费及物业管理费等费用,并每日按该商品房总价款0.5‰的标准向甲方支付违约金……"。

二审审理后认定,润粤公司的上诉理由不成立,其上诉请求应予驳回;审查原审认定事实基本清楚,处理结果并无不当,唯认定邱文杰至今未办理收楼手续符合合同约定"由于邱文杰原因,逾期未能交付房屋"的情况有误,本院予以纠正。依照《民事诉讼法》第一百七十条第一款第(一)项的规定,判决如下:驳回上诉,维持原判。本案二审案件受理费3018元,由上诉人润粤公司负担。本判决为终审判决。

▩ 案例评析

☐ 重点示意图

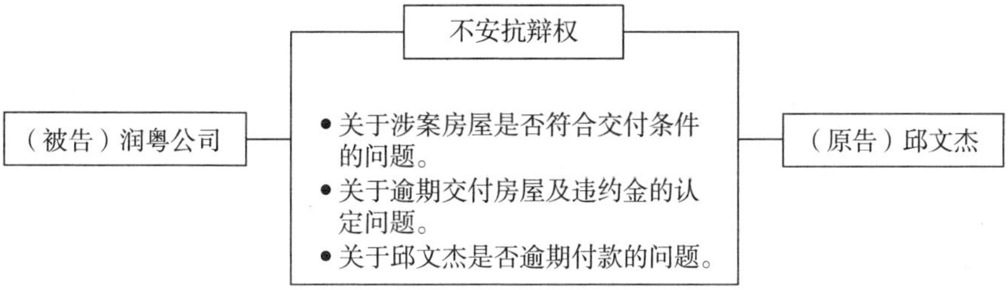

☐ 疑难点释析

本案处理重点主要在于对不安抗辩权的理解与适用。不安抗辩权的概念起源于德国民法，《德国民法典》第三百二十一条规定："因双方契约负担债务并应向他方先为给付者，如他方的财产于订约后明显减少，有难为对待给付之虞时，在他方未为对待给付或提出担保之前，得拒绝自己的给付。"我国于 1999 年 3 月颁布的《合同法》将其作为一项重要的合同履行制度加以确立。我国法律规定的具体的不安抗辩权适用条件有：(1)因同一双务合同互负债务，且两债务间具有对价关系。不安抗辩权与同时履行抗辩权一样，均只能发生于双务合同。因此，单务合同以及不完全的双务合同均不能产生不安抗辩权。(2)不安抗辩权适用的双务合同属于异时履行。异时履行是指双方履行存在的时间顺序，即一方先履行，另一方后履行。根据我国《合同法》规定，对一些买卖合同，除法律有特别规定外，一般采用同时履行主义。而对于以下合同，我国合同法规定，除当事人有特别规定外，应采用异时履行主义，也就是有先后履行顺序，这些合同包括租赁、承揽、保管、仓储、委托、行纪、居间等。(3)先履行方债务已届清偿期。如果履行期未届至，先履行方只能暂时停止履行的准备，无从停止履行。(4)先履行方有确切证据证明后履行方于合同成立后丧失或可能丧失履行能力。它包括三个要素：

要素一，后履行方丧失或可能丧失能力。根据我国《合同法》的规定，后履行方丧失或可能丧失履行能力的原因有：(1)财产显形减少。包括经营状况恶化、转移财产、抽逃资金以逃避债务;(2)丧失商业信誉;(3)提供劳务或完成工作的合同中,债务人丧失劳动能力;(4)给付特定物的债务中,该特定物丧失;(5)其他情形。我国《合同法》规定的不安抗辩权的适用条件与大陆法系各国的规定有较大差异,即较宽松,其主要原因就是在实务操作中参考了《联合国国际货物销售合同公约》中的相关规定。

要素二,后履行方丧失或可能丧失履行能力发生于合同成立之后。在大陆法系各国,后履行方财产显形减少应发生于何时,有两种不同的立法例,一是订立后财产显形减少,如德国、瑞士等民法采用;二是订立时财产已减少,如奥地利《民法》第一百六十五条规定。实践中支持第一种观点的较多,因为若订立时后履行方财产已减少,先履行方已知或因过失而不知,主观上有过错,应当承受不利,没有必要保护,非因过失而不知,可以重大误解或受欺诈为由主张救济。不过我国合同法目前没有规定后履行方丧失或可能丧失履行能力应发生于何时。

要素三,先履行方对事实负有举证责任。先履行方主张不安抗辩权,必须有对方丧失或可能丧失履行债务能力的确切证据,而不能凭自己的主观猜测。否则,将会因擅自中止合同履行而承担违约责任,从而使自己处于极为不利的地位。具体到本案中,本案双方的争议也是不安抗辩权的行使条件,体现为本案的两个争议的焦点:(1)房产公司向邱文杰支付逾期交房违约金的截止日期;(2)邱文杰应否向房产公司支付逾期付款违约金和逾期收楼违约金。

关于润粤公司向邱文杰支付逾期交楼违约金的截止日期问题。双方签订的《商品房买卖合同》约定润粤公司应于 2013 年 8 月 30 日前向邱文杰交付涉案房屋,但润粤公司至 2013 年 9 月 23 日才取得《建设工程竣工验收报告》,于 2013 年 10 月 11 日取得《建设工程质量监督报告》等资料,在上述合同约定交房期限届满时,涉案房屋尚不具备合同第十二条规定的交房条件,也不符合合同第十五条规定的有关交付房屋时应提供相关资料的约定。因此,润粤公司认为其在 2013 年 9 月 16 日已取得需向邱文杰交付的所有资料,涉案房屋符合合同约定交楼条件与事实不符。在涉案房屋具备了交付条件后,润粤公司于 2013 年 12 月 20 日向邱文杰发出《关于催促尽快收楼通知书》,要求邱文杰于 2013 年 12 月 24 日前往办理收楼手续,虽邱文杰未在上述日期收楼,但根据《附件七:本合同补充协议》第七条、第九条的约定,应视为润粤公司在 2013 年 12 月 24 日已履行交付涉案房屋的行为,故原审法院认定逾期交房违约金计算至该日期并无不妥。润粤公司上诉认为逾期交房违约金的计算应截至2013年9月16日理据不充分。另外，逾期交房违约金标准是双方当事人协商的结果，润粤公司未能举证证明该违约金标准过高而不合理，其要求调整缺乏依据。

关于邱文杰应否向润粤公司支付逾期付款违约金问题。《商品房买卖合同》第八条约定，除首期款外，剩余款项于2012年9月7日前向银行申请办理按揭手续，并按照按揭方式付款。《附件七：本合同补充协议》第五条第三款约定，若银行未能批准邱文杰之按揭贷款申请(自《商品房买卖合同》约定的申请办理按揭手续的期限届满之日起30日内未能向润粤公司提供银行出具的同意贷款批文的，即可视为银行未能批准邱文杰之按揭贷款申请)，邱文杰须于银行或银行代理律师或润粤公司代理律师通知送达邱文杰之日起计5天内选择润粤公司提供的其他付款方式并按照润粤公司要求的期限内付清房款，否则按照逾期付款处理。本案中，邱文杰已依合同约定支付了首期款，并向润粤公司指定的银行申请办理相关按揭贷款手续，按揭银行何时发放按揭贷款不是邱文杰所能控制。虽然邱文杰没有举证证明其在办理按揭手续期限届满之日起30日内向润粤公司提供了银行出具的同意贷款批文，但润粤公司也无证据证实其或银行或银行代理律师向邱文杰发出过未能批准按揭申请的通知，并要求邱文杰按润粤公司提供的其他方式或时间支付剩余房款，而邱文杰拒绝，且按揭银行已在2013年9月26日将剩余房款320000元划至润粤公司账户。因此，不能据此视为邱文杰存在逾期付款的事实，润粤公司上诉主张其可以行使不安抗辩权、迟延交楼时间以及要求邱文杰支付逾期付款违约金，缺乏充分依据，本案中，润粤公司未按合同约定的时间交付房屋是事实，不符合不安抗辩权的行使条件和履行规范，其不安抗辩权不能成立。关于邱文杰是否应向润粤公司支付逾期收楼违约金问题。本案中，由于润粤公司的原因导致逾期交房，一审已认定润粤公司应承担2013年8月30日至2013年12月24日期间的逾期交房违约责任，同时，法院还确认润粤公司在2013年12月24日交付了涉案房屋，故在上述日期之后，不可能存在邱文杰的原因导致润粤公司在该日期之后逾期交付房屋的事实。因此，润粤公司认为根据《附件七：补充协议》第七条第四款约定，主张邱文杰应向其支付逾期收楼违约金缺乏事实基础。

综上所述，我国《合同法》第六十九条规定："当事人依照本法第六十八条的规定中止履行的,应当及时通知对方。对方提供适当担保时,应当恢复履行。中止履行后,对方在合理期限内未恢复履行能力并且未提供适当担保的,中止履行的一方可以解除合同。”由此可见,不安抗辩权的效力首先在于后履行义务人提供适当担保前,先履行义务人可以中止履行合同;其次,对方未在合理期限内提供担保也未能恢复履行能力的,可以解除合同。但是,要注意的是,解约权的行使有严格的条件限制,即“相对方拒绝提出给付或提出担保”。另外,解约权的行使在审判实践中还需法官依据诚实信用和公平原则进行自由裁量。

通过本案,我们可以看到,我国《合同法》规定的双务合同履行中的抗辩权有三种:同时履行抗辩权、后履行抗辩权、不安抗辩权。后履行抗辩权,又称违约救济权。我国《合同法》第六十七条规定:“当事人互负债务,有先后履行顺序,先履行一方未履行的,后履行一方有权拒绝其履行要求。先履行一方履行债务不符合约定的,后履行一方有权拒绝其相应的履行要求。”行使后履行抗辩权必须符合以下条件:(1)须基于同一双务合同,且当事人双方互负债务。单务合同、不同的双务合同均不能产生后履行抗辩,可以主张后履行抗辩的,只能是因同一双务合同而产生的对待给付。(2)须合同双方互负的债务有先后顺序,且后履行一方的债务已届清偿期。合同双方互负的债务的先后顺序,是后履行抗辩权区别于同时履行抗辩权的根本特征,其要求合同对于双方各自应履行的债务明确了先后顺序。后履行抗辩权是赋予后履行一方对抗先履行一方的权利,是后履行一方得以拒绝为对待给付的依据。因此后履行一方行使此项权利的前提是后履行一方的债务已届清偿期,否则后履行一方只以债务未到期为由即可抗辩。(3)须先履行一方的债务有履行的可能。后履行抗辩权设置的目的在于促使双方履行合同,这必然以债务有可能履行为基础。反之,如果对方所负债务无履行的可能,则合同的目的不能实现,也就不能产生后履行抗辩权。(4)须先履行一方未履行或履行不适当。只有先履行义务的一方未能履行义务或者其履行义务不符合约定时,后履行一方才能行使后履行抗辩权。未履行是指没有履行债务,履行不符合约定是指履行不适当,即瑕疵履行,如交付的标的物有瑕疵等。一方履行债务全部有瑕疵与债务不履行的法律效果相同,都导致合同的目的无法实现,均可构成合同的根本违约,后履行一方有权就全部对应债务行使抗辩权;一方履行部分有瑕疵时,后履行一方可以对瑕疵部分行使抗辩权。

■ 知识点梳理

我国《合同法》规定了先履行义务一方当事人应负担两项附随义务,即通知义务和举证义务。没有充分的证据证明对方不能履行合同而中止自己的履行的,应当承担违约责任,因此,行使不安抗辩权的一方有主张不成立而承担违约责任的风险。

16
Case Study

林明与广西东兴大酒店房屋租赁合同纠纷上诉案

先履抗辩 ｜ 合同违约

问题提示

1. 如果本案中林明主张先履行抗辩权理由成立,能否免除他的租金给付义务?
2. 先履行一方拒绝履行义务,后履行一方是否可以据此解除合同?

相关法条

《中华人民共和国合同法》第六十七条[先履行义务]、第一百零七条[违约责任]、第一百二十条[双方违约的责任]、第一百二十六条[涉外合同]

近似案例

广州盛和生态渔业旅游有限公司与广州南沙围垦开发公司农业承包合同纠纷上诉案

黄山远洋物业管理有限公司与张清友物业服务合同纠纷案

案情介绍

基本案情

一审法院审理查明:2007 年 11 月 18 日,原告东兴大酒店与被告林明签订了一份《房屋租赁合同》,合同约定东兴大酒店将东兴时代百货大楼地上第三层的 2150

平方米场地出租给林明使用。合同约定房屋承租用作经营娱乐场所，租赁期限为六年零六个月，第一、二年的租金为40万元/年，第三、四年租金为55万元/年，第五、六年租金为68万元/年，租金按季付清。还约定东兴大酒店对该栋另一部分出租，则其用途不得与林明先生经营的项目有重复（如慢摇吧、酒吧、KTV式包厢等）。合同还对违约责任等其他事项进行了约定。同日，双方又签订了一份《房屋租赁补充协议》，约定林明所租赁的房屋内消防工程由其负责。合同签订后，林明将所租用的房屋用来经营东兴欧啦啦娱乐城，并出资对所经营的场所安装消防设施。2008年5月22日，东兴欧啦啦娱乐城通过了有关部门的消防设施验收。林明开始租金均按时交付给东兴大酒店，2011年5月27日敬强公司与案外人签订《房屋租赁合同》，把东兴时代百货大楼第四层出租，林明发现该栋第四层与其经营的项目相同后，从2011年7月18日起就拒绝交付租金给东兴大酒店。林明从2008年6月起使用地下停车场30个临时停车位，按月缴纳2000元的车位场地占用费，2008年11月24日后林明以无法正常使用临时停车位为由不再支付车位占用费，后于2011年6月曾交付案外人出入地下停车场场地使用费每月200元。2011年5月，东兴市政府下文警示东兴时代百货大楼存在重大消防隐患。同年8月8日，东兴大酒店及敬强公司与案外人签订了一份关于东兴时代百货大楼消防系统改造维修工程合同书，后经结算消防工程款为556000元，东兴大酒店要求林明分担消防工程款5436.36元，林明以不属于其承担范围为由拒绝支付。林明一直使用东兴时代百货大楼1、4号电梯，东兴大酒店每月为林明代垫付的电梯费为645元，从2008年5月18日至2011年12月17日共代垫付电梯费27735元，林明拒绝支付给东兴大酒店。

东兴大酒店向一审法院起诉，请求：(1)解除双方签订的《房屋租赁合同》，林明撤离租赁房屋；(2)林明支付租金320833元（从2011年7月19日起计算至2012年2月17日止，以后计算至本合同解除之日止）；(3)林明支付车位占用费76000元；(4)林明支付消防工程款54336.36元；(5)电梯费27735元；(6)本案诉讼费由林明负担。

林明反诉请求：(1)东兴大酒店停止在东兴大酒店时代百货大楼经营与林明相同项目的行为；(2)东兴大酒店赔偿林明经济损失60万元（暂计至2012年1月31日止，以后另计）。

另查明,东兴时代百货大楼土地使用权人为东兴大酒店和敬强公司。2006年10月20日,东兴大酒店与敬强公司签订了一份《物业分配合同》,约定该栋楼第三层的物业归东兴大酒店所有,第四层的物业归敬强公司所有。敬强公司于2011年5月将东兴时代百货大楼第四层出租给案外人用于经营娱乐、保健会所等项目。现案外人已停止经营。

□ 裁判过程

综合双方诉辩意见和庭审情况,本案的争议焦点为:(1)双方签订的《房屋租赁合同》是否应解除;(2)东兴大酒店要求被告支付租金、车位场地占用费、消防工程款、电梯费是否有事实依据和法律依据;(3)林明的反诉请求是否有事实和法律依据。

一审法院审理认为:

本诉:双方签订的《房屋租赁合同》合法有效,双方应遵照合同约定履行。东兴大酒店出租房屋给林明后,林明未按约定支付租金是违约行为,应承担相应的违约责任。东兴大酒店要求林明支付尚欠租金的诉请,理由正当,应予以支持。林明辩称东兴大酒店将东兴时代百货大楼地上第四层租给案外人经营与林明相同的项目,违反了合同第二条关于"如原告对该栋另一部分出租,则其用途不得经营与被告经营的项目有重复"的约定,东兴大酒店违约在先,故林明拒绝向东兴大酒店交纳租金。《合同法》第一百二十条规定:当事人双方都违反合同的,应当各自承担相应的责任。林明拒绝向东兴大酒店支付租金不属于履行合同先行抗辩权的情形,林明该辩称于法无据,不予采信。关于东兴大酒店要求林明支付电梯费27735元的问题。合同约定由林明支付,且林明一直在使用该电梯,东兴大酒店已代林明垫付电梯费,其要求林明支付电梯费,理由正当,应予支持。林明辩称电梯经常损坏,东兴大酒店又不维修,为不影响经营,其每月已自行开支800元用于修理电梯,故不同意再支付电梯费,但林明没有提供证据证实,对其抗辩不予采信。关于东兴大酒店要求林明支付车位场地占用费76000元的问题。因合同对车位场地占用费的支付约定不明,且林明已经另支付案外人场地使用费,才能正常使用车位,对东兴大酒店该诉请,不予支持。关于东兴大酒店要求林明支付消防工程款54336.36元的问题。因合同约定林明所租房屋内的消防设施才由林明告出钱,而东兴大酒店不能证实其对东兴时代百货大楼整改所做的消防设施施工工程包括林明所租房屋室内的消防设施,因此,东兴大酒店该诉请理由不当,证据不足,不予支持。关于东兴大酒店要求解除与林明所签订的《房屋租赁合同》的问题。虽然林明没有依约支付租金是违约行为,但东兴大酒店把该栋房屋第四层出租给案外人经营与林明相同的经营项目,首先违反了合同约定的排他性条款,林明行为不构成根本性违约,双方都具备继续履行合同的能力,未达到解除合同的条件,对东兴大酒店该诉请,不予支持。

反诉:东兴时代百货大楼的《国有土地使用权证》写明土地使用权人为东兴大酒店和敬强公司,没有划分东兴大酒店和敬强公司的份额,虽然东兴大酒店和敬强公司对东兴时代百货大楼的管理约定有一份物业分配合同,但该协议是内部协议,也没有证据证实东兴大酒店曾把该协议出具给林明,故该协议不能对抗第三人,林明和东兴大酒店签订租赁合同后,敬强公司一直没有提出异议,视为其亦同意将东兴时代百货大楼三楼出租给林明。一审法院认为东兴大酒店没有履行合同的约定,把该楼第四层租赁给案外人经营与林明相同的经营项目,林明要求停止第四层楼经营并要求东兴大酒店赔偿经济损失 60 万元的诉请,因合同的排他性条款没有约定违约责任,也没有约定因为违约而产生的赔偿款,林明也不能提供确凿充分的证据证明损失数额,根据《最高人民法院关于民事诉讼证据的若干规定》第二条"当事人对自己提出的诉讼请求所依据的事实或者反驳对方诉讼请求所依据的事实有责任提供证据加以证明。没有证据或者证据不足以证明当事人的事实主张的,由负有举证责任的当事人承担不利后果"的规定,林明反诉请求,因缺乏证据,不予支持。

综上所述,依照《合同法》第一百零七条、第一百二十条、第二百二十六条,《物权法》第九十六条、《最高人民法院关于民事诉讼证据的若干规定》第二条的规定,并经一审法院审判委员会讨论,判决:(1)本诉被告林明应支付本诉原告广西东兴大酒店尚欠租金 320833 元(自 2011 年 7 月 19 日起暂计至 2012 年 2 月 17 日止,自 2012 年 2 月 18 日起尚欠的租金按合同约定的租金标准计算至本案生效判决规定的履行期限最后一日止);(2)本诉被告林明应支付本诉原告广西东兴大酒店电梯费 27735 元;(3)驳回本诉原告广西东兴大酒店的其他诉讼请求;(4)驳回反诉原告林明的反诉请求。本案本诉案件受理费 8484 元,由广西东兴大酒店负担2308元，林明负担6167元。反诉案件受理费4900元，由反诉原告林明负担。

林明不服一审判决，上诉称：一审判决认定事实不清，适用法律错误，实体处理不当。根据双方签订的《房屋租赁合同》约定，东兴大酒店将讼争房屋租赁给林明用作娱乐场所，并注明东兴大酒店对该栋另一部分出租，其用途不得与林明经营的项目重复（如慢摇吧、酒吧、KTV式包厢等）。但2011年5月27日，东兴大酒店出租给林明的同一幢楼出现了与林明相同的经营项目。林明几经交涉，东兴大酒店不予理睬。由于出现上述情况，致使林明的经营效益大受影响，迅速由盈转亏，短短几个月已亏损六十多万元。东兴大酒店违反了合同的根本义务，林明拒交租金于理于法有据。但一审判决一方面认定东兴大酒店违约在先，另一方面却认定林明拒不支付租金的行为不属于履行合同先行抗辩权的情形，自相矛盾。首先，双方合同约定东兴大酒店对另一部分房屋的出租，其用途不得经营与林明经营的项目相重复。这是合同的基本条款，是林明达到合同目的的保障。由于东兴大酒店违反合同约定，将房屋的另一部分出租给案外人经营相同的项目，致使林明的合同目的无法实现。依照《合同法》第六十七条的规定，当事人互负债务，有先后履行顺序，先履行一方未履行或者履行不符合约定的，后履行一方有权拒绝其相应的履行要求。故在东兴大酒店没有纠正根本违约行为之前，林明拒绝支付租金完全属于行使先履行抗辩权。根据《合同法》第一百零七条规定，当事人一方不履行合同义务或者履行义务不符合约定的，应当承担继续履行、采取补救措施或者赔偿损失等违约责任。林明要求东兴大酒店在违约后采取补救措施并赔偿损失有事实和法律依据，一审判决不予支持错误。请求二审法院依法判决：(1)撤销(2012)东民初字第94号民事判决第一、二、三项；(2)东兴大酒店停止在东兴大酒店时代百货大楼经营与林明相同项目的行为；(3)东兴大酒店赔偿林明经济损失60万元（截至2012年1月31日，以后损失另计）。

被上诉人东兴大酒店辩称：一审判决认定事实清楚，实体处理恰当。上诉人林明上诉理由不能成立，请求驳回上诉，维持原判。

综合诉辩双方的意见，双方当事人对一审查明的事实有以下争议：敬强公司出租给案外人的房屋是否属于东兴大酒店与林明在《房屋租赁合同》约定的东兴大酒店不得将该栋另一部分出租房屋出租给他人经营相同项目的限制范围。

上诉人林明和被上诉人东兴大酒店在二审举证期限内均没有提供新证据。

上诉人林明对争议的事实认为,《房屋租赁合同》约定东兴大酒店不得将该栋另一部分出租房屋出租给他人经营相同项目,是指东兴大酒店时代百货大楼其他房屋不能出租给他人经营相同项目。

被上诉人东兴大酒店对争议的事实认为,《房屋租赁合同》约定东兴大酒店不得将该栋另一部分出租房屋出租给他人经营相同项目仅限于同一层楼的另一部分。

二审法院经审理后认定:一审判决认定事实清楚,但适用法律错误,导致实体处理部分不当,予以纠正。上诉人林明上诉理由部分成立,予以支持。依照《民事诉讼法》第一百七十条第一款第(二)项的规定,判决如下:(1)维持东兴市人民法院(2012)东民初字第94号民事判决第一、二、三项;(2)撤销东兴市人民法院(2012)东民初字第94号民事判决第四项;(3)被上诉人东兴大酒店按租金的20%赔偿上诉人林明经济损失(自2011年7月19日起按合同约定的租金标准计算至本案生效判决规定的履行期限最后一日止);(4)驳回上诉人林明的其他反诉请求。

■ 案例评析

□ 重点示意图

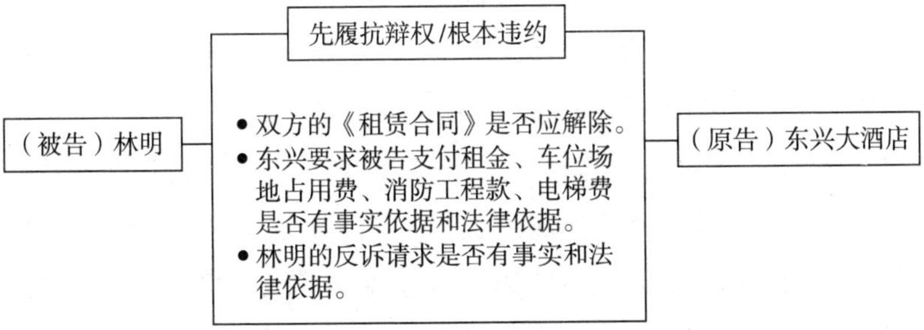

□ 疑难点释析

本案有争议的事实部分是:首先,《房屋租赁合同》约定东兴大酒店不得将该栋另一部分房屋出租给他人经营相同项目，到底是同一楼层的其他部分还是同一栋楼的其他部分。从合同订立的目的来看，由于林明经营的是KTV式包厢娱乐项目，如在同一栋楼里出现相同的经营项目，必将影响其经营效益。因此，双方的本意是在同一栋房屋其他部分不得出现林明所经营的KTV式包厢项目，而不仅限于同一楼层，否则他的合同目的会落空。所以对林明主张东兴大酒店不得将该栋另一部分房屋出租给他人经营相同项目得到了二审法院的认可。

其次，根据一审的结果，本案主要争议的焦点有两个：(1)东兴时代百货大楼4楼经营与上诉人林明相同的项目，被上诉人东兴大酒店是否构成违约，林明据此要求东兴大酒店停止经营相同项目的行为以及要求赔偿经济损失60万元是否成立，是否应支持；(2)被上诉人东兴大酒店要求上诉人林明支付租金有无事实和法律依据，是否应支持。

关于第一个争议焦点问题。东兴大酒店与林明签订的《房屋租赁合同》是双方当事人的真实意思表示，内容合法，合同有效。各方当事人应严格按照合同约定的条款履行。根据《房屋租赁合同》约定，东兴大酒店不得将该栋另一部分房屋出租给他人经营相同项目。但在合同履行期间，出现敬强公司将该栋房屋四楼商铺出租给案外人经营与林明所经营项目相同的情况。虽然不是东兴大酒店出租，但东兴大酒店在与林明签订《房屋租赁合同》时，没有履行告知该房屋是其与敬强公司合作兴建，并且存在将房屋产权进行分割的事实的义务，客观上产生在同一栋房屋出现与林明经营相同项目的事实。东兴大酒店的行为构成违约，应承担相应的违约责任。在这其中，要先解释一下根本违约的概念。根本违约是从英国普通法上发展出来的一种制度，其构成要件总体上存有条款主义与结果主义，我国立法上应采取结果主义的判断标准，同时在具体的判断上可参照所违反义务的类型标准。在迟延履行、履行不能、不完全履行、先期违约等类型场合，根本违约都有特定构成标准。根本违约一旦构成，产生的法律效果有二：一是债权人可以解除债权；二是对合同解除权的限制。我国的《合同法》采纳了根本违约制度，一方面作为一种法定解除权发生的事由，另一方面实际上又对解除权的行使予以必要的限制。由此来看，一审判决东兴大酒店违约是正确的，但一审判决以证据不足，驳回林明要求赔偿损失的诉讼请求，没有结合本案的实际情况，属于实体处理不当。由于在同一栋房屋出现与林明经营相同娱乐项目，必将对林明的经营产生一定的影响，给林明造成了一定损失。虽然林明提供的财务报表不足以证明其损失的程度,但东兴大酒店的违约行为,客观上给林明造成的损失,应在租金上适当予以减免。结合本案实际情况,法院酌情确认按每月减少20%的租金作为东兴大酒店违约弥补林明的损失。关于林明要求东兴大酒店停止在东兴大酒店时代百货大楼经营与林明相同项目的诉讼请求问题。由于不是东兴大酒店出租该房屋四楼商铺给案外人,而是敬强公司出租给案外人,东兴大酒店无权停止案外人在该房屋四楼从事与林明相同项目的经营行为,且案外人已停止营业,故林明的该项上诉请求无法得到支持。

关于第二个争议焦点问题。林明租赁的同一栋房屋出现相同的经营项目,东兴大酒店存在违约行为。根据《合同法》第六十七条的规定,当事人互负债务,有先后履行顺序,先履行一方未履行或者履行不符合约定的,后履行一方有权拒绝其相应的履行要求。由于后履行方的抗辩权是一时抗辩权,仅能使自己暂时免除给付义务。在案外人营业期间,林明主张先履行抗辩权理由成立,法院予以支持。但案外人由于没有办理营业许可证,在2011年7月试业2个月后,就停业至今,对林明的经营影响已经消失,该违约行为给林明造成的损失只能部分得到支持,由于合同没有解除,故林明应对其经营期间所产生的租金承担支付的义务。一审判决林明支付租金及相应的费用是正确的,上诉人林明上诉主张免除其支付租金的请求,理由是不能成立的。

该争议焦点问题也就牵出一个知识点,根本违约的构成要件是什么?首先,必须存在违反合同的事实,这是构成根本违约的前提条件。其次,违约的后果使受害人蒙受损害,这里的损害应作广义解释,应涵盖商业利益损失、标的物损坏、商业机会损失等各种情况。违约的后果必须实际上剥夺了一方根据合同规定有权期待得到的利益,这句话表明了违反合同会造成相当严重的后果,会剥夺当事人的重大合同利益,而认定“实质上剥夺的利益”则需要具体案件具体分析。最后,违约方预知,而且一个同等资格、通情达理的人处于相同情况下也预知会发生根本违约的结果。

那么在本案的基础上,我们进一步来看根本违约的构成有哪些类型:(1)迟延履行。迟延履行并非必然发生根本违约,但如果合同对履行期有明确的约定,而且履行期之约定在合同中显然处于重要地位时,则迟延履行通常会构成根本违约。对于并非特别强调履行期的合同,在迟延履行的情况下,只要迟延方当事人未在允许的额外期限届满前履行合同,即可视作根本违约,非违约方当事人可解除合同。(2)履行不能。依大陆法系传统见解,履行不能得分为原始不能与嗣后不能,区分当事人是否有可归责性而分别可能发生合同无效或债务不履行责任。在当事人具有可归责性的场合,具有可归责性的当事人要承担履行不能之责任,又由于履行不能已使合同的整个目的落空,这种违约行为无疑应视作根本违约,非违约方当事人自得解除合同。(3)不完全履行。不完全履行,通常债务人已履行给付义务,只不过是由于履行义务不完全,或者是由于附随义务的不履行而给债权人造成损害,此种场合通常是通过赔偿损失的方式解决:如果因违反附随义务而造成扩大的损害,即造成了债权人人身或其他财产(固有利益)的损害,则会发生违约责任与侵权责任竞合的问题,此时能否视作根本违约则是一个问题。从大量的司法实践来看,在债权人合同目的落空场合,或者说危及作为合同关系之基础的信赖关系时,则应视作根本违约,允许债权人解除合同;否则即不能视作根本违约。(4)预期违约。在预期违约中,如债务人已先期明确表示届时不履行合同,此时即可以不待履行期的到来,以其拒绝履行作为根本违约,可以因此解除合同。如果债务人没有明示拒绝履行,但由于债务人的信用状况恶化而致履行不可期待,此时的合同目的也就无法期待能够实现,自然也应视作根本违约,允许债权人解除合同并请求损害赔偿。

此外,后履行抗辩权属于一时的抗辩权,其行使结果并不导致合同双方当事人的债权债务关系消灭,只是使后履行合同的一方有权暂时不履行合同。当抗辩的原因消灭后,即先履行的一方适当地履行了债务后,后履行一方当事人仍应当履行合同义务。后履行抗辩权反映了合同权利义务之间的关系,能够清晰地说明一方先期违约与另一方中止履行合同的关系,这对正确认定当事人行为的性质和违约责任是有必要的,但不是唯一的。后履行一方应本着客观、诚信的态度行使抗辩权,并结合对先履行债务一方违约责任的追究,才能真正实现对自己权利的保护。

■ 知识点梳理

《合同法》第一百零七条规定,当事人一方不履行合同义务或者履行义务不符合约定的,应当承担继续履行、采取补救措施或者赔偿损失等违约责任。

PART 05

合同的保全

17
Case Study

邬富贵等诉邬善康债权人撤销权纠纷案

撤销权 | 不合理低价

问题提示

本案债权人能否仅以债务人与第三人系父子关系就要求行使撤销权?

相关法条

《**中华人民共和国合同法**》第七十四条[债权人的撤销权]

《**中华人民共和国民事诉讼法**》第六十四条[举证责任]

《**最高人民法院关于民事诉讼证据的若干规定**》第二条[新证据的认定]

近似案例

中国东方资产管理公司杭州办事处等诉叶国祥等债权人撤销权纠纷案

李宝武等与七台河市天行小额贷款有限责任公司公司债权人撤销权纠纷上诉案

温岭市金泰小额贷款有限公司与梁延兵等债权人撤销权纠纷上诉案

张家港市国泰农村小额贷款有限公司诉张家港华芳投资有限公司等债权人撤销权纠纷案

案情介绍

基本案情

原告邬富贵起诉称:被告邬善康与第三人邬培兵系父子关系。2014 年 11 月

29日，被告邬善康因需向原告邬富贵借款40000元，借期一个月，到期被告需付本息41000元。然被告到期未还本付息。2015年1月15日，原告为保护其合法债权起诉至奉化市人民法院，经法院主持调解，与被告达成调解协议，即借款40000元由被告邬善康分二期归还，第一期于2015年5月底前归还20000元，第二期于2016年5月底前归还20000元，如被告未按期履行，原告可就未履行款项及未到期款项一并向法院申请强制执行。因被告未履行(2015)甬奉江商初字第52号民事调解书确定的还款义务，原告于2015年5月29日向奉化市人民法院申请强制执行，法院于同日受理该执行申请。在执行过程中查知，被告坐落于江口街道山头朱村茗山邬家墙弄45号的房产于2015年2月5日以极不合理的低价转让给了其儿子第三人邬培兵，致使原告债权无法得以实现。原告认为，原告作为债权人对债务人被告邬善康存在有效的债权，该债权为(2015)甬奉江商初字第52号民事调解书所确认，且该债权发生在被告处分房产行为之前，而该处分行为又发生在原告起诉之后，因此被告逃避债务，损害原告债权的故意十分明显；同时被告与第三人系父子关系，房产买卖价格又极不合理，受让人邬培兵对该买卖行为会损害他人债权实现是明知的，故被告与第三人之间房屋买卖行为依法应予撤销。为此，原告起诉要求判令：撤销被告邬善康与第三人邬培兵之间就坐落于奉化市江口街道山头朱村茗山邬家墙弄45号房屋的买卖行为，并由被告和第三人共同承担本案诉讼费。

被告邬善康未作答辩。第三人邬培兵未作书面答辩，在庭审中口头答辩称：被告邬善康向原告借款40000元无异议，原告要求撤销第三人与被告之间的房屋买卖不成立，买卖所涉房屋系被告与第三人的母亲的共同财产，后来第三人母亲病逝，被告、第三人、被告女儿对房屋均享有继承权，该房屋应由被告、第三人、被告女儿按份共有。被告将房屋出卖给第三人是双方的真实意思表示，不是为逃避债务，第三人将房屋款给被告后，被告用于清偿债务，而不是逃避债务。双方的房屋买卖依法进行了过户登记手续，原告要求撤销被告与第三人房屋买卖合同理由不成立，要求驳回原告的诉讼请求。

原告邬富贵为证明其主张的诉讼请求，向法院提供了下列证据，被告邬善康经本院合法传唤无正当理由未到庭参加诉讼，视为放弃到庭质证的权利，第三人邬培兵的质证意见及法院的认证意见如下：

(1)暂借条、民事调解书、强制执行申请书、受理执行案件通知书各一份，用以证明原告对被告存在有效的债权,原告的撤销权人资格符合法律规定的事实。经质证,第三人邬培兵对该组证据的三性无异议。法院认为,原告提供的该组证据内容真实,形式及来源合法,且与本案事实具有关联性,为此,法院确认该组证据作为认定本案相关事实的依据。

(2)收条、房地产转让合同各一份,用以证明被告与第三人之间买卖的房屋房屋面积为226平方米,经奉化市房地产管理中心确认的房屋评估价格为83000元,被告与第三人之间房屋买卖约定价格为20000元,房屋买卖价格存在不合理的事实。经质证,第三人邬培兵对该组证据的真实性没有异议,转让价格为83000元,除了原告提供的收条之外,还有其他收条为据。法院认为,原告提供的该组证据内容真实,形式及来源合法,且与本案事实具有关联性,为此,法院确认该组证据作为认定本案相关事实的依据。

法院经审理认定事实如下:2014年11月29日,被告邬善康向原告邬富贵借款40000元,并出具借条一份,约定借款期限为一个月,到期被告需还本付息共计41000元。到期后被告未还本付息。2015年1月15日,原告就该借款向法院起诉,经法院主持调解,原、被告于2015年1月22日达成调解协议:(1)被告邬善康应归还给原告邬富贵借款40000元,第一期于2015年5月底前归还20000元,第二期于2016年5月底前归还20000元。原告邬富贵同意放弃其余诉讼请求;(2)如被告邬善康未按期履行,原告邬富贵可就未履行款项及未到期款项一并向法院申请执行。2015年2月5日,被告邬善康与第三人邬培兵(系被告邬善康之子)签订房地产转让合同一份,被告邬善康与第三人邬培兵议定以20000元的价格将坐落于奉化市江口街道山头朱村茗山邬家墙弄45号的房屋产权转至第三人邬培兵名下。该房屋产权经评估价值为83000元。2015年3月5日,第三人办理房屋产权登记手续。因被告未履行(2015)甬奉江商初字第52号民事调解书确定的还款义务,原告于2015年5月29日向奉化市人民法院申请强制执行。

法院认为:原告邬富贵与被告邬善康之间的债权债务关系有奉化市人民法院(2015)甬奉江商初字第52号民事调解书确认,被告尚欠原告40000元,被告在明知尚有债务的情况下将房屋以明显不合理的低价转让给第三人,该行为损害了原告作为债权人的利益,故原告有权要求撤销被告与第三人间的转让行为。第三人认为房屋系作价83000元有偿转让,分三次向被告交付了28000元、34000元、

20000元,但第三人无正当理由未在法定期限内向法庭提供证据,且被告与第三人系父子关系,房屋买卖的钱款交付无转账凭证等证据佐证,原告也予以否认,故法院不予采信。关于第三人对涉案房屋系被告与第三人母亲的共同财产,后第三人母亲病逝,被告、第三人、被告女儿对房屋均享有继承权,涉案房屋应由被告、第三人、被告女儿按份共有的抗辩,更能证明被告无权买卖涉案房屋。被告邬善康经依法传唤无正当理由未到庭参加诉讼,依法可以缺席判决。依照《合同法》第七十四条、《民事诉讼法》第六十四条、《最高人民法院关于民事诉讼证据的若干规定》第二条、《民事诉讼》第一百四十四条之规定,判决如下:撤销被告邬善康将坐落于奉化市江口街道山头朱村茗山邬家墙弄45号房屋转让给第三人邬培兵的行为。

■ 案例评析

□ 重点示意图

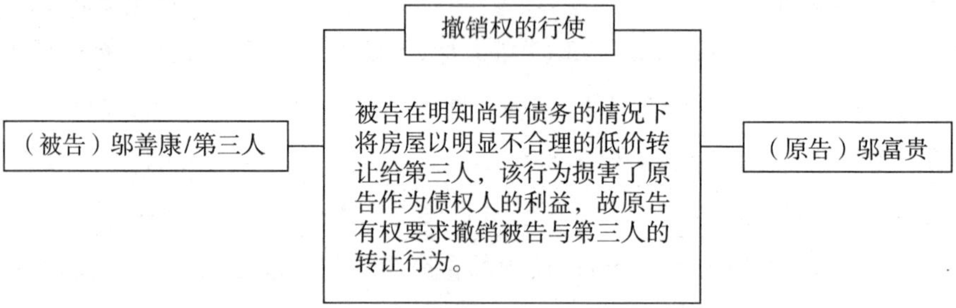

□ 疑难点释析

根据《合同法》第七十四条的规定,债务人以明显不合理的低价转让财产,对债权人造成损害,并且受让人知道该情形的,债权人可以请求人民法院撤销债务人转让财产的行为。根据本条的规定,在债务人放弃其到期债权或者无偿转让财产的场合,不应要求债权人对债务人具有主观恶意进行举证,而直接推定债务人具有恶意,故此时人民法院处理案件较为简单,只需要判断债务人的行为是否对债权人造成损害即可依法做出裁判。当然,对这种法律上的恶意推定债务人有权进行抗辩,如果债务人能够反证证明其仍有足够的财产清偿债务,其行为无害于债权,则不能推定债务人具有恶意。但在债务人有偿转让财产的场合，由于原则上不能推定债务人具有恶意，此时就存在如何判断有偿转让财产的双方当事人主观上是否具有恶意的问题。

1. 关于债务人主观恶意的判断。根据前述债权人行使撤销权的构成要件，债权人只要举证证明债务人存在"以明显不合理的低价转让财产"的行为，就可以认定其主观上具有恶意。对何为"明显不合理的低价"，不应在数额上严格限定，而是根据当时当地市场的价格来判断，在同等条件下转让的价格与市场价格相比较差距较大，任何一个合理的商人在此情况下都会认为该价格过低，债务人以该价格转让财产必然会影响债权人债权的实现，即可认定其具有恶意。根据《合同法》第七十四条的规定，在债务人放弃其到期债权或者无偿转让财产的场合，不应要求债权人对债务人具有主观恶意进行举证，而直接推定债务人具有恶意，故此时人民法院处理案件较为简单，只需要判断债务人的行为是否对债权人造成损害即可依法做出裁判。当然，对这种法律上的恶意推定债务人有权进行抗辩，如果债务人能够反证证明其仍有足够的财产清偿债务，其行为无害于债权，则不能推定债务人具有恶意。但在债务人有偿转让财产的场合，由于原则上不能推定债务人具有恶意，此时就存在如何判断有偿转让财产的双方当事人主观上是否具有恶意的问题。

2. 关于受让人主观恶意的判断。对受让人恶意的判定，不要求其知道债务人转让财产的行为有害于债权人的债权，关键是看其于受让该财产时是否知道"明显的低价"，即转让的价格与当时当地的市场价格相比差距较大，任何一个合理的经营者在此情况下都会认为该价格过低。因为受让人作为合理的经济人，应当知道债务人的明显低价转让的行为是一种非正常的交易，必然会减少债务人的责任财产，损害债务人的利益。而受让人此时仍然与债务人发生交易，则表明其主观上具有恶意。至于受让人是否具有故意损害债权人的意图，或是否曾与债务人恶意串通，在确定受让人的恶意时不必考虑，而且债权人对此一般也难以举证证明。因此，债权人只需要证明债务人的行为有害于债权，且依当时具体情形受让人应当对此是能够知晓的，据此即推定受让人具有恶意。受让人如对此推定不服，则应就其主观上的善意负有证明责任。

3. 本案还涉及了撤销权行使后的效力问题。《最高人民法院关于适用〈中华人民共和国合同法〉若干问题的解释（一）》第二十五条规定，债权人依照《合同法》第七十四条的规定提起撤销权诉讼,请求人民法院撤销债务人放弃债权或转让财产的行为,人民法院应当就债权人主张的部分进行审理,依法撤销的,该行为自始无效。据此,债务人的行为在被撤销以前,其行为并非当然无效。在经人民法院审理,撤销权诉讼成立的,债务人所实施的放弃到期债权、无偿转让财产或者低价转让财产等行为即被撤销,自始不具有法律效力,即免除债务的,视为未免除;转让财产的,视为未转移,以此达到充实债务人财产以保全债权的目的,但债权人不能受领因撤销而由受益人和受让人返还给债务人的财产。

4. 本案中债权人能主张行使撤销权并胜诉的关键因素之一是债权人的债权有合法性的特点。根据王利明教授的观点,一方面,当债权人行使撤销权时,债权人的债权已经有效成立,且不具有无效或可撤销的因素;另一方面,债权必须在债务人的处分行为之前就已经有效存在。这里需要探讨两个问题:首先,债权人合法债权的认定是否以生效司法文书确认为必要条件。司法实务中,大多数法院在审理债权人撤销权纠纷案件时,均要求债权人享有的债权必须经过生效司法文书确认方才认定该债权合法。本案就是一个典型。据粗略地查看,在中国裁判文书网公布的福建法院在 2013 年 1 月至 2015 年 6 月的民事判决书中,凡是判决债权人胜诉的案件,无一例外地都以债权人的债权经生效司法文书的确认为认定债权合法的依据;在判决债权人败诉的案件中,部分法院在判决书“本院认为”部分也有类似观点的论述。所以,经生效的司法文书确认是债权人合法债权认定的一个重要条件。

■ 知识点梳理

债权人行使撤销权必须具备债务人的处分行为有害于债权之客观要件,其判断应从债务人是否无资力以及债务人无资力与其处分行为是否具备相当因果关系两方面进行。

18
Case Study

浙江稠州商业银行股份有限公司东阳支行与卢国朝、叶筱梅、第三人卢玉平债权人撤销权纠纷案

撤销权 | 恶意串通

问题提示

1. 如何认定二被告是否无偿转让或以明显不合理的低价转让房屋?
2. 二被告的买卖合同是否有害于债权,如何认定?

相关法条

《中华人民共和国合同法》第七十四条[债权人的撤销权]

《最高人民法院关于适用〈中华人民共和国合同法〉若干问题的解释(一)》第二十六条[撤销权行使费用的负担]

近似案例

吉林市中级人民法院裁定张丽杰诉高诗拓撤销权之诉案

浙江省温州市中级人民法院判决陈丽婵诉施文颖等撤销权纠纷案

案情介绍

基本案情

2014年10月14日,案外人王建华等人向原告浙江稠州商业银行股份有限公司东阳支行借款500万元,由二被告和他人提供连带责任担保。借款到期后,借款

人和担保人未还本付息。原告于2015年4月23日向法院提起金融借款合同纠纷案的诉讼，要求借款人归还本金500万元及利息，担保人承担连带保证责任。法院于2015年6月12日判决案外人王建华等人归还原告借款本金500万元及利息，被告卢国朝、叶筱梅等担保人对该债务负连带清偿责任。

2015年5月，被告卢国朝、叶筱梅与第三人卢玉平签订了卖房合同，约定二被告所有的坐落于东阳市吴宁街道新建南路22幢8号的房产转让给第三人，成交价为106万元，2015年3月6日付定金16万元，2015年5月10日前付清并做好房屋移交，东阳市温馨家园房产中介有限公司在买卖合同上盖章，并经工作人员程庆萍签字。2015年5月6日，二被告与第三人办理房屋过户登记。第三人卢玉平分别于2015年4月27日、2015年5月15日至工商银行东阳支行开户银行账户，账号分别为12×××55、12×××94。开户后，案外人浙江凯文磁业有限公司于2015年4月29日汇入第三人账户30万元，案外人吴驾凌于2015年4月30日汇入第三人账户160万元。第三人卢玉平尾号为2055的账号于2015年5月4日转入被告卢国朝账号200万元，第三人卢玉平尾号为3094的账号于2015年6月10日转入被告卢国朝账号83万元。

□ 审理过程

法院认为，本案的争议焦点是二被告是否无偿转让或以明显不合理的低价转让房屋、是否有害于债权、二被告与第三人是否恶意串通等方面。从现有证据书面内容上看，二被告与第三人之间的房屋买卖发生在2015年3月6日，本案房屋的转让款是299万元，未低于评估价，且第三人卢玉平通过转账和现金方式支付了相应价款，并提供付款凭证，但本案仍存有以下几个疑点。

疑点一，二被告是否无偿转让或以明显不合理的低价转让房屋？(1)第三人卢玉平的经济状况。第三人卢玉平在庭审中述称其做建筑五金配件买卖生意，年收入在一两百万元，但对具体经营情况未能详述，且无固定经营场所；第三人虽提供了其银行账户的流水清单以证明其购房能力，但该账号的流水自2015年5月15日开始产生交易，即在涉案房产过户后，不能证明第三人在购房前的经济状况，故第三人卢玉平对其收入情况举证不足，应承担举证不能的责任，对第三人辩称年收入在一两百万元，法院不予以采信。且第三人在2015年2月3日离婚时尚欠被告卢国朝15000元,其在举债情况下向二被告购房,显然不合情理。(2)购房款的款项来源。案外人浙江凯文磁业有限公司、吴驾凌汇入的30万元、160万元,第三人卢玉平辩称该两笔系货款及其他款项,但对货款如何产生及款项的组成情况无法释明。法院认为,该两笔款项均由他人汇入,经法庭充分询问后第三人亦无法释明其由来,可视为该两笔款项非第三人自有资金。且第三人在开户留存的手机号码系被告卢国朝所有,足以让人产生第三人的该两银行账号归被告卢国朝实际使用的合理怀疑。(3)涉案房屋并未实际交付。第三人卢玉平在庭审中称一直在外做生意,平时不住在东阳,孩子也在外地上学,缺乏购房的合理理由,况且,在涉案房屋过户后,仍由二被告实际占有居住,与过户前相比并没有发生变化。综上,第三人的经济状况欠佳,对购房款项来源亦无法说明,房屋也未由其实际使用,故第三人卢玉平实际未支付购房款给二被告的情况存在高度盖然性,也就是说,被告卢国朝、叶筱梅很可能是将涉案房屋无偿转让给第三人卢玉平。

疑点二,二被告的房屋处分行为是否有害于原告的债权?(1)涉案房屋实际"买卖"时间是否是2015年3月6日。被告卢国朝在第一次庭审中陈述房地产买卖协议系在温馨家园房产中介签订,且有中介工作人员程庆萍在场,在第三次庭审中却表示该协议由其与第三人自行签订。后经法院查证,程庆萍确认该房地产买卖协议不是在温馨家园房产中介签订,且第一次接待被告卢国朝系在涉案房屋过户前三四天,而被告卢国朝在两次庭审中对房地产买卖协议的签订时间、地点作矛盾陈述,故被告卢国朝对房地产买卖协议上的签订时间所作的陈述并不可信。另根据程庆萍陈述,涉案的买卖契约在房屋过户前三四天由其本人书写,即杜卖契在2015年5月初形成,并确认杜卖契的内容及落款时间2015年3月6日是应客户(本案被告及第三人)要求书写的。法院认为,经第三方协助形成的杜卖契均可造假,则被告卢国朝与第三人卢玉平系亲姐弟关系之间签订的房地产买卖协议存在虚假的可能性更大,故涉案房屋实际"买卖"时间按第三方房产中介公司确认的时间更合情合理,即约为2015年5月初,也就是在原告主张债权之后。(2)从第三人在工商银行两个账号的开户时间上看,分别于2015年4月27日、5月15日开户;从第三人向被告卢国朝转账交付房款时间上看,分别于2015年5月4日、6月10日交付200万元、83万元;从杜卖契、房屋过户时间上来看,分别为2015年5月初、2015年5月6日,上述行为的发生时间均系在原告主张债权之后。综上,从二被告与第三人之间的房屋买卖合意至房屋过户至房款交付，房屋买卖的整个过程均发生在原告向二被告主张债权之后，显然，被告卢国朝在明知资不抵债的情况下，存在主观转移房产的恶意，二被告处分涉案房屋的行为严重损害了原告的合法债权。被告卢国朝虽提供了芜湖的两处房产，但该两处房产自2013年起至今一直处于房屋预售登记状态，目前尚无法处置，且被告卢国朝未提供其他可偿债资产，表示还存在其他债务。

因此，综合以上疑点，被告卢国朝与第三人卢玉平系亲姐弟关系，在二被告处于巨额债务的情况下，为双方恶意串通提供了一种便利条件，二被告与第三人之间的房地产买卖协议、收条、转账凭证的真实性均无法确认，二被告与第三人以虚假房屋买卖关系掩盖无偿转让房产以逃避债务履行的事实，存在高度盖然性，而二被告无偿转让财产的行为损害了原告的合法权益，且原告行使撤销权的范围未超过其合法债权范围，故原告要求撤销二被告与第三人之间的买卖协议的诉讼请求，于法有据，合情合理，法院予以支持。债权人行使撤销权所支付的律师代理费等必要费用，由债务人承担，故原告要求二被告支付律师代理费的诉讼请求，于法有据，法院予以支持，但应以实际支出的律师费为准。依照《合同法》第七十四条、《最高人民法院关于适用〈中华人民共和国合同法〉若干问题的解释（一）》第二十六条之规定，判决如下：(1)撤销被告卢国朝、叶筱梅与第三人卢玉平于2015年5月6日签订坐落在东阳市吴宁街道新建南路22幢8号的房地产买卖协议。(2)被告卢国朝、叶筱梅于本判决生效后十日内支付原告浙江稠州商业银行股份有限公司东阳支行实现债权的律师代理费1万元。(3)驳回原告浙江稠州商业银行股份有限公司东阳支行的其他诉讼请求。

■ 案例评析

□ 重点示意图

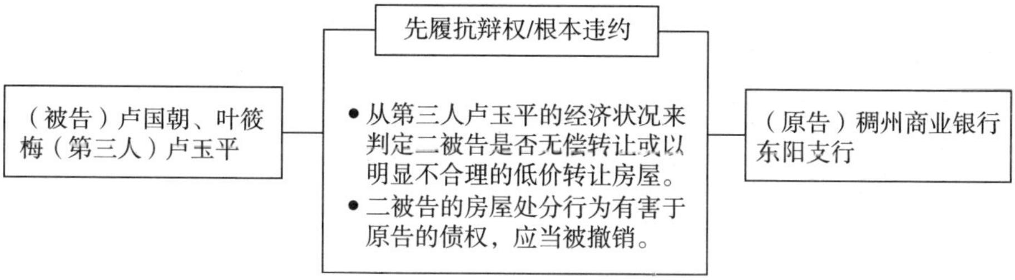

□ 疑难点释析

本案是一起典型的撤销权诉讼案件。所谓债权人的撤销权，是指债权人在债务人与他人实施处分其财产或权利的行为危害债权的实现时，可以申请法院予以撤销的权利。根据《合同法》第七十四条的规定，撤销权的成立，要求债务人实施了放弃其到期债权或者无偿转让财产，并对债权人造成损害的行为；或者是债务人以明显不合理的低价转让财产，对债权人造成损害，而受让人明知该债务人以明显不合理的低价转让对债权人造成损害却仍接受之。本案值得讨论的问题是：被告与第三人系姐弟关系，这个身份关系是否必然导致他们签订的房地产买卖协议无效，还是一定要对原告的债权构成损害时才能撤销合同？

首先，《合同法》第七十四条规定了债权人行使撤销权的客观要件，即债务人于债权发生后有效成立并继续存在时，实施了放弃到期债权、无偿转让财产或以明显不合理的低价转让财产的行为，减少了责任财产和清偿能力，不能使债权人依债权本旨得到满足。由此可见，在买卖合同中判定合同是否有效，身份关系的亲疏并不构成对合同效力的影响，问题的关键是如何判断债务人的行为有害于债权人的债权。但这存在判断标准确定的困难，也存在举证责任的分配问题。从实体法和实际操作的角度来看，明确民事诉讼中证明责任的分配问题应是最佳的选择和最终的落脚点。也就是说，对此应当实行事实推定和证明责任的倒置，即债权人只需举证证明债务人有无偿处分或低价转让等处分财产的行为，可能危及其债权的实现，则可推定债务人的行为有害该债权。此时，债务人必须反证证明其行为无害于债权人的债权，如证明其仍有资力偿还债务。如债务人不能提供该反证，则债权人即可以行使撤销权。本案中卢国朝、叶筱梅与第三人卢玉平的房地产买卖协议无疑使其丧失对原告浙江稠州商业银行股份有限公司东阳支行履行债务的能力，据此应当认定该协议无效。

其次，根据《合同法》第七十四条之规定，在无偿转让行为中，债权人撤销权的成立不要求主观要件，仅要求具备客观要件即可发生撤销权；而在有偿转让行为中，债权人的撤销权以受让人有恶意为成立要件。这样规定是合理的，但是“有偿转让行为的撤销，涉及交易安全的保护问题，故在协调整合债务人财产管理自由原理、责任秩序维持原理、交易安全保护原理等规范原理的基础上，债权人撤销权的发生除应当具备诈害行为之客观要件外，债务人等还须兼具诈害意思之主观要件”，因此，针对债务人放弃其到期债权或者无偿转让财产的行为，不应要求债权人对恶意进行举证，而直接推定债务人具有恶意。当然，对这种法律上的恶意推定债务人有权进行抗辩，如果债务人能够反证证明其仍有足够的财产清偿债务，其行为无害于该债权，则不能推定债务人具有恶意。根据前述债权人行使撤销权的构成要件，债权人只要举证证明债务人存在以明显不合理的低价转让财产的行为，就可以认定其主观上有恶意。对何为明显不合理的低价，不应在数额上严格限定，而是根据当时当地市场的价格来判断，在同等条件下转让的价格与市场价格相比较差距较大，任何一个合理的商人在此情况下都会认为该价格过低，债务人以该价格转让财产必然会影响债权人债权的实现，即可认定其具有恶意。对受让人恶意的判定，不要求其知道债务人转让财产的行为有害于债权人的债权，关键是看其于受让该财产时是否知道“明显的低价”，即转让的价格与当时当地的市场价格相比差距较大，任何一个合理的经营者在此情况下都会认为该价格过低。因为受让人作为合理的经济人，应当知道债务人的明显低价转让行为是一种非正常的交易，必然会减少债务人的责任财产，损害债权人的利益。而受让人此时仍然与债务人发生交易，则表明其主观上具有恶意。至于受让人是否具有故意损害债权人的意图，或是否曾与债务人恶意串通，在确定受让人的恶意时不必考虑，且债权人对此一般也难以举证证明。因此，债权人只需要证明债务人的行为有害于债权，且依当时具体情形受让人对此应当是能够知晓的,据此即可推定受让人具有恶意。受让人若对此推定不服,则应就其主观上的善意负有证明责任。法官经过实质审查,如果发现主债务人与次债务人的权利处分行为实质在于相互串通恶意阻碍债权人行使代位权,则应运用诚实信用原则予以制止,直接支持债权人的代位权诉请。

合同法设置债权人撤销权制度的目的在于维持债务人的责任财产,体现了现代民法强化契约信赖以保护债权人利益的价值取向。但同时也应认识到,债权人撤销权制度突破了合同相对性原则,其效力涉及合同债务人之外的第三人,是对债务人与第三人之间法律关系的破坏,不仅对交易安全构成威胁,而且构成了对债务人活动自由或私法自治精神的威胁,所以法律必须在强化债权人权益和债务人自治以及交易安全之间达成一个平衡点,该平衡点即为债务人的行为是否有害于债权,以此为界线划分债务人的自由空间与债权人对债务人行为干涉的范围。在此界限内,债务人可以自由地处分财产,债权人不得妄加干涉;一旦超出此界限,债权人就可以行使撤销权以保全其债权。

综上所述,根据《合同法》第七十四条规定,债务人有以下三种情形之一的,债权人可以向法院提起撤销权诉讼:(1)债务人放弃其到期债权,对债权人造成损害的;(2)债务人无偿转让财产,对债权人造成损害的;(3)债务人以明显不合理的低价转让财产,对债权人造成损害,并且受让人知道该情形的。在1999年《合同法》颁布实施将近十年后,最高人民法院根据新情况,在其颁布的《最高人民法院关于适用〈中华人民共和国合同法〉若干问题的解释(二)》第十八条中,又规定了三种债权人有权提起撤销权诉讼的情形:(1)债务人放弃其未到期的债权,对债权人造成损害的;(2)债务人放弃债权担保,对债权人造成损害的;(3)债务人恶意延长到期债权的履行期,对债权人造成损害的。至此,在我国法律框架内,债权人有权行使撤销权的情形增加到6种。

值得注意的是以上规定仍然难以包括债务人侵害债权人利益的情形。最近实务中,出现了债务人通过以其财产为他人债务虚设担保的方式减损其责任财产的特殊情形。若严格根据上述法律规定,债权人并不享有撤销权,只能寻求确认合同无效等法律救济途径。但因确认合同无效的举证责任明显重于撤销权诉讼,债权人的诉讼风险极大。

■ 知识点梳理

撤销权的成立要求债务人实施了放弃其到期债权或者无偿转让财产并对债权人造成损害的行为;或者是债务人以明显不合理的低价转让财产,对债权人造成损害,并且债务人与受让人在行为时均具有恶意。

19
Case Study

温州市大千化工涂料有限公司与广瑞集团股份有限公司等债权人代位权纠纷上诉案

代位权 | 债权明确

■ 问题提示

1.《合同法》及司法解释关于"债权人对债务人的债务合法"规定中的所谓合法，是否应包括债权债务必须确定？

2. 上诉人大千涂料公司行使代位权的前提是什么？

3. 本案中三个诉讼主体的地位分别是什么？

■ 相关法条

《中华人民共和国合同法》第十三条［订立合同方式］、第十六条［要约的生效］、第十七条［要约的撤回］、第二十条［要约的失效］、第二十一条［承诺的定义］、第七十三条［债权人的代位权］

《最高人民法院关于适用〈中华人民共和国合同法〉若干问题的解释（一）》第十八条［次债务人的抗辩］、第二十条［次债权人债权］

■ 近似案例

张国印诉许文礼等债权人代位权纠纷案

蒋兆前与江苏润川建设工程有限公司等代位权纠纷上诉案

中国农业银行哈尔滨市汇金支行诉江苏省张家港市涤纶长丝厂代位权纠纷案

■ 案情介绍

□ 基本案情

上诉人温州市大千化工涂料有限公司（以下简称大千涂料公司）因与被上诉人广瑞集团股份有限公司（以下简称广瑞公司）、瑞安市安阳街道三圣门村股份经济合作社（以下简称三圣门村合作社）、浙江华厦建设集团有限公司（以下简称华厦建设公司）债权人代位权纠纷一案，本案现已审理终结。

大千涂料公司上诉请求：撤销原审裁定，发回浙江省瑞安市人民法院重审。事实与理由：(1)与上诉人大千涂料公司签订《外墙涂料施工合同》的经办人蒋兴常是涉案工程“元隆山庄”项目部的主要工作经办人，合同书上加盖了“浙江华厦建设集团有限公司瑞安市安阳新区元隆山庄一标段工程技术专用章”，且涉案工程也已投入使用。《外墙涂料施工合同》足以证明上诉人大千涂料公司具备诉讼主体资格。(2)根据证人陈某的证言以及被上诉人广瑞公司、瑞安市安阳街道三圣门村（以下简称三圣门村）的证明，足以认定与上诉人签订《外墙涂料施工合同》的蒋兴常是有权对外签订分包工程协议的经办人员。具体理由如下：其一，证人陈某作为涉案工程“元隆山庄”的项目部财务人员，其了解项目部的人员构成，且其也已经明确蒋兴常为涉案工程项目部负责人、上诉人大千涂料公司是涉案工程外墙涂料的施工单位。因此，本案足以认定上诉人具有诉讼主体资格。其二，根据被上诉人广瑞公司、三圣门村的证明，可以认定蒋兴常为涉案工程的负责人员。综上，本案有多份证据可以相互印证，可以证明蒋兴常对外多次代表被上诉人华厦建设公司进行各项活动，其与上诉人签订的《外墙涂料施工合同》上加盖的公章也多次对外使用。依据该协议，上诉人对被上诉人华厦建设公司享有合法债权，与本案有直接利害关系，故上诉人具备诉讼主体资格。综上，原审法院认定事实错误，原审裁定应予以撤销。

被上诉人广瑞公司辩称：坚持一审时发表的答辩意见。原审法院认定事实清楚，适用法律正确，请二审驳回上诉，维持原裁定。

被上诉人三圣门村合作社辩称：(1)上诉人大千涂料公司对被上诉人广瑞公

司是否享有合法债权的答辩意见与被上诉人广瑞公司的答辩意见一致,因为广瑞公司是涉案“元隆山庄”工程的代建公司。(2)三圣门村合作社不是本案适格的主体。具体理由如下:其一,三圣门村合作社没有和华厦建设公司签订建设工程施工合同。元隆山庄一标段工程建设工程施工合同的发包人和承包人分别是广瑞公司和华厦建设公司,三圣门村只是作为业主在合同中盖章签字,最多起到证明作用。其二,本案大千涂料公司、华厦建设公司、广瑞公司三方当事人存在两层合同法律关系:第一层合同法律关系是发包人与承包人之间的承包合同法律关系;第二层合同法律关系是承包人与分包人之间的合同法律关系。根据合同相对性的原则,发包人为第二层合同法律关系的第三人,根据《合同法》第七十三条的规定,广瑞公司是本案的次债务人,那么三圣门村合作社则是次债务人广瑞公司的合同相对人;最高人民法院《关于适用〈中华人民共和国合同法〉若干问题的解释(一)》第十三、十六、十七、二十、二十一、二十二条明确规定,债权人行使代位权只能是向次债务人追偿,上诉人向次债务人的合同相对人三圣门村合作社主张工程款,违反了代位权行使对象的法律规定。其三,本案是三圣门村委托广瑞公司进行代建,双方签订了代建合同,双方对广瑞公司的权利义务和责任都做了明确约定,并约定该项目由广瑞公司单独建账,结算该项目所有销售房款及代收代付所有工程款及费用,三圣门村合作社也已经按照合同约定向广瑞公司支付了八百多万元的代建费用。被上诉人华厦建设公司所有的工程款发票全部开给广瑞公司,所有工程款全部是由广瑞公司支付,广瑞公司支付后再和三圣门村合作社结算。根据《合同法》关于合同相对性原则的规定,广瑞公司应当就本案纠纷的结果向三圣门村合作社负责。上诉人撇开广瑞公司直接把三圣门村合作社列为被告,随意破坏法律原则、规定。若是如此,那么上诉人也可以直接向涉案工程的终端使用者即全体业主主张权利。因此,上诉人把三圣门村合作社列为被告要求支付工程款,没有事实和法律依据。

被上诉人华厦建设公司辩称:(1)关于蒋兴常的身份情况,涉案工程由被上诉人华厦建设公司承包施工的,所属辖区是华厦建设公司温州分公司,大部分工程的日常管理包括工期质量由温州分公司负责,温州分公司当时的负责人是王云良,据王云良所称当时的施工队长是彭增毅,但没有提及蒋兴常。至于彭增毅与王云良是什么关系,华夏公司并不知情的,所以关于蒋兴常的身份情况由法院根据证据依法裁判。(2)关于证人陈某的证言,一审开庭时陈某出庭作证后,华厦建设公司也申请公司的财务负责人作为证人出庭，当时问其陈某的身份时，财务负责人称是认识的，双方有就发票上的问题进行沟通，但至于陈某是否为涉案项目部的人员，华厦建设公司并不知情。至于涉案工程外墙涂料是否是由上诉人大千涂料公司施工以及是否是全部由大千涂料公司施工，被上诉人华厦建设公司也是不清楚的。综上，请法院根据证据依法裁判。

上诉人大千涂料公司向一审法院起诉请求：(1)判令广瑞公司、三圣门村合作社立即向大千涂料公司支付工程款700286.99元并支付自起诉之日起按中国人民银行同期同档次贷款利率计算的利息；(2)案件诉讼费用由华厦建设公司承担。

原审裁定认为：大千涂料公司提供的证据不足以证明其对华厦建设公司享有合法债权，华厦建设公司对大千涂料公司主张的上述债权提出的异议成立。依照《民事诉讼法》第一百一十九条、第一百五十四条第一款第(三)项，《最高人民法院关于适用〈中华人民共和国民事诉讼法〉的解释》第二百零八条第三款，《最高人民法院关于适用〈中华人民共和国合同法〉若干问题的解释(一)》第十八条第二款之规定，拟裁定如下：驳回大千涂料公司的起诉。

二审法院认为，本案系债权人代位权纠纷，上诉人大千涂料公司行使代位权的前提系其对华厦建设公司享有明确合法的债权，但上诉人没有提供相应的证据证明其与华厦建设公司已就其主张的外墙涂料施工部分的工程款进行过结算，且华厦建设公司亦对该债权提出异议。因此，上诉人大千涂料公司与被上诉人华厦建设公司之间的债权债务关系尚不明确。故一审法院据此驳回上诉人的起诉，于法有据。

综上所述，大千涂料公司的上诉请求不能成立，一审裁定认定事实清楚、适用法律正确，依照《民事诉讼法》第一百七十条第一款第(一)项、第一百七十一条的规定，裁定如下：驳回上诉，维持原裁定。本裁定为终审裁定。

■ 案例评析

□ 重点示意图

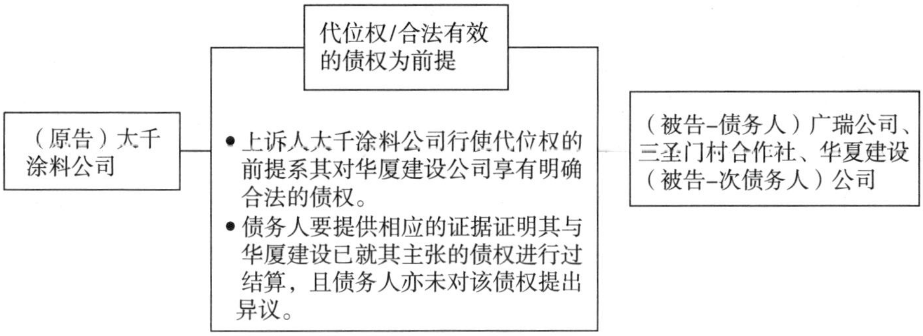

□ 疑难点释析

代位权，是指债务人怠于行使权利而害及债权人债权的实现，债权人为保全自己的债权，以自己的名义向第三人行使债务人现有债权的权利。代位权发生的条件有四个：一是债务人对第三人享有债权，且该债权是非专属于债务人本身的权利；二是需债务人怠于行使其债权，即债务人应当而且能够行使债权但不行使；三是债务人怠于行使自己的债权已害及债权人的债权；四是需债务人已迟延履行，即债务人的债务未到期和履行期间未届满的，债权人不能行使代位权，但债权人专为保存债务人权利的行为，如中断时效，可以不受债务人迟延履行的限制。债权人行使代位权且通知债务人后，债务人的权利并没有丧失，但债务人处分权的行使应受到限制，即在不损害债权人利益的情况下可以行使其权利。倘若妨害债权人行使代位权，如免除第三人的债务，则债务人不得为之。行使代位权的债权人不能因此获得优先受偿的权利，只能与其他债权人处于同等地位受偿。

在上述的四个条件中，债权人要想通过代位权实现自己的债权。第一个必备要件就是债权人与债务人之间须存在合法有效的债权债务关系："债权人代位权是债权人代行债务人的权利，如果代行者与被代行者之间没有合法有效的债权债务关系，则代行者即失去了代行的基础。"因此，人民法院在受理债权人诉请行使代位权的案件时,首先,应审查债权人与债务人之间是否存在合法有效的债权债务关系。债权人代位权制度属于涉及第三人的权利,也就是债务人对第三人须享有权利,而且必须是合法有效的债权债务关系,这时的第三人才能成为次债务人。如果债务人对他人无权利存在,或者权利已经行使完毕,债权人就不能代位行使权利,如果债务人享有的权利与第三人无关,也不得对该第三人行使代位权。其次,可代位行使的权利必须是合法有效的债权。我国《合同法》规定,可代位行使的权利仅限于债务人对第三人享有的债权。因此,"可以代位行使的权利必须是债务人现有的债权,而非专属于债务人本身的权利"或非现实存在的权利。某些权利是不能被代位行使的,如对结婚生子的否认权、抚养请求权等专属于债务人本身的权利,是不能成为债权人代位权的标的,不得由债权人代位行使。尽管这些权利的行使可以间接地对债务人的责任财产产生影响,然而这类权利的行使与权利人本人的意愿是有紧密联系的,所以他人不得代位行使。最后,可代位行使的权利必须是合法有效的权利,对基于非法原因而成立的权利,如赌债等,不应当代位行使。

上诉人大千涂料公司行使代位权的前提系其对华厦建设公司享有明确合法的债权,则本案焦点便是关于"债权确定"的理解。债权确定,是指债务人对于债权的存在以及内容没有异议,或者债权已经经过了法院和仲裁机构裁判后所确定的债权。在代位权诉讼中,债务人对次债务人的债权是否必须确定?债务人与次债务人之间的债权即使不确定,次债务人在债权人提起的代位权诉讼中,仍可以基于自己与债务人之间的债权债务关系,而将原本对债务人的抗辩事由转为对抗债权人。必要时可通知债务人作为第三人参加诉讼,将债务人与次债务人之间的债权债务关系的事实一并查清并加以确认,这并不损害次债务人的利益。因此,本案中上诉人大千涂料公司行使代位权的前提系其对华厦建设公司享有明确合法的债权,但上诉人没有提供相应的证据证明其与华厦建设公司已就其主张的外墙涂料施工部分的工程款进行过结算,且华厦建设公司亦对该债权提出异议。因此,上诉人大千涂料公司与被上诉人华厦建设公司之间的债权债务关系尚不明确,这将直接影响代位权的行使。因为代位权行使的后果直接归属于债权人,次债务人如果履行义务,只能向代位权人履行,不能向债务人履行。

关于第二个条件:债务人怠于行使其权利。债权人代位权的行使的必要条件是债务人怠于行使其权利。那么,如何认定债务人怠于行使其权利?有人认为,其表现是:期限到来时根本不主张权利或延迟行使权利。如果债务人已经向第三人提出了请求,或者已经向法院提起诉讼,则不能认为债务人怠于行使权利。这一界定,比较好地表述了债务人怠于行使其权利的表现,但仍不够完善。要全面认定债务人怠于行使其权利,应当同时具有三个要件:应行使、能行使、不行使。其中应行使,是指债务人若不行使,则其对次债务人的权利可能会消灭或丧失。所谓能行使,是指客观上债务人有能力行使权利。当然,债务人受破产宣告,此时其权利应由破产管理人行使,债务人此时是不能行使其相对第三人的债权。所谓不行使,是指债务人客观上消极地不行使权利。当同时符合这三个条件时,认定债务人怠于行使其权利才比较全面。在这一前提下,如果债务人已经行使了权利,即使不尽如人意,债权人也不能行使代位权。此外,还须债务人履行债务迟延。当债务人没有迟延履行债务时,债权人不得行使代位权。对于是否以履行迟延作为代位权成就的必要条件,我国《合同法》没有明文规定。现行《合同法》第七十三条仅规定了"因债务人怠于行使其到期债权,对债权人造成损害的,债权人可以请求人民法院以自己的名义代位行使债务的债权",而在法律上界定债权人代位权,其最直接的依据就是债务人迟延履行。同时,以履行迟延作为代位权的构成要件,有利于协调债权人和债务人的利益关系。否则,在债务人迟延履行之前,就允许债权人行使代位权,则没有人敢于负债。因此,法律应当保证在债务关系双方约定的履行期完成之前,债务人拥有活动自由,可以从容地行使权利,或筹备其他方法,以届时清偿债权,此时债权人不得随意干涉债务人的活动。而履行期届至,经催告债务人仍不履行,又怠于行使其权利,且无资力清偿其债务,致使债权人的债权有不能实现的危险,此时始应从"保护债权人利益"的角度出发赋予债权人代位权,以保全其债权,即当债权人的债权有不能依债的内容获得满足的危险,债务人始能行使代位行使权以实现债权的保全。若在债务人确有资力偿债情况下,允许债权人行使代位权,有违《合同法》的第七十三条的本意。比如,当债务人资力雄厚,即使逾期不履行债务,并且怠于行使权利致使其财产总额减少,但其财产仍足以清偿其债务,并未危及债权人债权实现,则不得行使代位权,而只能诉请法院予以强制执行。

■ 知识点梳理

债权人代位权是债的保全制度的一种。所谓代位权,是指因债务人怠于行使其到期债权,对债权人造成损害的,债权人可以向人民法院请求以自己的名义代位行使债务人的债权的权利。在我国的代位权制度中,可代位行使的权利仅限于到期债权,不包括其他权利。债权人代位权属于债权的对外效力,突破了债的相对性,涉及第三人的权利。代位权是债权的一种法定权能。无论当事人是否约定,债权人都享有此权利。

PART 06

合同的变更与转让

20
Case Study

焦建民诉许昌市四通房地产开发有限公司合同变更权和合同撤销权纠纷案

合同变更 | 撤销权期间

问题提示

1. 合同中产权登记的期限360日是格式条款还是当事人的约定？
2. 对原告请求撤销商品房买卖合同附件3第八项全阳台封闭计算面积的诉请是否可以支持？

相关法条

《中华人民共和国合同法》第八条[依合同履行义务原则]、第三十九条[格式合同条款定义及使用人义务]、第五十四条[可撤销合同]、第五十五条[撤销权的消灭]、第六十一条[合同约定不明的补救]、第七十七条[合同变更条件]

《最高人民法院关于审理商品房买卖合同纠纷案件适用法律若干问题的解释》第十八条[出卖人违约责任]

《中华人民共和国民事诉讼法》第六十四条[举证责任]

近似案例

林州市昌弘建筑工程有限公司与衡水滨湖新区水利工程管理处建设工程施工合同纠纷上诉案

永顺县人民医院与永顺县金跃房地产开发有限责任公司等房屋租赁合同纠纷上诉案

李宝武等与七台河市天行小额贷款有限责任公司公司债权人撤销权纠纷上诉案
白文学与于淼等确认合同有效纠纷上诉案

■ 案情介绍

□ 基本案情

原告焦建民诉称,2007年10月10日,其与被告许昌四通公司签订了房屋预定书,双方约定,1个月内缴纳房款20万元,剩余款1个月内结清。房屋设施标准方面由被告封闭阳台,将来再计算成建筑面积。2007年10月12日,原告将房款25万元交到被告处。在办理余款贷款手续时被告知,由于国家公积金政策变化,不能在一个月内贷款,需等到封顶后才行,其只有等待。2008年9月9日,原告突然接到被告书面通知,要求其在24个小时内缴纳剩余款项,否则将房屋另售他人。闻讯后,原告东拼西凑5万元,将现房屋以3分利息的代价抵押借了10万元,于24小时内将余款结清。2008年12月12日,被告通知原告可以办理公积金手续了,但原告赶到被告处看到的是由被告提供的有几处与预定书不符的,由蓝色图章覆盖大部分空白处的格式合同,其当即表示反对。但被告表示:“别人都是这样签的,不然,无法办理公积金手续。”此时原告已被高利息压得喘不过来气,为避免更大的利息损失,只得被迫签订了商品房屋买卖合同。公积金到位后,原告对以上问题多次与被告交涉未果。综上,原告主张,被告利用国家公积金政策改变、原告的资金困难、还贷压力大及办公积金需要商品房买卖合同等条件,威逼、胁迫原告签订与房屋预定书不符的、显失公平的合同,且被告使用预先拟定的格式合同,未与原告协商,在合同中多次使用蓝色图章,不符合格式条款的规定。该格式条款免除了被告的责任,排除原告我的主要权利。以合法形式掩盖非法目的,损害了社会公共利益,违反了法律法规的强制性规定。请求判决:(1)将《商品房买卖合同》第十五条即关于产权登记的期限由360日变更为交付使用后90日;(2)撤销《商品房买卖合同附件3》第八项全阳台封闭计算面积。

被告许昌市四通房地产开发有限公司辩称,双方于2008年12月12日签订的商品房买卖合同,是在平等自愿、公平合理的基础上签订的,符合法律规定,合法有效。

双方于2007年10月10日签订的房屋预订书和2008年12月12日签订的商品房买卖合同,其内容是一脉相承的,并无不符。双方签订的合同是河南省工商管理局和河南省建设厅监制的示范文本。该文本说明第三条规定:“为体现合同双方的自愿原则,本合同文本相关条款后都有空白行,供双方自行约定或补充约定,双方当事人可以对文本条款的内容进行修改,增补或删除”。双方当事人在合同中约定产权登记的期限是360日,该360日是手写的,不属于格式条款。两份购房文件均约定阳台封闭,这是不争的事实。原告的诉求与事实不符,于法无据,请求驳回原告的诉讼请求。

根据原告和被告的诉辨意见,法院确定案件的争议焦点为:(1)合同中产权登记的期限360日是格式条款还是当事人的约定;(2)原告请求撤销商品房买卖合同附件3第八项全阳台封闭计算面积的诉请可否支持。

原告焦建民为支持自己的主张,向法院提交的证据是:(1)2007年10月10日的签订的房屋预订书;(2)2008年12月12日签订的商品房买卖合同;(3)被告于2008年9月9日给原告发出的通知;(4)原告于当日给被告的回复。经质证,双方对该证据的真实性无异议,该证据予以采信。

法院根据当事人的陈述、举证及诉辨意见,对本案事实确认如下:2007年10月10日,原告焦建民作为买受人即乙方,被告许昌四通公司作为出卖人即甲方,双方签订房屋预定书一份。由乙方购买甲方位于清虚街与西署街交叉口东北角丞相府苑5号楼东1单元2层东室,图纸建筑面积146.99平方米。该面积为暂定面积,待签订正式《购房合同》后以购房合同上的面积为准,购房款多退少补。该房2800元/平方米,总价411572元。该房屋预定书对房屋设施约定为阳台封闭。该房屋预定书还约定,签订《购房合同》后,本预定书自行失效,一切有关事宜以合同为准。2008年9月8日,被告许昌四通公司向原告焦建民发出通知一份,内容为:“你(指焦建民)于2007年10月10日与许昌市四通房地产开发有限公司签订预订房屋协议书。现根据协议书中双方所约定条款,你应于2007年11月10日前付清所有房款,我公司自2007年11月10日起多次通知你,但你至今也未来办理相关手续,已违约。现再次书面通知你,限你于2008年9月10日前到我公司付清相关款项。若你不按时缴纳视为自动放弃,公司将此房屋另售他人。”原告焦建民收到该通知书后于2008年9月9日给被告许昌四通公司回复。

2008年12月12日,原告焦建民与被告许昌四通公司签订商品房买卖合同一份。合同约定,原告焦建民购买被告许昌四通公司位于清虚街与西署街交叉口东北角丞相府苑5号楼东1单元二层东室房屋一套,建筑面积148.01平方米。每平方米2800元,价款为414428元。合同约定,该商品房阳台是封闭式,该合同附件3进一步明示,阳台全封闭计算面积。合同还约定出卖人应当在2009年10月31日前将约定的商品房交付买受人使用。合同中关于产权登记的约定为,出卖人应当在商品房交付使用后360日内,将办理权属登记需由出卖人提供的资料报产权登记机关备案。买受人依据出卖人所办理的房屋产权大证,由出卖人协助办理分户产权证,办证所需各种税费由买受人承担。现该商品房已交付原告焦建民使用。

□ 裁判过程

法院认为,双方签订的商品房买卖合同是有效合同。依法成立的合同,对当事人具有法律约束力,当事人应当按照约定履行自己的义务,不得擅自变更或者解除合同。关于办理房屋权属证书的期限,双方在合同中约定办理房屋权属证书的期限为360日,该约定"360日"为签订合同时人工书写的,且双方存放的合同文本一致,应当视为双方当事人对办理房屋权属证书期限的特殊约定。根据当事人意思自治原则,有约定的从其约定;关于阳台封闭的问题,双方在商品房买卖合同中约定阳台全封闭计算面积。阳台全封闭是双方当事人在商品房买卖合同中约定的装饰、设备标准之一,在双方交接房屋时,阳台全封闭的事实已经发生,并且符合合同约定。当事人行使撤销权应当自知道或者应当知道撤销事由之日起一年内行使。双方于2008年12月12日签订的商品房买卖合同,原告焦建民于2009年12月16日向本院主张撤销权,已超过一年的除斥期间,撤销权已消灭。因此,原告焦建民请求变更产权登记的期限由360日变更为交付使用后90日;请求撤销商品房买卖合同附件3第八项阳台全封闭计算面积,其理由不足,不予支持;被告许昌四通公司辩称的理由正当,予以支持。依照《合同法》第八条、第五十四条、第五十五条第(一)项,《最高人民法院关于审理商品房买卖合同纠纷案件适用法律若干问题的解释》(以下简称《买卖合同解释》)第十八条,《民事诉讼法》第六十四条的规定,判决如下:驳回原告焦建民的诉讼请求。案件受理费100元、由焦建民负担。

■ 案例评析

□ 重点示意图

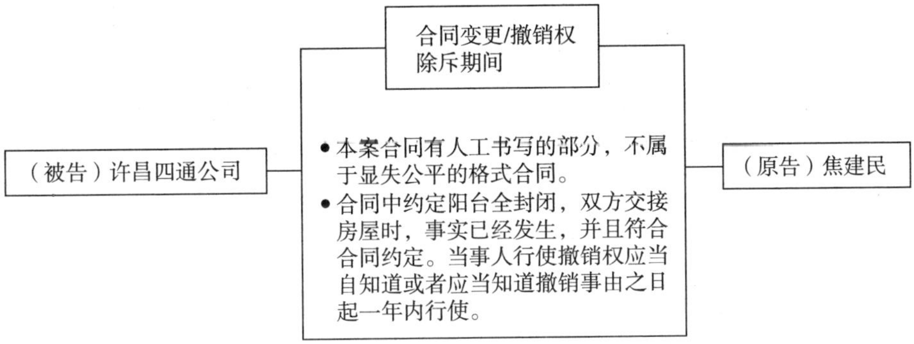

□ 疑难点释析

本案中有三个焦点问题。其一是关于合同变更。合同变更指当事人约定的合同的内容发生变化和更改，即权利和义务变化的民事法律行为。合同变更有广义与狭义之分。广义的合同变更，包括合同内容的变更与合同主体的变更。前者是指当事人不变，合同的权利义务予以改变的现象。后者是指合同关系保持同一性，仅改换债权人或债务人的现象。不论是改换债权人，还是改换债务人，都发生合同权利义务的移转，移转给新的债权人或者债务人，因此合同主体的变更实际上是合同权利义务的转让。合同变更是合同关系的局部变化（如标的数量的增减、价款的变化、履行时间、地点、方式的变化），而不是合同性质的变化（如买卖变为赠与，合同关系失去了同一性，此为合同的更新或更改）。合同变更须依当事人双方的约定或者依法律的规定并通过法院的判决或仲裁机构的裁决发生，即合同变更主要是当事人双方协商一致的结果。我国《合同法》第七十七条第一款规定："当事人协商一致，可以变更合同。"在协商变更合同的情况下，变更合同的协议必须符合民事法律行为的有效要件，任何一方不得采取欺诈、胁迫的方式来欺骗或强制他方当事人变更合同。如果变更合同的协议不能成立或不能生效，则当事人仍然应按原合同的内容履行。本案中双方签订的商品房买卖合同，在合同的补充和变更栏中记载的事项，也就是双方当事人在合同中约定产权登记的期限是360日，该360日是手写的，双方的文本都可以相互印证，两份购房文件均约定阳台封闭，可以认定当事人协商一致变更了合同。由此可以看出，本案符合合同变更的法定程序和要件，所以法院最后判决不支持原告的诉求。

其二是关于合同的撤销权行使期间问题。合同撤销权是指撤销权人享有的对意思表示不真实，但已经生效的合同予以撤销，使合同归于消灭的权利。《合同法》第五十五条："有下列情形之一的，撤销权消灭：(一)具有撤销权的当事人自知道或者应当知道撤销事由之日起一年内没有行使撤销权；(二)具有撤销权的当事人知道撤销事由后明确表示或者以自己的行为放弃撤销权。"第七十五条规定："撤销权自债权人知道或者应当知道撤销事由之日起一年内行使。自债务人的行为发生之日起五年内没有行使撤销权的，该撤销权消灭。"根据以上法律规定我们可以看到：(1)撤销权因除斥期间经过而消灭。所谓除斥期间，为法定的权利存续期间，因该期间经过而发生权利消灭的法律效果。《合同法》第五十五条第一项所规定的"撤销权人自知道或者应当知道撤销事由之日起一年内没有行使撤销权的，该撤销权消灭"即是对撤销权除斥期间的规定。(2)当事人知道撤销事由后，明确表示放弃撤销权。在上述除斥期间，当事人知道了撤销事由后，不但不提起诉讼或者申请仲裁，反而明示放弃撤销权的，该撤销权消灭。"明确表示"的方式是口头的或书面的均可。(3)当事人知道撤销事由后，以自己的行为放弃撤销权。在上述除斥期间，当事人知道了撤销事由后，虽然没有明示表示放弃撤销权，但以自己的行为放弃的，撤销权消灭。可以看出撤销权的行使期限是一年，由撤销权人向人民法院或仲裁机关申请撤销。本案中在双方交接房屋时，阳台全封闭的事实已经发生，并且符合合同约定。当事人行使撤销权应当自知道或者应当知道撤销事由之日起一年内行使。双方于2008年12月12日签订的商品房买卖合同，原告焦建民于2009年12月16日主张撤销权，已超过一年的除斥期间，撤销权已消灭，当然得不到法院的支持。

其三是关于格式合同的问题。依中国《合同法》第三十九条第二款规定，格式条款有以下几方面的含义：(1)格式条款是由一方预先拟定的。格式条款是由一方于订立合同前拟定的，而不是在双方基础上形成的。拟定格式条款的一方一般是固定提供某种商品或服务的单位，也有的是由政府的有关部门为固定提供某种服务或商品的单位制定并由这些单位使用的，如运输合同中的价格等条款。由于格式条款是一方事先拟定的，因此，无论是何方先提出订立合同的建议，提供格式条款的一方都处于要约人的地位。(2)格式条款是为重复使用而拟定的。格式条款是为重复使用而不是为一次性使用制定的。由于固定提供某种商品或服务的当事人无论向何人提供该种商品或服务都要遵行同样的条件，因此，该当事人将该条件标准化，而拟定出格式条款。格式条款的重复使用性一方面决定了提供格式条款的一方作为要约人总是特定的，而受要约人是不特定的一定范围即需要该种商品或服务范围内的人；另一方面决定了使用格式条款有减少谈判时间和费用从而节省交易成本的优点。(3)格式条款是当事人在订立合同时不必协商的格式条款具有不变性、附合性。在订立合同过程中，提供格式条款一方并不与相对方就格式条款的内容进行协商，也就是说，格式条款的内容是不能改变的，相对方只能或是同意格式条款的内容与对方订立合同，或是拒绝接受格式条款的内容而不与提供方订立合同，而不可能与对方协商修改格式条款的内容。也正是在这一意义上，格式条款又称为标准条款、附合条款。订立合同时当事人是否可以协商，这是格式条款与其他条款的一个根本性区别。在实务中当事人利用事先拟定好的合同条款订立合同的情形较多，但事先拟定的合同条款未必均为格式条款。例如，利用示范合同订立合同就比较常见。《合同法》第十二条第二款规定："当事人可以参照各类合同的示范文本订立合同。"合同的示范文本即示范合同就是事先拟定的。但示范合同对于订约当事人并无拘束力，当事人订约时仅是参照，可以就相关的条款进行协商，而格式条款是不存在协商余地的。正因为以格式条款订立合同时，相对方只能对格式条款表示完全同意或拒绝，相对人在订约中实质上处于附从地位，而不是与格式条款提供方处于平等协商的地位，因此，为保障相对人的合法权益，防止格式条款提供方利用自己的优势地位损害相对人的利益，法律需要对格式条款予以特别的规制。本案中，当事人双方手写的合同条款就是典型的对合同进行了修改和变更，所以法院不采纳原告的格式合同的主张。

■ 知识点梳理

合同撤销权是指撤销权人享有的对意思表示不真实，但已经生效的合同予以撤销,使合同归于消灭的权利。《合同法》第五十五条规定:“有下列情形之一的,撤销权消灭:(一)具有撤销权的当事人自知道或者应当知道撤销事由之日起一年内没有行使撤销权;(二)具有撤销权的当事人知道撤销事由后明确表示或者以自己的行为放弃撤销权。”

21
Case Study

黄慕援与谭炳荣、梁凤珍房屋买卖合同纠纷案

合同变更 | 违约责任

问题提示

1. 黄慕援有诉讼主体资格吗？

2. 黄慕援与梁凤珍、谭炳荣哪方构成违约？

相关法条

《**中华人民共和国合同法**》第六条［诚实信用原则］、第八条［依合同履行义务原则］、第六十条［严格履行与诚实信用］、第六十一条［合同约定不明的补救］、第七十七条［合同变更条件］、第七十八条［合同变更内容不明的处理］

《**中华人民共和国民事诉讼法**》第六十四条［举证责任］

近似案例

王千东与陈国荣民间借贷纠纷上诉案

徐工集团工程机械股份有限公司诉成都川交工贸有限责任公司等买卖合同纠纷案

林州市昌弘建筑工程有限公司与衡水滨湖新区水利工程管理处建设工程施工合同纠纷上诉案

案情介绍

□ 基本案情

原审法院经审理查明：坐落于广州市番禺区洛浦街南浦岛碧桂园华苑23座

403号C型(以下简称涉案房产)是谭炳荣、梁凤珍名下的房产,该涉案房产建筑、住宅面积为97.5平方米。2012年12月6日,买方(于有海)与卖方(梁凤珍、谭炳荣)及经纪方广州市中鸿地产代理有限公司三方经协商就上述涉案房产的买卖达成一致,并签订了合同。约定:涉案房产按套销售,成交价为1350000元;本次交易所产生的税费全部由买方支付;卖方交付涉案房产予买方使用之日期为过户当天;卖方应在办理交易过户手续前将有关涉案房产的产权纠纷、债务、税项、租赁以及解除抵押等事项处理完毕,并保证交易过户完成时买方无须对上述事项负责;卖方不能按本合同约定将涉案房产售予买方,或者因违约而无法将该物业售予买方的,应向买方支付涉案房产成交价的10%作违约金,并须退回买方已付的所有费用。卖方逾期交付涉案房产,或者未能按时履行合同约定的其他义务,每逾期一天,按涉案房产成交价的千分之一向买方支付违约金。逾期30天,买方有权不再购买涉案房产,卖方应退回全部已收款项并向买方支付涉案房产成交价的10%作违约金;买方不能按本合同约定买入涉案房产,或者因违约而无法买入涉案房产的,应向卖方支付涉案房产成交价的10%作违约金。买方逾期支付楼款,每逾期一天,按未付楼款金额的千分之一向卖方支付违约金;买方未能按时履行合同约定的其他义务,每逾期一天,按涉案房产成交价的千分之一向卖方支付违约金。逾期30天,卖方有权不再出售涉案房产,买方应向卖方支付涉案房产成交价的10%作违约金;如因国家政策或银行限贷导致不能正常交易没法买卖交易进行,则卖方于五个工作日内退回买方已支付的款项,交易取消,三方互不追究其违约责任。卖方同意买方于办理过户时写黄慕莺名字;买卖双方同意按照按揭付款的方式支付购房款:(1)于2012年12月16日前支付20000元定金。(2)首期楼价款(含定金)400000元应于签订《广州市房地产买卖合同》并取得房地产交易中心收缴证件收据当天(2013年1月10日)或之前付清。(3)950000元于买卖完成并办妥他项权利登记后由贷款银行直接拨入卖方银行账号作为楼价余款,银行实际贷款额与原贷款额之间差额由买方以现金支付。交易手续需在2013年1月30日前完成,如因房管局或银行原因导致延迟,则时间相应顺延。(4)卖方应协助买方办理按揭手续,包括但不限于签署有关文件/合同等。上述《房屋买卖合同》及附件还对其他事项进行了相关约定。2012年12月16日,于有海、黄慕莺向被告支付了20000元定金。2012年12月19日,黄慕莺向广州市竞宇房地产按揭代理有限公司支付了按揭代理费 5520 元。

2013 年 1 月 27 日,卖方梁凤珍、谭炳荣与买方于有海、黄慕援及中介方签订了一份《补充协议》,内容为:“因于 2012 年 12 月 16 日在中鸿地产代理有限公司广碧分公司签订房屋买卖合同,因现时国家政策限购导致买方黄慕莺与于有海过户时延期,现买卖双方同意原买方黄慕莺签注银行有关文件作废,银行并退回已签注的文件给卖方,同时买方过户时从新(应为重新)落实用黄慕援、身份证号码:xxx,本人过户购买,其黄慕援本人同意认同此协议。本协议与房屋原买卖合同具有同等法律效力。”同日,委托人一(买方)黄慕援及委托人二(卖方)谭炳荣、梁凤珍与受委托人广州市竞宇房地产按揭代理有限公司签订了一份《授权委托书(二手)》,内容为:“买方购买卖方坐落于广州市番禺区广州碧桂园的房产,经受委托方依贷款银行当前相关的规定和要求,对委托方的借款资格及借款额度、年限进行初步的分析,拟向银行申请贷款 92 万元,借款期限为 20 年,上述房屋的交易过户、抵押登记及向银行按揭贷款的所有手续,委托广州市竞宇房地产按揭代理有限公司全权代理,在办理上述手续的过程中,委托方和受托方都遵循相关部门的有关程序,按规定操作,确保产权过户到委托人一(买方)名下(委托方原因除外),并且委托方均认可办理手续过程中所产生的费用。”上述三方于当天还签订了一份《业务受理确认函》,内容为:买方黄慕援购买卖方梁凤珍、谭炳荣的涉案房产,双方委托广州市竞宇房地产代理有限公司办理按揭贷款(含产权过户、抵押登记)手续,买方确认信息:(1)买方确定交易房地产权属人为 1 人,姓名黄慕援,本次交易报价为 135 万元。(2)买方向银行申请 92 万元 20 年(以银行批复为准)的贷款,目前该贷款银行规定供款满 12 个月后可申请提前还款。《房地产权证》原件在供款满 3 个月,并无月供款逾期情况下可以提前向银行申请领回。(3)家庭成员名下有 0 套住房,有 0 笔购房贷款,已结清 0 笔,无贷款或信用卡逾期。(4)按揭服务费明细详见收款收据,收费不含银行利息和过户税费及中介公司的中介费。卖方确认信息:转(加)按业务在新贷款发放前必须按时供款。

中国工商银行股份有限公司广州西华路支行向买方黄慕援出具了一份《个人二手房贷款初审结果通知书》,内容为:关于黄慕援因购买涉案房产与售房者谭炳荣、梁凤珍签订了《购房意向书》《商品房买卖合同》,并提出了贷款申请。根据工行有关规定,贷款现已初审通过。现就有关贷款发放事项通知如下:在买卖双方办理上述房产产权交易过户手续、补充银行要求的其他文件或资料、落实贷款担保后，银行将按照与黄慕援签订的《个人购房借款/担保合同》的约定发放贷款92万元用于支付购房款，并划入售房者的收款账号，收款人梁凤珍，收款账号：62×××55（具体贷款金额、售房者户名与账户以《个人购房借款/担保合同》的约定为准）。若发生借款人提供的资料不真实、隐瞒重大事实、涉及经济纠纷或买卖价格等贷款风险及其他足以影响贷款人资金安全的情形，银行将取消发放贷款并且不承担任何责任。若贷款的最终审批结果与本贷款通知书有冲突的，以银行上级业务主管部门最终审批结果为准（公积金贷款以广州市住房公积金管理中心最终审批结果为准）。本通知书自开具之日起一个月内有效。

后因双方在履行合同之中产生纠纷，黄慕援遂于2013年5月8日向原审法院提起诉讼称，于有海与谭炳荣、梁凤珍于2012年12月6日经中鸿地产代理有限公司促成签订房屋买卖合同，购买位于番禺区洛浦街南浦岛碧桂园华苑23座403号C型，因政策限购导致买方不能过户，于2013年1月27日经三方同意签订补充协议，由黄慕援来履行合同权利，因新年假期延迟到2013年3月6日办理过户手续。中鸿地产代理和黄慕援多次电话通知谭炳荣、梁凤珍配合过户手续，谭炳荣、梁凤珍不肯配合，梁凤珍于2013年3月30日发短信通知中鸿地产陈丽娥说已决定不卖房屋。黄慕援认为谭炳荣、梁凤珍已构成违约，据此，请求法院依法判令：（1）谭炳荣、梁凤珍按合同赔偿135000元违约金给黄慕援；（2）谭炳荣、梁凤珍赔偿按揭费用5910元；（3）谭炳荣、梁凤珍赔偿黄慕援临时住所租金25000元；（4）谭炳荣、梁凤珍赔偿因房屋增值给黄慕援造成的损失100000元。庭审中，黄慕援增加诉讼请求，要求谭炳荣、梁凤珍立即退还黄慕援20000元的购房定金及利息（利息按照银行同期贷款利率自2012年12月19日起至返还之日止），并承担本案的诉讼费用。

谭炳荣、梁凤珍到庭应诉，谭炳荣、梁凤珍辩称其并未违约，反而本案是黄慕援违约，并认为2012年12月16日的收据显示的付款人是黄慕莺，因此，黄慕援并没有诉求的资格；由于本案未能交易完成的过错责任在于黄慕援，因此，相关损失应当由黄慕援自行承担；对于黄慕援增加要求返还20000元定金，本案的交易是由于黄慕援违约导致未能完成，谭炳荣、梁凤珍有权依照《合同法》的相关规定没收该20000元定金。

原审法院认为：当事人行使权利、履行义务应当遵循诚实信用原则。当事人订立、履行合同，应当遵守法律、行政法规，并不得侵犯第三人利益。于有海与梁凤珍、谭炳荣及经纪方广州市中鸿地产代理有限公司三方签订的《房屋买卖合同》、梁凤珍、谭炳荣与买方于有海、黄慕援及中介方签订的《补充协议》并不违反法律规定，合法有效，依法成立的合同，对当事人具有约束力，当事人应当按照约定履行自己的义务，不得擅自变更或解除合同。

关于黄慕援与梁凤珍、谭炳荣哪方违约问题。综观全案事实，本案争议的焦点为黄慕援与梁凤珍、谭炳荣哪方违约的问题。于有海与梁凤珍、谭炳荣及经纪方广州市中鸿地产代理有限公司三方签订的《房屋买卖合同》中明确约定了楼价、付款方式、违约责任、房屋交付等。按合同的相关约定，交易手续需在 2013 年 1 月 30 日前完成，如因房管局或银行原因导致延迟，则时间相应顺延。

黄慕援作为完全民事行为能力人，明知于有海与梁凤珍、谭炳荣及经纪方广州市中鸿地产代理有限公司三方签订的《房屋买卖合同》中已经明确约定"交易手续需在 2013 年 1 月 30 日前完成，如因房管局或银行原因导致延迟，则时间相应顺延"，仍然于 2013 年 1 月 27 日与梁凤珍、谭炳荣及中介方签订的《补充协议》。鉴于黄慕援未提供其他证据证明其与梁凤珍、谭炳荣就付款方式等的变更另行签订协议，而且其也没有证据证明是因"房管局或银行原因导致延迟"。广州市的购房限购政策早于 2011 年就已经出台，作为买房人应知其是否具备购房资格，而本案中在原买方黄慕莺不具备购房资格以及黄慕援也知悉本案《房屋买卖合同》的相关条款的情况下，仍然于 2013 年 1 月 27 日与卖方签订《补充协议》，因此，导致的风险应由其承担。即使梁凤珍、谭炳荣向中介方发出了不愿意出售涉案房屋的短信，但该短信的发出时间是 2013 年 3 月 30 日，此时已经超过了买卖双方约定的交易期限，作为卖方此时有权不出售房屋。综上，原审法院认为，根据逻辑推理和日常生活经验，结合黄慕援与梁凤珍、谭炳荣双方所提交的证据、庭审诉辩等情况，本案应是黄慕援违约。综上所述，驳回黄慕援的全部诉讼请求。依照《合同法》第六条、第八条、第六十条、第六十一条、《民事诉讼法》第六十四条第一款、《最高人民法院关于民事诉讼证据的若干规定》第二条、第六十四条、第六十六条、第七十六条的规定，判决如下：驳回黄慕援的诉讼请求。本案受理费 2644 元，由黄慕援负担。

上诉人黄慕援不服原审判决，提起上诉，上诉请求：(1)请求撤销原审判决，改判被上诉人支付上诉人 135000 元违约金;(2)判令梁凤珍、谭炳荣退还黄慕援 20000 元购房定金及利息(按银行同期贷款利率自 2012 年 12 月 19 日起计至清偿之日止);(3)本案的一、二审案件受理费及公告费由梁凤珍、谭炳荣承担。

二审法院认为,本案双方争议的焦点为:(1)《房屋买卖合同》与《补充协议》的效力及本案的诉讼主体问题;(2)买卖合同的变更及买卖双方何方违约问题。

关于《房屋买卖合同》与《补充协议》的效力及本案诉讼主体的问题。二审法院认为,于有海与梁凤珍、谭炳荣及经纪方广州市中鸿地产代理有限公司三方签订的《房屋买卖合同》,梁凤珍、谭炳荣与于有海、黄慕援及中介方签订的《补充协议》,是各方当事人的真实意思表示,也未违反法律的强制性规定,合法有效,当事人应当按照约定履行义务、行使权利。于有海在其与黄慕援婚姻关系存续期间与梁凤珍、谭炳荣签订《房屋买卖合同》,根据我国婚姻法的规定,该行为的法律后果应由夫妻双方即于有海、黄慕援共同承担。2013 年 1 月 25 日,于有海在与黄慕援办理离婚登记手续后,仍与黄慕援一起作为买方与梁凤珍、谭炳荣继续签订《补充协议》,该《补充协议》的效力自然及于两人。现于有海将涉及上述合同的相应权利、义务,即要求返还定金及主张违约责任的权利让渡给黄慕援,未违反法律规定,黄慕援、梁凤珍、谭炳荣均予以同意,应为有效法律行为。黄慕莺既未在《房屋买卖合同》、也未在《补充协议》上签名,故其并非本案讼争买卖法律关系的主体。虽然二审中黄慕莺到庭作证确认其向梁凤珍、谭炳荣支付 2 万元定金的事实,但其同时表示因黄慕援已将 2 万元定金支付给其,其同意将要求梁凤珍、谭炳荣返还 2 万元定金的权利让渡给黄慕援。综上所述,黄慕援基于其为买卖合同买方的身份而主张相应权利,是本案的适格主体。

关于买卖合同的变更及买卖双方何方违约的问题。二审法院认为,双方在《房屋买卖合同》附件第 2 条第(3)项中约定,人民币 95 万元于买卖完成并办妥他项权利登记后由贷款银行直接拨入卖方银行账号作为楼价余款,银行实际贷款额与原贷款额之间差额由买方以现金支付,交易手续需在 2013 年 1 月 30 日前完成,如因房管局或银行原因导致延迟,则时间相应顺延;而在《补充协议》中,双方已确认因国家政策限购导致买方过户时延期的事实,故二审法院认为按双方约定以按揭方式支付楼款的履行时间可以相应顺延。

另,本案买卖双方明确约定买方支付楼款的方式为按揭付款,《补充协议》中各方均同意将原过户至黄慕莺的约定变更为过户至黄慕援，这是对原《房屋买卖合同》的一个重大变更，且该变更将直接导致需重新办理相应的按揭手续，必然会影响买方履行支付楼款的时间。在《房屋买卖合同》约定的履行期限（2013 年 1 月 30 日）即将到期即 2013 年 1 月 27 日，卖方梁凤珍、谭炳荣同意变更过户主体，应视为其同意给予买方一定期限来履行付款义务。原审判决以黄慕援未提供证据证明其与梁凤珍、谭炳荣就付款方式等的变更另行签订协议，也未提供证据证明因“房管局或银行原因导致延迟”为由，认定双方仍需在 2013 年 1 月 30 日前完成交易手续，属认定不当，应予以纠正。

同时，从双方均签名确认的《授权委托书（二手）》《业务受理确认函》的内容来看，双方在同意变更过户主体的同时，也变更了按揭贷款的金额（由 95 万元变更至 92 万元）。本案原审法院查明“黄慕援因购买涉案房产与售房者其谭炳荣、梁凤珍签订了《购房意向书》《商品房买卖合同》，并提出了贷款申请”，可见，黄慕援是以于有海与谭炳荣、梁凤珍签订的《商品房买卖合同》申请贷款的。由于双方在同意变更过户主体、贷款金额，并应当顺延一定期限让黄慕援履行义务的情况下，双方本应就楼款的每次付款金额、期限等重要问题再重新进行协商，达成一致意见，但本案双方并未提交双方事后就此进行过协商或达成一致意见的证据，导致无法实现合同的目的，谭炳荣、梁凤珍基于此而通过中介方向黄慕援表达了解除合同的意思表示，双方的房屋买卖合同关系可因此解除。而如适用《合同法》第六十一条的规定，前提是双方有继续履行合同的意愿，同时，要承担过错责任前提也必须是有明确约定的，本案付款金额、期限等发生变化，那么原《房屋买卖合同》约定的违约条款双方也有可能产生新的约定。如法院适用《合同法》第六十一条规定去推断、确定每次付款（包括首期）的金额、期限及调高或降低违约责任比例，对双方可能不公平，有违公平原则。因此，二审法院认为，鉴于双方未能就履行期限等合同条款重新达成一致意见并不能归责于一方，现黄慕援上诉要求按照原《房屋买卖合同》违约条款认定谭炳荣、梁凤珍违约，并要求按涉案房产成交价的 10% 赔偿违约金 135000 元，理由不足，依据不充分，不予支持。但黄慕援上诉要求谭炳荣、梁凤珍退还定金 20000 元，理由充分，应予支持。谭炳荣、梁凤珍于 2013 年 3 月 30 日通知解除合同，从此时开始其负有返还定金的义务，但其至今都未将该款项返还给黄慕援，应向黄慕援支付相应的利息，故该利息应以该 20000 元为本金，按中国人民银行公布的同期逾期贷款利率标准,自2013年3月30日起计算至实际支付之日止。

综上所述,黄慕援的上诉请求、理由部分成立,二审法院予以支持,其余不成立,不予支持。依照《合同法》第六十条第一款及《民事诉讼法》第一百七十条第一款第(三)项的规定,判决如下:(1)撤销广州市番禺区人民法院(2013)穗番法石民初字第562号民事判决;(2)梁凤珍、谭炳荣于本判决生效之日起五日内向黄慕援返还定金20000元及利息(利息以20000元为本金,自2013年3月30日起按中国人民银行公布的同期逾期贷款利率标准计算到实际支付之日止);(3)驳回黄慕援的其他上诉请求。

■ 案例评析

□ 重点示意图

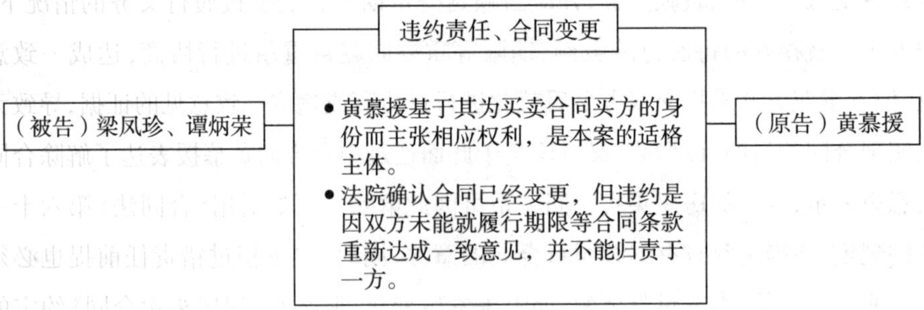

□ 疑难点释析

本案中主要涉及合同变更的概念和条件。合同的变更有广义、狭义之分。广义指合同主体和内容的变更,前者指合同债权或债务的转让,即由新的债权人或债务人替代原债权人或债务人,而合同内容并无变化;后者是指合同当事人权利义务的变化。合同变更是合同关系的局部变化(如标的数量的增减、价款的变化、履行时间、地点、方式的变化),而不是合同性质的变化(如买卖变为赠与,合同关系失去了同一性,此为合同的更新或更改)。狭义的合同变更是指合同内容的变更。从我国《合同法》的第五章的有关规定来看,合同的变更仅是指合同内容的变更,合同主体的变更称为合同的转让。本案中双方在同意变更过户主体、贷款金额，所以既有合同主体的变更，也有合同内容的变更。

合同变更的要件合同变更须具备以下条件：

（1）当事人双方通过协商或者法律的规定改变原合同关系的内容，以原已存在有效的合同关系为前提。如果原本不存在合同关系就无变更的对象，合同的变更离不开原已存在合同关系这一前提条件。同时，原合同关系若非合法有效，如合同无效、合同被撤销或者追认权人拒绝追认效力未定的合同，合同便自始失去法律约束力，即不存在合同关系，也就谈不上合同变更。

（2）合同变更不仅需要当事人双方的约定或者依法律的规定，还要通过法院的判决或仲裁机构的裁决，发生合同变更的主要理由就是当事人双方协商一致。我国《合同法》第七十七条第一款规定："当事人协商一致，可以变更合同。"在协商变更合同的情况下，变更合同的协议必须符合民事法律行为的有效要件，任何一方不得采取欺诈、胁迫的方式来欺骗或强制他方当事人变更合同。如果变更合同的协议不能成立或不能生效，则当事人仍然应按原合同的内容履行，视为没有变更；如果当事人对变更的内容约定不详细、不明确的，也视为未变更。除此之外，合同变更还可以依据法律直接规定而发生。例如，根据《合同法》第五十四条的规定，因重大误解订立的合同以及订立合同时显失公平的合同，当事人一方有权请求人民法院或者仲裁机构变更或者撤销；一方以欺诈胁迫的手段或者乘人之危，使对方在违背真实意思的情况下订立的合同，不损害国家、集体或者社会利益的，受损害方有权请求人民法院或者仲裁机构变更或者撤销。

（3）合同变更必须遵守法定的方式。我国《合同法》第七十七条第二款规定："法律、行政法规规定变更合同应当办理批准、登记等手续的，依照其规定。"依此规定，如果当事人在法律、行政法规规定变更合同应当办理批准、登记手续的情况下，未遵循这些法定方式则变更无效，即便达成了变更合同的协议。由于法律、行政法规对合同变更的形式未作强制性规定，因此我们可以认为，当事人变更合同的形式可以协商决定，一般要与原合同的形式相一致。如原合同为书面形式，变更合同也应采取书面形式；如原合同为口头形式，变更合同既可以采取口头形式，也可以采取书面形式。

（4）须有合同内容的变化。这里所谈的合同变更仅指合同的内容发生变化，不包括合同主体的变更,因而合同内容发生变化是合同变更不可或缺的条件。当然,合同变更必须是非实质性内容的变更,变更后的合同关系与原合同关系应当保持同一性。合同内容的变化,可表现为合同标的物的数量或质量、规格、价金数额或计算方法、履行时间、履行地点、履行方式等合同内容的某一项或数项发生变化(如标的物数量变化,价款也随之变化)。合同的变更是合同内容的局部变更,是合同的非根本性变化,只是对原合同关系的内容作某些修改和补充,而不是对合同内容的全部变更。如果合同内容已全部发生变化,则实际上已导致原合同关系消灭,新合同关系产生。并且对原合同关系所作出修改和补充的内容仅限于非要素内容。如果合同的要素内容发生变化,即给付发生重要部分的变化,导致合同关系失去同一性,则构成合同的根本性变更,称为合同的更新。何为重要部分,应依当事人的意思和一般交易观念加以确定,如合同标的的改变、履行数量或价款的巨大变化、合同性质的变化等,都是合同的更新而非合同的变更。

(5)合同的变更的时间只能发生在合同成立后,尚未履行或尚未完全履行之前合同未成立,当事人之间根本不存在合同关系,也就谈不上合同的变更。合同履行完毕后,当事人之间的合同关系已经消灭,也不存在合同变更的问题。当事人一方应向对方提出变更合同的要约(先做出意思表示);对方对要约的承诺与否(是否完全同意要约的内容);双方在没有达成新的协议之前,单方面变更合同属违约行为。综上所述,本案中由于在同意变更过户主体、贷款金额,并应当顺延一定期限让黄慕援履行义务的情况下,双方并未提交事后就此进行过协商或达成一致意见的证据,导致无法实现合同的目的,双方的房屋买卖合同关系可因此解除。

(6)合同变更与合同更新的区别。合同更新,是指当事人双方通过协商,变更了原合同的基本条款或主要内容,从而使变更后的合同与变更前的合同在内容上失去了同一性与连续性,导致原合同关系消灭,新合同关系发生。简单来说,合同更新就是以一个新的合同代替一个旧的合同。无疑,合同变更与合同更新是有区别的,主要表现在:第一,合同变更仅限于合同内容的变化,而不涉及主体的变更;但在合同更新中,不限于合同内容发生根本性变化,还可能是合同主体的变化。例如,债权人解除旧债务人的债务而由新债务人代替,可发生合同的更新。第二,合同变更是合同内容的非根本性变化,变更前后的合同仍保持一定的同一性和连续性,原合同关系仍然继续存在并有效;合同更新是合同内容的根本性变化,在新旧合同的内容之间,可能并无直接的内在联系,这种变化直接导致原合同关系消灭,新合同关系产生。第三,合同变更主要通过当事人双方协商而实现,但在特殊情况下也可以直接依据法律规定而发生;而合同更新则是当事人双方协商一致的结果。

综上所述,合同双方合同成立并符合法定事由而生效后,就是当事人之间的法律,在合同变更后未变更部分继续有效;而达不成一致的变更意见,应该视为未发生变更,继续履行原合同。当事人应当按照合同的约定全面履行自己的义务,不履行合同义务的一方当事人应当承担违约责任。本案中的当事人双方就合同主体,权利义务的变更都达成了一致意见,但就合同履行期限没有达成一致,而这种不一致是由于双方协商不下,并不可归责于一方,所以合同的变更从本案来看并未实现,双方对违约责任的分担,二审法院所主张的各自负责最为公平。

■ 知识点梳理

合同双方在合同变更上的意见分歧以及由此产生的争议属于因合同约定不明而产生的。双方事后又未就此达成一致的意见,并最终导致合同无法履行的,双方所订立的合同应予终止。

22
Case Study

新天翼江苏车业有限公司与陈丽华债权转让合同纠纷上诉案

债权转让 | 债权让与

问题提示

1. 合同转让中当债权发生让与时是否需要通知债务人?
2. 新天翼公司是否应承担涉案欠款的偿还责任?

相关法条

《**中华人民共和国合同法**》第七十九条[债权的转让]、第八十条[债权转让的通知义务]、第八十四条[债权人同意]、第八十五条[承担人的抗辩]
《**最高人民法院关于适用〈中华人民共和国民事诉讼法〉的解释**》第九十条[举证责任]

近似案例

中铁物资集团有限公司诉周柱等买卖合同纠纷案
柏军等诉南京六合城东建筑工程有限公司等借款合同纠纷案
郑州中景房产开发有限公司诉崔海英等民间借贷纠纷案

案情介绍

基本案情

原审查明,赵阶龙为新天翼江苏车业有限公司(以下简称新天翼公司)承建厂房,新天翼公司欠付工程款。2013 年 11 月 13 日,经陈丽华、新天翼公司法定代表人李某及赵阶龙协商,将新天翼公司所欠赵阶龙的工程款中的 150000 元转给陈丽华。后新天翼公司法定代表人李某给陈丽华出具了 150000 元的欠条,具体内容为:"今欠陈丽华人民币壹拾伍万元整(150000 元),于 2014 年 3 月底还款。"新天翼公司已经还给原告 30000 元,剩余 120000 元欠款经陈丽华催要新天翼公司未能给付。

另查明,新天翼公司在经营过程中,法定代表人由李某变更为朱东军,同时李某仍为该公司股东。2014 年 12 月,陈丽华诉至原审法院,请求判令新天翼公司偿还欠款 12 万元。原审法院认为,公民之间的合法债权债务关系受法律保护。李某作为被告公司的法定代表人将公司欠付的工程款向原告陈丽华出具欠条系职务行为,相应责任由被告公司承担。被告新天翼公司与原告陈丽华之间的债权债务转让,系双方真实意思表示。原告取得赵阶龙与新天翼公司的 150000 元工程款的债权,被告作为债务人应当按约定的期限偿还,因此对于原告要求被告偿还欠款 120000 元的诉讼请求,予以支持。遂判决:被告新天翼公司偿还原告陈丽华欠款 120000 元。

上诉人新天翼公司不服上述民事判决,向江苏省滁州市中级人民法院提起上诉称:涉案欠条是李某向陈丽华出具的,是李某的私人欠款行为,与其无关,一审将其列为被告是错误的。李某从未与赵阶龙、陈丽华协商转让债务,陈丽华所述均系虚构,且李某已经还款 4 万元。综上,请求二审法院依法改判或将本案发回重审。

被上诉人陈丽华辩称:涉案借款原系新天翼公司欠赵阶龙承建厂房的工程款,是赵阶龙转让给被上诉人,李某出具借条时候是对方公司法定代表人,其行为为职务行为不是个人行为,且还款不是李某个人还款,其和李某没有任何个人的关系。综上,原审认定事实清楚,请求二审法院维持原判。

□ 裁判过程

本案的争议焦点为:新天翼公司应否承担涉案欠款的偿还责任。

二审中,双方当事人提交了如下证据:陈丽华提交了银行流水凭证,出具证明涉案欠条后,张明敏代新天翼公司偿还 1 万元,张明敏是该公司会计。经质证,新天翼公司认为该款是在张明敏与陈丽华之间往来,与新天翼公司没有关系。

二审中，证人李某出庭陈述：涉案款项是李某从赵阶龙处借款，赵阶龙转让给陈丽华，李某借钱和新天翼公司没有关系，涉案欠款已偿还5万元，其中通过张明敏银行卡偿还3万元，张明敏曾是新天翼公司员工，同时表示出具涉案欠条时，该公司还欠赵阶龙工程款。证人吴某出庭陈述：吴某曾给新天翼公司作装修，工程款是张明敏给的，李某出具欠条时其在场，是赵阶龙将新天翼公司欠其的工程款转给陈丽华的。经质证，新天翼公司认可李某证言，能证明涉案欠款是李某个人欠款，认为吴某和陈丽华之间存在利害关系，不认可吴某的证言；陈丽华认为其与李某之间不存在欠款关系，不认可李某证言，吴某证言能够证明本案欠款是新天翼公司欠赵阶龙的工程款转让而来的。

二审查明，2014年12月，李某与朱东军签订《关于新天翼江苏车业有限公司重组事宜的合同》，主要内容为：李某将60%新天翼股权转让给朱东军，转让后，朱东军占有60%股权，李某占有20%股权，褚福香占有20%股权；重组前，新天翼公司所负债务以新天翼公司2014年12月30日出具的财务报告为准，如有遗漏或有负债，由出让方自行承担，若债权人要求新天翼依法承担责任且公司履行给附义务，则出让方应将全部款项支付给公司。

二审中，法庭通知新天翼公司让张明敏到庭接受询问、提交公司财务账册以及新天翼公司2014年12月30日出具的财务报告，但新天翼公司未能通知张明敏到庭，亦未提交公司财务账册和财务报告。法院认为，综合全案证据分析，首先，从时任新天翼公司法定代表人的李某出庭陈述中能够证实，赵阶龙确实将其享有的合法债权转让给了陈丽华，且涉案欠条出具时，新天翼公司尚欠赵阶龙工程款。其次，根据陈丽华二审中提交的银行流水凭证，能够出具证实涉案欠条后，时任新天翼公司工作人员的张明敏存在偿还涉案欠款的情形；另，证人吴某证言能够证明张明敏曾代表新天翼公司向其支付装修款。再次，法院多次释明，要求新天翼公司通知张明敏到法庭接受询问、提供公司财务账册，以便核实公司对外欠款情况，但新天翼公司均未能提供。最后，李某在转让股权时与朱东军签订《关于新天翼江苏车业有限公司重组事宜的合同》中明确载明新天翼公司所负债务以新天翼公司2014年12月30日出具的财务报告为准，但新天翼公司拒不提供该财务报告。对此，新天翼公司应承担不利的法律后果，原审法院据此认定新天翼公司承担涉案欠款的还款责任，并无不当。

关于新天翼公司主张的涉案欠款已偿还4万元的问题。《最高人民法院关于适用〈中华人民共和国民事诉讼法〉的解释》第九十条规定:“当事人对自己提出的诉讼请求所依据的事实或者反驳对方诉讼请求所依据的事实,应当提供证据加以证明,但法律另有规定的除外。在作出判决前,当事人未能提供证据或者证据不足以证明其事实主张的,由负有举证证明责任的当事人承担不利的后果。”第九十二条第一款规定:“一方当事人在法庭审理中,或者在起诉状、答辩状、代理词等书面材料中,对于已不利的事实明确表示承认的,另一方当事人无需举证证明。”结合上述法律规定,新天翼公司应对其主张承担举证证明责任,新天翼公司虽主张的涉案欠款已偿还4万元,但并未提供证据证明,原审依据陈丽华的自认,认定涉案欠条出具后新天翼公司偿还3万元,符合法律规定。

综上,上诉人新天翼公司的上诉主张无事实和法律依据,二审法院不予支持。原审判决认定事实清楚,适用法律正确,应予维持。根据《民事诉讼法》第一百七十条第一款第(一)项之规定,判决如下:驳回上诉,维持原判。二审案件受理费2700元,由上诉人新天翼公司负担。

■ 案例评析

□ 重点示意图

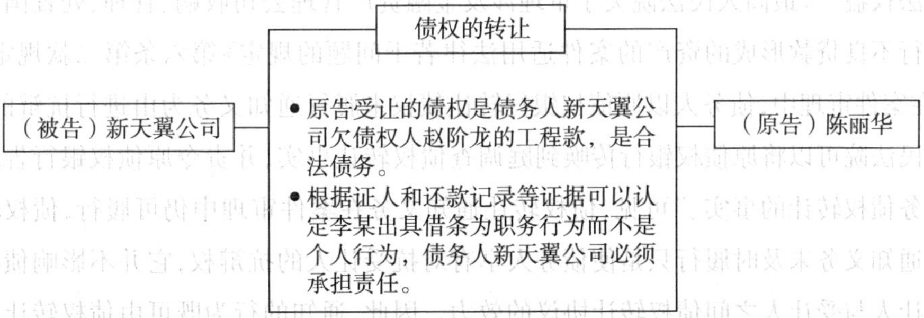

□ 疑难点释析

首先,本案要解决的主要问题就是关于债权转让通知义务的履行是否影响债权转让协议的效力的问题。《合同法》第八十条规定：债权人转让权利的，应当通知债务人。未经通知，该转让对债务人不发生效力。只要对债务人履行了通知义务即可（通知的义务履行的方式既可以是书面的，也可以是口头的），不必征得债务人的同意，即债务人的同意并不是这种转让行为发生法律效力的前提。

债权转让，又称债权让与或合同权利的转让，是指债权人通过协议将其债权全部或者部分转让给第三人的行为。债权在全部让与时，受让人取代原债权人成为合同关系的新债权人，原债权人脱离合同关系；在部分让与时，受让人作为第三人将参加到原合同关系之中，与原债权人共同享有债权。此时，合同权利人一方已由一人变成数人，合同之债变成多数人之债。从债权转让的四个必备条件来看：(1)必须有有效存在的债权；(2)债权的转让人与受让人必须就债权让与达成合意；(3)转让的债权必须具有可让与性；(4)必须有转让通知。这其中必须有转让通知是一个生效要件，“未经通知，该转让对债务人不发生效力。”从该条规定可以看出，合同法对债权转让的生效要件采用通知主义原则。但在实际的运用中，如果严格限定债权转让履行通知义务的主体为转让人，那么转让人与受让人就债权转让合意达成后，转让人怠于履行通知义务时，受让人就有可能错失行使债权的时机，进而遭受损失。从诉讼角度来看，如果双方的债权债务事实客观存在，债权转移也没有损害债务人的利益，为了减少诉累，节约司法资源，即使通知的行为存在瑕疵，也应当认定该转让行为有效，这样更有利于客观、及时、高效地维护权利人的合法权益。《最高人民法院关于审理涉及金融资产管理公司收购、管理、处置国有银行不良贷款形成的资产的案件适用法律若干问题的规定》第六条第二款规定：“在案件审理中，债务人以原债权银行转让债权未履行通知义务为由进行抗辩的，人民法院可以将原债权银行传唤到庭调查债权转让事实，并责令原债权银行告之债务债权转让的事实。”可见，债权转让通知义务在案件审理中仍可履行，债权转让通知义务未及时履行只是使债务人享有对抗受让人的抗辩权，它并不影响债权转让人与受让人之间债权转让协议的效力。因此，通知的行为既可由债权转让人直接通知债务人，也可以由受让人持其与债权人达成的债权转让协议或债权人出具的债权转让凭证进行通知，两种通知的法律效果同等。而对于债务移转：是指在不改变债的内容的前提下，债务人将合同债务全部或部分移转给第三人。债务移转不同于债权转移，必须经债权人同意。如果合同的成立需登记、批准的，移转时也要经过登记、批准。所以,新天翼公司的法定代表人变更属于内部变更,对外并不影响公司债务的成立和履行,而且李某作为被告公司的法定代表人将公司欠付的工程款向原告陈丽华出具欠条系职务行为,相应责任也应由被告公司承担,对外合法债权债务关系依然受法律保护。

债权转让的通知主体在法律上并未明确必须是债权人或受让人,法无约定即自由,意味着当事人可自行约定或选择,且通知的方式可以灵活掌握,只要转让债权的意思表示到达了债务人即可。也就是说,债权人和受让人均可作为债权让与的通知主体。债权人与债务人之间基于信任关系形成债权债务关系,债权人对债务人行为动向比较了解,为便于债务人履行债务,债权人与受让人达成债权转让合意之后,其作为债权让与的通知主体无可非议。但受让人享有通知主体地位更能凸显债权让与制度的魅力。从立法上来讲,合同法对债权让与采取通知主义,转让通知只需合法、有效地到达债务人即可,谁通知仅是形式问题。从司法实践来看,随意否定受让人通知债权转让的行为效力,对债的保护不利。受让人向债务人发出的债权转让通知和债务催收信函可能会引起诉讼时效的中断,当司法认定受让人的通知无效时,该"通知"无法起到中断诉讼时效的作用,这时原债权人再去行使通知权利,有可能已经丧失了诉讼时效。因此,在让与人与受让人就债权转让达成有效合意后,法院审查的重点不是判定债权让与的通知主体是否适格,而是债权让与通知是否已达债务人。

其次,本案要解决的另一问题是债务人的法定代表人李某出具借条的行为认定问题。本案一审和二审都认定了李某的借条是职务行为,所以被告新天翼公司在法定代表人变更后仍要承担债务。所谓职务行为,是指根据法律等的规定,经选举、委任或聘用而担任一定的职务的人,按照一定权限所从事的经营管理活动的总称。《民法总则》第六十二条规定:"法定代表人因执行职务造成他人损害的,由法人承担民事责任。法人承担民事责任后,依照法律或者法人章程的规定,可以向有过错的法定代表人追偿。"从我国的法律规定可以看出,当法定代表人的行为被认定为职务行为时,才由法人承担民事责任。而认定法人或者其他组织的成员之行为是职务行为还是个人行为,必须从以下几个方面进行认定:(1)以法人或者其他组织的名义实施。(2)行为人的行为有法人或者其他组织的授权。这种授权可以基于法律获得,也可以基于法人或者其他组织的章程获得,还可以基于合法任命等事项获得。(3)行为人的行为应与授权的内容或者章程、合法任命等书面文件的规定有关,即行为人是在执行其所在法人或组织授予的职务,并且与该职务在客观上具有密不可分关系的事务行为。如果不符合上述几个要件,那么在一般情况下可以认定行为人的行为属于个人行为。本案无疑是符合职务行为特点的。

■ 知识点梳理

债权人转让权利未通知债务人的,不影响债权转让人与受让人之间债权转让协议的效力。

23
Case Study

刘萍诉北京京吉顺房地产开发有限公司、吕素芹房屋买卖合同纠纷案

债权转让 | 职务行为

■ 问题提示

1. 同时签订两个买卖合同,哪个有效?
2. 涉案房屋的产权属于谁,如何认定?
3. 京吉顺公司张贴通知要求在规定的时间内办理相关手续,否则即是放弃签订合同,这一通知是否有效?

■ 相关法条

《中华人民共和国合同法》第八条[依合同履行义务原则]、第五十二条[合同无效]、第六十条[全面履行]、第七十九条[债权的转让及限制]

■ 近似案例

崇文先诉南京木皮轩文化传播有限公司等债权转让合同纠纷案

中铁物资集团有限公司诉周柱等买卖合同纠纷案

中国人寿财产保险股份有限公司宁波市分公司诉裘子平金融借款合同纠纷案

朱连强诉汪加平等债权转让合同纠纷案

■ 案情介绍

□ 基本案情

原告(反诉被告)刘萍与被告(反诉原告)北京京吉顺房地产开发有限公司(以下简称京吉顺公司)、吕素芹房屋买卖合同纠纷一案,现已审理终结。原告(反诉被告)刘萍诉称:2006年1月25日,京吉顺房地产公司与傅淑合、邱志成就其之间工程款事宜达成一致意见,用大兴区林海园小区3号楼5单元601室房屋一套抵工程款,房屋价格按每平方米2358元计算,委托指定的商品房销售代理公司进行销售,房款归傅淑合、邱志成所有。2006年4月19日,京吉顺公司通过并通知北京利君永基房地产经纪有限公司(以下简称利君公司):“望你公司见通知后,给予施工队傅淑合、邱志成办理林海园小区3号楼5单元601室办理相关手续,房款归傅淑合、邱志成所有。”2006年4月19日,原告通过利君公司与京吉顺公司签订一份房屋买卖契约,约定购买京吉顺公司开发的位于大兴区林海园小区3号楼5单元601房屋,每平方米单价2356元,总价款201939元。签约后原告于2006年4月29日按约一次性支付了房款201939元和液化气安装费10286元,并拿到房屋钥匙。原告实际占有了该房屋,并开始对房屋进行了简单的装修、居住至今。后其多次找京吉顺公司要求其配合办理房产过户登记手续,但京吉顺公司一直推托不予配合。近日原告前往建委房地产管理部门查询得知,京吉顺公司又将其居住的房屋以200713元且低于其房价的价格卖给了吕素芹。据调查,吕素芹和京吉顺公司法定代表人孙凤元是一家,并在2009年10月21日已办妥产权登记手续。原告认为京吉顺公司与其签订的房屋买卖合同合法有效,双方应诚信履约。孙风元是京吉顺公司的高级管理人员,对此房产的情况非常清楚,却在明知的情况下与其家人吕素芹签订存量房屋买卖合同,并抢先将该房屋背着原告过了户,明显是恶意串通的行为,已损害了原告的合法利益,依法应属无效。请求:(1)确认京吉顺公司与吕素芹之间的《北京市存量房屋买卖合同》无效;(2)案件受理费由被告承担。

被告(反诉原告)京吉顺公司辩称:(1)本案原告刘萍不具备原告的诉讼主体资格,理由如下:其一,刘萍与京吉顺公司签订的合同是以2006年1月25日京吉顺公司与工程队傅淑合、邱志成签订的工程款抵债协议为基础签订的，这点足以说明刘萍没有交付购房款，在上次诉讼开庭时刘萍已经认可购房款没有交付给京吉顺公司；其二，京吉顺公司与傅淑合、邱志成签订的工程抵债协议通过进一步对账，已经作废；其三，京吉顺公司不欠傅淑合工程款，刘萍也没有向京吉顺公司缴纳购房款，按照刘萍与京吉顺公司签订的所谓《房屋买卖合同》第八条规定，刘萍应当在30日内支付房款，由于没有支付，所以合同已经终止，从上述三点来看，刘萍不具备本案的原告主体资格。(2)京吉顺公司与刘萍的契约约定待办理房屋产权证时签订正式合同，这点足以说明刘萍与京吉顺公司签订的合同没有生效，因为按照现在的相关法规的规定，房屋买卖应当网签，这种网签是一种备案登记，由于刘萍与京吉顺公司签订的合同不属于正式合同，所以合同成立但未生效。这个合同虽然没有生效，但是京吉顺公司在与邱志成对账之前未通知刘萍在规定的期限内办理相关手续，通知的具体时间为2008年8月11日，要求刘萍于2008年8月20日前来公司办理手续，这个手续包括签订正式合同的手续和产权过户手续，以及支付房屋差价款手续，鉴于刘萍没有按期办理，所以属于其自动放弃。基于上述几点，京吉顺公司与吕素芹签订房屋买卖合同，并且是网签合同，其认为与吕素芹签订的合同是有效的，请求法庭驳回刘萍的起诉或者驳回其诉讼请求。同时，京吉顺公司提起反诉，请求判令其与刘萍所签订的协议无效并由刘萍承担反诉费用。

被告吕素芹辩称：其不同意原告的诉讼请求；同意京吉顺公司的意见，认为刘萍无权提出诉讼主张；其是善意取得所购买的房屋，不存在与京吉顺恶意串通的事实。其与京吉顺公司的法定代表人孙凤元夫妻关系已于2004年5月19日解除，早已不存在夫妻关系，因此刘萍起诉书中所陈述的事实是不存在的。其所购买的房屋单价是每平方米4000元，并且向京吉顺公司支付了全部的购房款340480元；其与京吉顺公司达成买卖意向时并非是在刘萍与京吉顺公司的诉讼期间，而是在2008年9月30日就支付了全部购房款340480元。合同是在支付全款之后，根据京吉顺公司的要求在2009年10月办理的网签。据此，其现已取得房屋的权属证书，并且已向京吉顺公司支付了全部的购房款，希望法院能够根据物权法的规定维护其合法权益，驳回刘萍的诉讼请求。

原告(反诉被告)刘萍针对被告(反诉原告)京吉顺公司的反诉辩称：其与京吉顺公司的契约符合法律规定，具备合同的主要内容，京吉顺公司称没有签订合同，与事实不符。京吉顺公司欠第三人工程款并与第三人协商以房屋相抵结清工程款与否,是另外一个法律关系,和本案没有关联。京吉顺公司称没有收到房款,与事实不符,京吉顺公司出具的收据证明其已经向京吉顺公司交付了房款。自2006年4月2日其交付房款和液化气初装费以后,京吉顺公司将房屋钥匙交付给其,其实际占有房屋使用至今。之后京吉顺公司就没有与我联系过,其多次要求京吉顺公司配合办理房产过户登记手续,但京吉顺公司一直推托不办。2009年9月28日其提起诉讼,要求京吉顺公司承担违约责任,并请求法院判决被告办理房产过户登记。根据法律规定,不动产未办理变更登记手续的不影响合同的效力。事实上,其与京吉顺公司之间的买卖合同早已生效且已履行,本案房屋过户与否,并不影响合同的效力。京吉顺公司称其已经通知买房人于2008年8月21日前办理过户手续,恰恰反证了京吉顺公司是在履行双方的买卖合同,若合同无效,为什么还要在签约后二年多时间去办理房屋过户?显然自相矛盾。京吉顺公司与吕素芹之间的买卖合同及过户行为违反法律规定,依法无效。2009年11月15日,大兴区人民法院开庭审理过程中,京吉顺公司提交虚假证据欺骗法庭,后又突击将诉争房屋一房两卖,并过户给具有特定关系的吕素芹,存在伪造证据和提供虚假证据,以及过户逃避法律追究的非法行为。京吉顺公司以诉争房屋已办过户手续为由,来辩解主张双方的合同无效,抗辩理由不成立,也无事实及法律依据。综上,刘萍与京吉顺公司之间签订的房屋买卖契约是双方当事人真实意思表示,不违反法律的强制性规定,应当属合法有效。请求法院驳回京吉顺公司的反诉请求。依据《最高人民法院关于民事诉讼证据的若干规定》,当事人增加变更诉讼请求或者提起反诉的,应该在举证期限届满之前提出,本案中京吉顺公司提出反诉请求时,超过了法定的期限,请求法庭予以驳回。

经审理查明:2006年4月19日,京吉顺公司与刘萍签订《房屋买卖契约》,约定由刘萍购买京吉顺公司林海园小区3号楼5单元601房屋,价格为201939元,并约定待办理房屋产权证时,更换正式商品房买卖合同。双方签订合同后,刘萍从京吉顺公司处拿到该房钥匙并入住,但未办理该房的所有权证书。

关于房款的交纳,刘萍提交了京吉顺公司与傅淑合、邱志成于2006年1月25日签订的协议书、京吉顺公司与利君公司于2006年1月23日签订的商品房销售代理合同、京吉顺公司于2006年4月19日发给利君公司的通知、傅淑合于2006

年4月19日出具的房款收条、京吉顺公司于2006年4月28日为刘萍出具的房款收据，证明京吉顺公司委托利君公司销售房屋；因欠傅淑合、邱志成工程款，京吉顺公司将林海园小区3号楼5单元601房屋折抵给傅淑合、邱志成，由其二人收取房款；傅淑合于2006年4月19日收到房款以及京吉顺公司为刘萍出具房款收据等一系列事实。京吉顺公司对刘萍提交的上述证据真实性均没有异议，但主张与傅淑合、邱志成签订的协议书后来经双方再次协商已经作废，京吉顺公司并没有收到刘萍交的房款，与刘萍的契约因为没有签正式合同所以没有生效。

2009年9月28日，因京吉顺公司未为其办理房产证，刘萍起诉至法院，要求京吉顺公司为其办理房屋所有权证书，诉讼期间，京吉顺公司将诉争房屋过户至吕素芹名下。

京吉顺公司主张曾在林海园小区3号楼5单元601室房门张贴通知，通知业主接到通知后，于2008年8月20日前到京吉顺公司办理相关手续，逾期视为业主自动放弃，由此产生的后果由业主负责。京吉顺公司申请了为林海园小区提供物业管理服务的北京兴顺利元物业管理有限公司经理许希田出庭证明此事。2009年10月20日，孙丽代理京吉顺公司与吕素芹网签《存量房屋买卖合同（自行成交版）》，约定由京吉顺公司将林海园小区3号楼5单元601房屋售与吕素芹，价格为200713元。同日，京吉顺公司为吕素芹出具了金额为200713元的房款发票。吕素芹还在同日交纳了北京市住宅专项维修资金和契税，并于2009年10月21日取得了房屋所有权证书。

关于京吉顺公司与吕素芹的交易过程，京吉顺公司与吕素芹均主张双方在2008年9月双方即已达成购房合意，总房款为340480元。京吉顺公司称张贴出通知后，因刘萍未按时办理手续属于自动放弃，就准备将该房出售，吕素芹来购买该房时，京吉顺公司告诉吕素芹该房曾与刘萍签订合同，但合同已经解除，房屋钥匙还在刘萍处；吕素芹称其女儿孙丽在京吉顺公司上班，通过孙丽了解到该套房屋准备出售，与京吉顺公司协商时京吉顺公司告知该房曾与刘萍签订过协议但已经终止。京吉顺公司提交了其公司为吕素芹出具的日期为2008年9月30日、金额为340480元的购房款收据；京吉顺公司称，由于其公司在2007年已经按每平方米2358元的价格在地税等相关部门备案，所以与吕素芹的合同中约定的房屋价款为200713元，但实际收取的房款为340480元。

另查明，京吉顺公司法定代表人孙凤原与吕素芹原系夫妻关系，于2004年解除婚姻关系，孙丽系二人之女。

上述事实，有双方当事人的陈述、协议书、房款发票、通知、房屋买卖契约、房款收据、存量房屋买卖合同、房屋所有权证书、商品房销售代理合同、收条、照片、证人证言、离婚证等证据在案佐证。

法院认为：关于刘萍与京吉顺公司所签订的房屋买卖契约之效力，该契约系双方真实意思表示，不违反法律法规强制性规定，依法成立并生效。就被告方的答辩及反诉意见，因刘萍与京吉顺公司在契约中约定“待办理房产权证时，更换正式商品房买卖合同”，只是对合同形式做出的约定，最后双方更换与否，都不会对契约的效力产生影响；关于房款的交纳，京吉顺公司辩称未收到刘萍交来的房款，但根据刘萍提交房款收据等证据，可以认定京吉顺公司与傅淑合、邱志成约定以房抵工程款，以及刘萍将房款交给傅淑合的事实，所以虽然刘萍没有直接将房款交给京吉顺公司，但京吉顺公司确实已经收到房屋价款；京吉顺公司提交与傅淑合、邱志成于2008年9月20日签订的协议书，证明双方签订的房屋抵债协议作废，但那时刘萍已经将房款交付给京吉顺公司，京吉顺公司与傅淑合、邱志成新协商的内容并不会改变刘萍已经支付了房款的事实；京吉顺公司张贴通知，是其履行为业主办理房产证义务的行为，京吉顺公司主张刘萍未按通知规定的时间内办理相关手续即是放弃签订合同的权利，没有法律依据。综上，对京吉顺公司及吕素芹认为与刘萍所签订的房屋买卖契约未生效、刘萍非本案适格原告的答辩理由，不予采信，对京吉顺公司的反诉请求，不予支持。

关于京吉顺公司与吕素芹所签订购房合同的效力，法院认为：（1）京吉顺公司法定代表人孙凤元与吕素芹原系夫妻关系，而且京吉顺公司代理人孙丽系孙凤元与吕素芹之女，合同当事人及代理人之间关系特殊。（2）根据双方陈述可以查明，在京吉顺公司与吕素芹签订合同时，双方均明知所买卖的房屋已经与刘萍签订协议，也明知该房钥匙在刘萍处。（3）吕素芹与京吉顺公司签订合同购买该房屋的整个过程中，吕素芹从来没有到所购房屋查看，与日常交易习惯相悖。（4）就房屋销售价格，京吉顺公司与吕素芹均称房屋实际价格为340480元，但仅提交了收据，没有提交正式的凭证，不予采信；根据房款发票，法院确认京吉顺公司与吕素芹之间的交易价格为200713元；刘萍在2006年购买此房时，价格为201939元，到2009

年,房地产市场价格已经飞速上涨,但京吉顺公司与吕素芹的交易价格 200713 元却低于出售给刘萍的价格。(5)就过户时间来看,京吉顺公司与吕素芹均称在 2008 年 9 月双方即已签订合同,但在长达一年的时间内未办理任何手续,却在刘萍将京吉顺公司诉至法院之后,在一天之内就办理完毕网签合同、出具房款发票、交纳维修资金和契税以及办理房产证等手续。

综上所述,法院对刘萍所主张的京吉顺公司与吕素芹恶意串通损害其合法权益的事实予以认定,对刘萍要求确认京吉顺公司与吕素芹所签订的《北京市存量房屋买卖合同》无效的诉讼请求予以支持。据此,依照《合同法》第五十二条第(二)项之规定,判决如下:(1)被告(反诉原告)北京京吉顺房地产开发有限公司与被告吕素芹之间的《北京市存量房屋买卖合同(自行成交版)》无效;(2)驳回被告(反诉原告)北京京吉顺房地产开发有限公司的反诉请求。本诉案件受理费 35 元,由被告北京京吉顺房地产开发有限公司负担 17.5 元(于本判决生效后七日内交纳),由被告吕素芹负担 17.5 元(于本判决生效后七日内交纳);反诉案件受理费 35 元,由被告北京京吉顺房地产开发有限公司负担(已交纳)。

■ 案例评析

□ 重点示意图

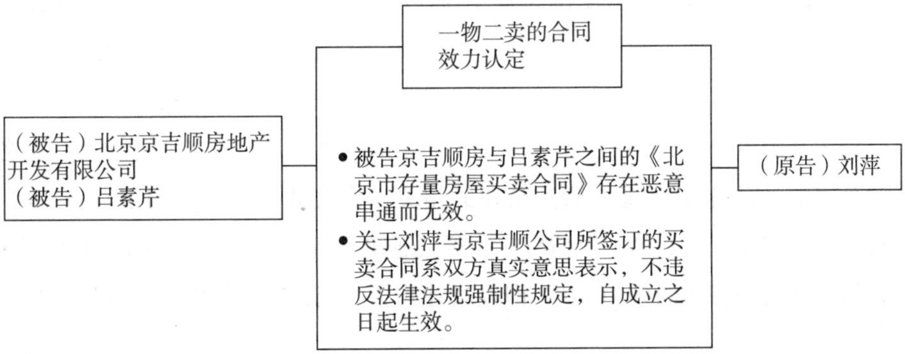

□ 疑难点释析

我国关于债权让与的规定见于《合同法》第八十条:“债权人转让权利的,应当通知债务人。未经通知,该转让对债务人不发生效力。债权人转让权利的通知不得撤销,但经受让人同意的除外。”司法实践中,实物买卖如同债权的转让一样,会出现一物二卖的情形,即债权人与第一受让人达成债权转让合意之后,又与第二受让人就同一债权达成转让合意。本案就是一个典型的债权双重让与中的一物二卖的实例。如何判断第一次债权转让合同是否已经通知了债务人对债务人发生法律效力;当存在两个从形式上都具备生效要件的债权转让合同时,如何判断哪一个受让人具有优先权;如果第二份债权转让合同的受让人不具有优先权但又已获得实际清偿,能否适用善意取得等问题,都值得探讨。

1. 对第一次转让中是否通知了债务人的认定。

通常情况下,债权转让合同只要债权人与受让人之间就债权转让形成确切的意思表示即发生法律效力,当然,还必须通知债务人,以对债务人也发生法律效力。我国民法通说认为,债权转让中的通知不属于意思表示,其性质上仅为观念通知、事实告知,因为债权转让这一法律行为经让与人与受让人达成合意即可发生,被通知人即债务人不具有做出债权转让处分的主体资格。但是,在对通知的认知方面,可以准用民法关于意思表示的一些规定,如通知效力的发生适用意思表示的到达主义。到达主义不以相对人了解为条件,而以宣示形式到达相对人的支配范围为已足。所谓相对人的支配范围,一般包括住所、私人信箱、明示的代收授权人、家人、受雇人、同居人等表见授权人。到达支配范围,一般理解为通常情况下相对人可以得知其内容,或依交易上的习惯可以期待其得知。因此,在经济生活中,债务人为公司的,债权转让的通知到达公司的相关工作人员(联系人、门卫、前台等),可视为到达支配范围。第一次债权转让既已通知了债务人,从形式上看,本案两次债权转让都具备相同的效力要件,即经过让与人、受让人的合意以及通知了债务人。

2. 接下来就需要进一步分析哪一次债权转让的受让人享有优先权。

(1)两次债权转让的优先权之辩。债权双重转让中哪一个受让人享有优先权,学理上一直有所探讨。大陆法系国家中以《法国民法典》和《德国民法典》为代表的不同国家有不同的法律规定。

《法国民法典》第一千六百九十条规定：受让人，仅依其向债务人进行有关转让的通知，或依债务人在公证文书中接受转让的表示，始对第三人发生占有权利的效力。可见，法国民法采用的是通知优先理论，在发生双重让与时，两个债权受让人谁先将债权让与的事实通知债务人，谁就是合法的新债权人，享有优先权。

德国和我国台湾地区“民法”采用的是让与优先理论，即两个债权受让人谁先从原债权人处受让了债权，谁就是适法的新债权人，受让的标志即为契约生效。德国民法认为，债权让与属于处分行为，处分的标的物为具有准物权性质的债权，因此债权让与具有类似物权转移的法律结构，性质上为准物权行为，一经处分，债权就属于受让人，而处分的标志即债权转让契约生效。因此，一旦第一份债权让与契约生效，第一受让人便成为新债权人，如果原债权人做出第二次让与行为，实际上是处分了新债权人（第一受让人）的债权，属于无权处分，第二次债权让与并不生效。

法国民法与德国民法在这个问题上做出了不同规定，系因两国法律存在不同的制度理念和价值取向所致，而我国法律对此并没有明确的规定。但根据司法实践来看，债权让与应具有与物权变动相同的法律结构，物权变动的模式适用于债权让与。由于我国在物权变动模式上采用债权形式主义，或称为意思主义与登记交付相结合的物权变动模式，因此我国在债权让与上亦应当采用该模式。又因债权乃是相对权，无须公示亦无法采用交付或登记的公示手段，故在债权让与上，应以意思主义为标准，即债权让与契约完成，债权主体即发生变更。至于合同法规定的未经通知，该转让对债务人不发生效力，应当理解为虽然未经通知，但债权让与合同依然发生效力，只是新债权人不能直接向债务人主张债权，而只能要求原债权人先完成通知。因此，在两次债权转让中，时间在先的第一次债权转让合同应当优于第二次债权转让合同，第一受让人取得优先权。

（2）第二次债权转让已实际履行，能否适用善意取得。如前所述，债权人和受让人就债权转让达成合意后，原债权人就已不再是权利人，其再对债权进行处分则构成无权处分。这也是一物二卖中第二次出卖的无权处分。为了保障交易安全，对于一物二卖，各国立法或通过物权行为或通过善意取得制度来保护善意第三人的利益。善意取得制度能否适用于债权双重转让中的第二受让人，对这个问题，学界也有不同的观点。

善意取得制度赋予交付或登记这类公示行为以公信效力,但债权让与契约只有当事人的合意,没有交付行为,也没有登记,不具备公示性,故不能适用善意取得。在债权双重让与中,即便第二受让人取得了实际清偿,如果权利人(第一受让人)对第二次让与不予追认,第二受让人则构成不当得利,需向第一受让人或清偿人履行返还义务。至于上述有的学者提出可以适用善意取得的观点,笔者认为,买卖契约中的履行行为对动产而言是交付,对不动产而言是登记,两者所具有的共同特征是将权利的归属对外予以公示。而通知并不是债权的公示手段,因为所谓债权,是请求特定人为特定之给付的权利,如果需要公示的话,债务人才是被公示的对象;同时公示需要向不特定第三人做出,具有对世效力,通知则是向债务人为之,仅具有对人效力。通知只是起到了引起债务人认同债权让与的效果,不经通知也可能达到同样效果。

综上所述,本案中虽然也存在两份合同,但法院在审理中查明了京吉顺公司法定代表人孙风元与吕素芹原系夫妻关系,合同当事人及代理人之间关系特殊;在京吉顺公司与吕素芹签订合同时,双方均明知所买卖的房屋已经与刘萍签订协议,在签订合同购买该房屋的整个过程中,吕素芹从来没有到所购房屋中查看,与日常交易习惯相悖;就房屋销售价格低于同期正常的市场交易价格等方面认定了京吉顺公司与吕素芹恶意串通损害原告刘萍合法权益的事实,从而确认京吉顺公司与吕素芹所签订的《北京市存量房屋买卖合同(自动成交版)》无效。吕素芹完全不符合上文中的善意取得要件,从而法院支持了第一份合同的效力。

■ 知识点梳理

债权让与系债权人与受让人之间达成的合意,债务人不具有处分债权让与的主体资格,债务人一旦得到通知,即对其发生法律效力。债权双重让与中,成立在先的第一份让与合同生效,受让人即成为新的债权人,享有获得清偿的请求权。第二份让与合同系原债权人做出的无权处分行为,不具有法律效力,即便第二份让与合同的受让人先行获得了清偿,亦不能以善意取得为由拒绝返还。

PART 07

合同的解除和终止

24
Case Study

孟元诉中佳国际合作旅行社旅游合同纠纷案

不可抗力 | 合同解除

■ 问题提示

1.“非典”疫情是要求解除合同的法定理由吗?

2. 旅游合同的性质是委托合同吗?

■ 相关法条

《中华人民共和国合同法》第九十一条[合同消灭的原因]、第九十二条[合同终止后的义务]、第九十三条[合同约定解除]、第九十四条[合同的法定解除]、第九十六条[解除权的行使]、第九十七条[解除的效力]、第九十八条[结算、清理条款效力]、第一百一十七条[不可抗力]、第一百一十八条[不可抗力的通知与证明]、第一百一十九条[减损规则]、第三百九十六条[委托合同定义]

■ 近似案例

原告孙兆春与被告车静、南京我爱我家江风房地产经纪有限公司房屋买卖合同纠纷案

慈溪市悦达电子科技有限公司诉无锡继航钢材有限公司公司买卖合同纠纷案

杨从伟等诉三井住友融资租赁(中国)有限公司等融资租赁合同纠纷案

■ 案情介绍

□ 基本案情

原告孟元诉称:原告与被告在2004年4月21日签订了旅游协议,约定委托被

告代订机票、酒店服务项目，并向被告交纳了21480元。由于出现"非典"疫情，原告在4月24日提出退团、返还费用，遭到拒绝。4月26日，原告找到北京市旅游局，还于4月28日向被告发出书面退团通知，但始终没有得到满意的答复。原告与被告签订的旅游合同是委托合同性质，其可以随时解除合同；双方签订的协议是格式合同，被告未告知机票和房款不退，因此该协议显失公平，故起诉要求撤销该协议，由被告退还21480元并由其承担诉讼费。

被告中佳国际合作旅行社辩称：签订协议后，被告向航空公司和酒店支付了全款。原告在4月24日咨询退团时，被告明确表示可以解除合同，但已发生的费用不能退还。在考虑原告受损失的情况下，被告建议原告授予转让权，但遭到拒绝。原告称26日到旅游局解决。26日，旅游局让被告与原告联系、协调此事。被告于当日中午通过电话与原告协调，但原告仍未接受被告转让名额的建议。以后原告拒绝接听被告电话，耽误了减少损失的大好时机。28日16时12分，被告接到原告的书面退团申请，当即于16时38分用传真方式通知原告，4月30日是出发日期，无法全额退款；如在4月29日10时前告知名单，可以继续安排好原告等人的行程。但从此以后再没有接到原告电话。原告以"非典"原因提出退团，但本市没有颁布相关政策，所以被告无法以此为由要求航空公司和酒店退还原告费用。原告没有办理正式退团手续，被告只能继续按协议执行。被告按协议安排好机票和酒店，但原告自动放弃，被告不能承担已经发生的费用。因此不同意原告的诉讼请求。

□ 裁判过程

通过双方当事人举证、质证及法院认证，查明如下事实：2004年"五一"期间，被告组织了"三亚自由人旅行团"，即被告仅为游客提供往返机票和入住酒店，游客到达后自由活动。4月21日，原、被告签订了《中佳国际合作旅行社三亚协议》。该协议约定：被告为原告及其余5人提供4月30日北京去三亚和5月4日返回北京的机票，并提供入住三亚椰林滩大酒店3间花园房，每人费用3580元。协议签订后，原告当即交付了"三亚自由人"团费6人全款21480元。4月22日，被告向三亚椰林滩大酒店交付了"五一"期间旅游团全部预订房费，共计43804元，其中为原告及其余5人预订花园房交付5460元，人均910元。被告同时向赛特国际旅行社交付了往返机票106680元,预订42套座位,每套座票2540元。其中为原告及其余5人预订了6套往返包机座位,并交付了15240元。原、被告签订的合同履行后,被告可获得780元利益。4月24日,原告以北京市及外地出现"非典"疫情为由口头提出退团,并要求退还已付全款。被告表示可以转让机位和酒店,但不同意退团款。双方未能达成一致意见。4月26日,原告到北京市旅游局反映情况,该局调解未果。4月28日,原告通过传真向被告发出书面退团通知,被告以未办理退团手续为由,拒绝解除合同。4月30日,原告及其余5人未参团旅游,被告预订的CZ3112航班空余6个座位,原告及其余5人未入住被告预订的三亚椰林滩大酒店3间花园房。被告已付原告及其余5人的包机票费,赛特国际旅行社表示该包机票费不退款。三亚椰林滩大酒店表示"五一"黄金周期间订房有约定,客人未入住不退款。现原告诉至本院,要求被告退还21480元,并承担诉讼费。经询,被告以机票、房费已交付,不能退款,造成自己损失为由,不同意原告的诉讼请求。经法院调解,双方仍各持己见。

法院认为:旅游合同是诺成性双务有偿合同,原、被告双方达成协议即告合同成立。原、被告签订的旅游合同是双方真实意思的表示,内容不违背有关法律规定,属有效合同,双方均应严格遵守,自觉履行。在合同签订后,原告交付了旅游费全款,被告给原告预订了机票和酒店,并交付了费用。至此,双方已经按照约定履行了各自的义务。在被告履行了自己的义务之后,原告以出现"非典"疫情为由,要求解除合同。关于合同解除权的行使,《合同法》规定只有在法定情况下,一方才能够行使单方解除权。由于今年出现"非典"疫情尚未构成不可抗力原因,因此原告以此为由要求单方解除合同的理由并不成立。原告在合同履行期限届满之前提出解除合同,被告表示可以解除合同,要求原告赔偿自己履行合同所受的损失,理由正当。原告称与被告签订的旅游合同是委托合同性质,原告可以随时解除合同,这种观点与事实不符。原告不向被告提供登机5人名单,造成被告无法拿到该5人机票,其责任在原告。原告称双方签订的协议是格式合同,被告未告知机票和房款不退,因此该协议显失公平,要求撤销该协议。原告提出解约的理由是出现"非典"疫情,说明合同订立时,并未违背双方真实意思。该旅游合同依法成立后,不能无法定事由撤销。双方协议中载明"机票为团队折扣票,不得签转、退换、更改"。被告曾提出转让方式,以减轻原告损失,原告未接受。原告在距旅游出发日期50小时前以传真形式发出解除合同的通知，但未办理退团手续，应视为双方协议继续履行。原告未依约享受合同权利，由此造成原告的损失，应由原告自行负担。现原告以格式合同条款未提请注意为由，要求撤销该协议，并退还21480元，法院不予支持。综上所述，依照《合同法》第八条、第四十四条、第九十一条的规定，判决如下：(1)终止原告孟元与被告中佳国际合作旅行社签订的《中佳国际合作旅行社三亚协议》。(2)驳回原告孟元要求撤销《中佳国际合作旅行社三亚协议》、退还21480元的诉讼请求。

■ 案例评析

□ 重点示意图

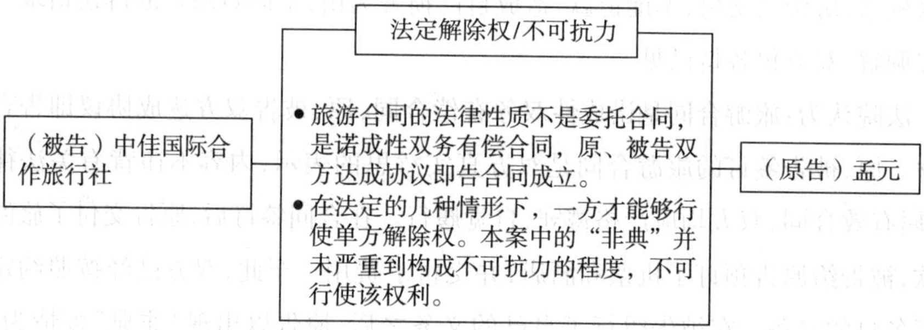

□ 疑难点释析

准确处理本案的关键是认定原告是否享有合同解除权。合同解除权指的是合同当事人依照合同约定或法律规定享有的解除合同的权利，它包括约定解除权和法定解除权，本案中原告主张行使的正是法律赋予的法定解除权。根据《合同法》第九十四条的规定，合同法定解除情形有：(1)因不可抗力致使不能实现合同目的；(2)在履行期限届满之前，当事人一方明确表示或者以自己的行为表明不履行主要债务；(3)当事人一方迟延履行主要债务，经催告后在合理期限内仍未履行；(4)当事人一方迟延履行债务或者有其他违约行为致使不能实现合同目的；(5)法律规定的其他情形。其一，本案中的焦点问题就是“非典”是否构成不可抗力，然后才是原告可否基于不可抗力来主张解除合同。那么,我们首先考察“不可抗力致使不能实现合同目的时才能解除合同”中不可抗力的基本内涵。《合同法》第一百一十七条第二款均对其作了明确的规定:“不可抗力,是指不能预见、不能避免并不能克服的客观情况。”对不可抗力的免责效力,《合同法》第一百一十七条亦有规定:“因不可抗力不能履行合同的,根据不可抗力的影响,部分或全部免除责任,但法律另有规定的除外。当事人迟延履行后发生不可抗力的,不能免除责任。”由以上条款可看出,我国法律将当事人的不可预见性、不可避免性、不可克服性以及履行期间作为构成不可抗力的必备条件。基于此,本案中的“非典”显然没有达到这一严重程度,不允许原告行使单方解除权解除合同。

其二,本案是否可以适用适用情势变更原则来主张合同变更和解除呢?首先,关于合同的变更。合同的变更应由合同当事人双方达成一致意见形成合意,除有法律规定外,合同当事人不得单方变更合同。在旅游合同中,只规定了旅游者在旅游活动开始前有变更他人替代参加旅游活动的权利。而旅游经营者非有不得已的事由不得变更旅游合同的内容;旅游经营者因不得已的原因变更合同内容时,减少的费用应退还旅游者,增加的费用自己负责。其次,情势变更原则指的是民事法律行为成立后、履行结束前,其法律效力的基础或环境因不可归责于当事人的事由而发生的非当初可预料的变化,如战争、通货膨胀等。情势变更这一法律事实包括两个因素:一为情势,即合同订立当时所处的特定环境;二为变更,即合同订立时所处的特定环境发生了重大变化,使合同订立的基础丧失。情势变更是合同当事人订立合同时所不能预料的客观事实,对当事人来说是一种在生产、销售过程中发生的风险。通常情况下,人们将情势变更理解为不可抗力以外的意外事件,如政府干预、行政命令,市场剧变等情况,即狭义的情势变更。在实践上,法院在处理因不可归责于当事人的原因致合同不能履行的案件时,除采用狭义情势变更原则外,还可以采用类推方式适用相近的法律,如适用给付不能、瑕疵担保、发生误解的规定来处理合同纠纷。由此,要理解情势变更原则,就必须明确,无论是原先的《民法通则》还是《合同法》,对情势变更原则的定义却未提及。即便在《民法总则》出台后也没有明确的定义。但司法实践中,如果合同约定的履行条件发生变化,继续履行合同对一方明显不公平,当事人一方仍然可以要求变更合同或者解除合同。因为目前情势变更的法律依据是《最高人民法院关于适用〈中华人民共和国合同法〉若干问题的解释(二)》[以下简称《合同法解释(二)》],《民法总则》并没有否定情势变更,更没有否定《合同法解释(二)》。而国外对情势变更与不可抗力的立法情况各有不同。如《法国民法典》把情势变更与不可抗力作同义语使用;而英美法的合同落空原则既包括不可抗力又包括情势变更。

根据《民法总则》《合同法》关于公平原则的规定,参考《劳动合同法》的规定和总结审判实践经验的基础上,《合同法解释(二)》第二十六条规定了情势变更条款:合同成立以后客观情况发生了当事人在订立合同时无法预见的、非不可抗力造成的不属于商业风险的重大变化,继续履行合同对于一方当事人明显不公平或者不能实现合同目的,当事人请求人民法院变更或者解除合同的,人民法院应当根据公平原则,并结合案件的实际情况确定是否变更或者解除。该条款主要解决合同订立后显失公平的问题。合同订立的时候是公平的,在合同成立后由于社会环境发生重大变化,使一方当事人遭受重大的损害,造成双方当事人显失公平,按照实际情况履行不了的,在符合司法解释规定的情形下,可以审慎、严格地适用情势变更原则。目前,情势变更原则在大陆法系的绝大多数国家民法典中均有规定,并被判例所运用。引用情势变更条款应当把握的条件是:(1)现实性,应有情势变更的事实,也就是合同赖以存在的客观情况确实发生变化。(2)突发性,情势变更,须为当事人所不能预见的。(3)原因,情势变更的发生不可归责于双方当事人。也就是由不可抗力、正常商业风险以外的其他意外事故所引起。(4)时间,情势变更的事实发生于合同成立之后,履行完毕之前。(5)后果,继续维持合同效力,则会对一方当事人显失公平。有学者认为显失公平应按照理性人的看法加以判断,包括履行特别困难、债权人受领严重不足、履行对债权人无利益。在德国的判例上还创造了仅仅因为价格超常涨落而使一方当事人履行合同即遭受"经济废墟"或"生存毁灭"等概念。

其三,不可抗力和情势变更的主要区别在哪里?在《合同法解释(二)》中,突出了情势变更的非不可抗力性。不可抗力指的是人力所无法抗拒的强制力。不可抗力事件一般表现为影响合同履行的灾难性事件,既包括自然力量,如地震、水灾、旱灾、暴风雪等;又包括社会异常行动,如战争、暴乱、军事封锁等。情势变更也属于不可预见、不可避免的情形,仅导致合同的履行艰难或不必要,即按照合同履行是可能的,只是会造成双方利益关系的严重失衡,对于一方当事人明显不公平,或者合同目的不能实现而使履约无意义。二者在权利性质、权利的启动、适用范围、法律后果上都不同,尤其是在法律责任上的不同。不可抗力是合同不能履行的免责事由,主要在于免除或减轻当事人的责任;情势变更制度主要解决当事人权益得失的公平问题,虽然它也能免除当事人变更或解除合同的责任,但其主要作用是使合同继续得以顺利履行。不可抗力制度既可免除违约责任,又可免除侵权责任;情势变更制度主要适用于合同关系,不能用于侵权责任的免除。在情势变更情况下履行合同导致显失公平,合同双方应当共担风险;不可抗力是法定免责条款,而情势变更则需要由法院审查判断以后根据当事人的申请加以变更或者解除。适用范围不同,因遭受不可预见、不可避免、不可克服的事变致使合同无法履行的,适用不可抗力;因不可预见、不可归责的事变,使维持合同原有效力将导致双方利益关系严重失衡的,适用情势变更制度。

■ 知识点梳理

《合同法》规定只有在法定情况下,一方才能够行使单方解除权。不可抗力,是指不能预见、不能避免也不能克服的客观情况。

25 Case Study

台州千禧文化创意发展有限公司诉叶强房屋租赁合同纠纷案

一方违约 | 合同解除

■ 问题提示

1. 何方违约导致合同解除以及合同何时解除？
2. 被告是否应支付2017年1月25日至3月17日的占有使用费用？

■ 相关法条

《中华人民共和国合同法》第六十条[严格履行与诚实信用]、第九十六条[解除权的行使]、第一百零七条[违约责任]、第二百二十六条[支付租金的期限]

《中华人民共和国民事诉讼法》第二百五十三条[迟延履行利息和赔偿金]

■ 近似案例

安徽瑞丰商品交易博览城投资开发有限公司诉谢国华房屋租赁合同纠纷案

咸宁碧桂园房地产开发有限公司诉雷姗房屋买卖合同纠纷案

海南高院判决罗某夫妇诉邬亮等房屋租赁合同纠纷案

■ 案情介绍

□ 基本案情

原告千禧文化创意发展有限公司（以下简称千禧文化公司）向浙江省温岭市中级人民法院提出诉讼请求：判令被告叶强向原告支付租金31500元、物业管理费

3150元,以及以34650元为基数、按照每日千分之一支付自2016年11月26日起至实际付清之日的违约金。审理中原告变更诉讼请求为:(1)判令被告叶强向原告支付装修期内的租金2083元;(2)被告按照日租金的2倍向原告支付2017年1月25日至2017年3月17日的房屋占有使用费8925元;(3)被告赔偿原告损失12300元。

事实与理由:2015年12月19日,原、被告签订《千禧创意园房屋租赁合同》《物业管理服务合同》,约定原告将温岭市万寿路258号千禧文化创意园1-022、1-023出租给被告用于经营奶茶,租赁期限自2015年12月31日起至2018年1月24日,其中2015年12月31日起至2016年1月24日为免租装修期;第一、二年的租金分别为30000元、31500元,第一、二年的物业管理费均为3150元;租金于每年的11月25日前付清下一期租金,首期租金支付日为签订合同当日;若被告违法本合同的约定擅自解除或者终止本合同,则不享有装修期的免租权;被告逾期支付本合同项下的任何款项,按应付款项每日0.5%累计承担逾期付款违约金。上述合同签订后,原告向被告交付了租赁房屋,被告支付了第一年的租金、物业管理费。根据合同约定,第二年的房屋租金、物业管理费总计34650元本应在2016年11月25日前付清,但经原告多次催缴无果。诉讼过程中,被告提起反诉要求解除合同,为防止损失扩大,原告向被告送达告知函,自行接收商铺并依法追究被告的违约责任。

被告叶强答辩并向本院提出反诉请求:(1)确认双方于2016年12月19日签订的《千禧创意园房屋租赁合同》《物业管理服务合同》于2017年1月24日解除;(2)判令反诉被告向反诉原告返还保证金10000元。

事实与理由:2015年12月19日,原、被告双方签订了《千禧创意园商铺租赁合同》《物业管理服务合同》,上述合同系原告提供的格式合同,其中违约责任条款明显不公平,不应发生法律效力,且原告当时口头承诺只允许被告一家在千禧园经营奶茶店,但合同签订后却违反该承诺引进多家奶茶店,导致反诉原告经营困难。2016年11月24日,反诉被告向反诉原告发函表示若不支付租金将于2017年1月24日收回铺位,反诉原告曾要求与反诉被告协商降低租金,但反诉被告未予答复,并擅自在反诉原告承租的商铺前装了锁环,导致被告无法继续经营。反诉原告已于1月24日搬移店内物品并由原告收回钥匙,合同解除应是双方协商的后果,不存在违约行为,因此不应支付反诉被告诉请的损失和赔偿,应当由反诉被告返还反诉原告交付的10000元保证金。

反诉被告千禧文化公司答辩称:租赁合同系双方自愿签订,不存在不公平,反诉被告也未曾承诺过只允许反诉原告经营奶茶店,反诉原告将其经营不善的结果归责于反诉被告没有依据;本案合同的解除是基于反诉原告未按时支付租金,根据合同约定反诉被告无须返还保证金;反诉被告同意反诉原告主张的合同于2017年1月24日解除,但反诉原告当时没有将商铺钥匙交还,反诉被告于2017年3月17日才自行收回铺位,故反诉原告应当按合同约定即日租金的2倍支付该期间的占有使用费。

法院经审查认定事实如下:2015年12月19日,原、被告签订千禧文化创意园房屋租赁合同及物业管理服务合同,约定原告将温岭市万寿路258号千禧文化创意园1-022、1-023商铺出租给被告使用,租赁期限为2015年12月31日至2018年1月24日,2015年12月31日至2016年1月24日系免租期,合同约定若因被告违约解除合同,则不享有该期间的免租权,被告延迟支付租金超过5日的,原告有权单方解除合同、不返还保证金,并约定合同解除后,被告应按约归还商铺,否则原告有权自行采取措施,被告应按租金总额的20%赔偿原告由此造成的损失。合同签订后,原告交付了租赁物,被告支付了第一年租金、物业费,并支付了保证金10000元。被告按约应于2016年11月25日前支付第二年租金,原告于2016年11月24日向被告送达催缴通知书要求被告支付租金,逾期支付将按应交费用的0.5%收取滞纳金,并载明若被告在2017年1月23日之前仍未支付,原告将在2017年1月24日收回铺位。此后被告仍未支付租金。原告于2017年3月15日向被告发送告知函,载明同意解除合同并于3月17日自行收回商铺。以上事实由原告提交的租赁合同、物业合同、催缴通知书、告知函为据,双方当事人质证对真实性无异议,法院予以认定。

法院认为,原、被告之间的租赁合同及物业合同系双方真实意思表示,且不违反相关法律规定,双方均应按合同约定履行。现双方的争议焦点为:焦点一,何方违约导致合同解除以及合同何时解除。原告主张被告违约,且基于被告的反诉请求同意合同自2017年1月24日解除,被告主张合同通过双方协商自2017年1月24日解除。法院认为,被告按合同约定应于2016年11月25日支付下一年租金,但其未按约支付租金,已构成违约,原告于2016年11月24日向被告送达催缴通知书,明确若被告在2017年1月23日之前未支付租金,原告将于2017年1月24

日收回铺位。原告认为该通知书只是作为催缴租金通知，原告实际并未通知解除合同及收回铺位。法院认为，该通知书并非单一的催缴通知，也是表明原告将在被告逾期未付时行使单方合同解除权的通知，该通知在到达被告时应对被告发生效力。被告在收取该通知书后，未在通知确定的 2017 年 1 月 23 日前支付租金，应认定为被告未对原告的解除通知提出异议，双方对解除合同已达成合意，合同应在 2017 年 1 月 24 日解除。焦点二，被告是否应支付 2017 年 1 月 25 日至 3 月 17 日的占有使用费用。被告主张其于 2017 年 1 月 24 日已搬移商铺内用以经营的物品并交还钥匙，原告主张其于 2017 年 3 月 17 日才自行收回商铺。法院认为，在原告明确告知被告其将于 2017 年 1 月 24 日收回铺位的情况下，被告未支付租金，原告应产生接收商铺的义务。从原告提交的 2017 年 3 月 17 日接收商铺视频和照片来看，被告承租商铺门口有一锁环，商铺内所留存物品仅为固定柜台及杂物，该情况与被告陈述的已搬移其奶茶经营相关物品相一致，且原告也认可被告租赁期间门口该锁环并不存在，故原告未举证证明双方解除合同后被告仍存在占有租赁物的行为，应视为其怠于接收，至 2017 年 3 月 17 日自行接收的商铺空置时间，不应由被告承担相应的费用。焦点三，关于免租期租金、保证金及违约损失。双方在合同中约定原告免收 25 天装修期间租金，若被告违反合同约定擅自提前解除或终止本合同，则不享有装修期的免租权。现租赁合同因被告违约而提前解除，原告要求其支付该免租期内的租金 2083 元，法院予以支持。被告支付了 10000 元作为履约保证金，合同约定因被告违约导致合同解除，原告有权不返还该保证金，故对被告反诉要求原告返还该款项的诉请，法院不予支持。租赁合同另约定合同解除后，若被告不按约定归还商铺，原告可自行收回商铺，被告应按租金总额的 20% 赔偿其由此造成的损失。现原告未举证证明其自行接收商铺存在相应损失，且原告已没收被告支付的履行保证金作为被告提前解除合同的违约赔偿，故对其另行要求被告赔偿损失 12300 元的诉请，法院不予支持。

综上，依照《合同法》第六十条、第九十六条、第一百零七条、第二百二十六条的规定，判决如下：(1)原告千禧文化公司与被告叶强于 2015 年 12 月 19 日签订的房屋租赁合同及物业管理服务合同于 2017 年 1 月 24 日解除。(2)被告叶强在本判决生效后十日内支付给原告租金 2083 元。(3)驳回原告千禧文化公司的其他诉讼请求。(4)驳回反诉原告叶强的其他诉讼请求。

■ 案例评析

□ 重点示意图

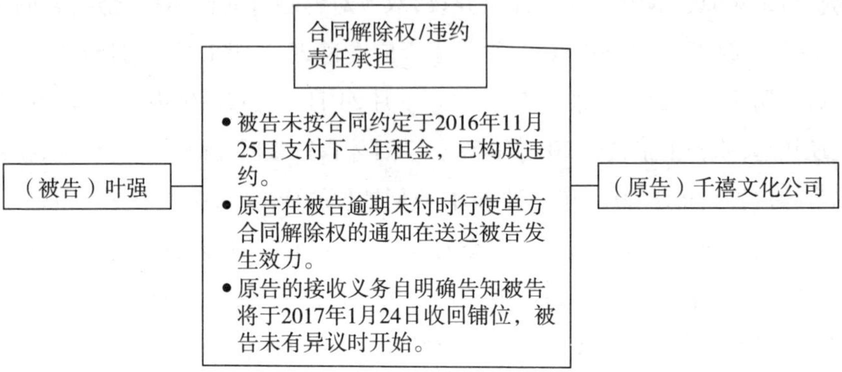

□ 疑难点释析

首先,本案的焦点问题就是违约方是否享有基于催告后对方仍不履行而产生的合同解除权？依据我国《合同法》,催告对方履行的当事人应当是守约方,处于违约状态的当事人不享有基于催告后对方仍不履行而产生的合同解除权。

其次,合同解除权的行使须合法,合同解除权的行使须以解除权成就为前提,解除行为应当符合法律规定的程序,否则不能引起合同解除的法律效果。并且在解除合同后的扩大损失如何承担方面,一方当事人提出解除合同时,有权要求对方当事人采取合理措施,尽可能减少因解除合同所造成的损失。因此,一方当事人提出解除合同后,在未与对方协商一致的情况下,拒绝对方提出减少其损失的建议,坚持要求对方承担解除合同的全部损失,并放弃履行合同,致使自身利益受到损害的,应自负全部责任。

再次,对于赔偿范围,司法实践中的主流观点认为,合同解除后赔偿的范围不包括可得利益的损失。合同解除导致合同关系归于消灭,故合同解除的法律后果不表现为违约责任,而是返还不当得利、赔偿损失等形式的民事责任。但也有不同理解,如《江苏省高级人民法院关于适用〈中华人民共和国合同法〉若干问题的讨论纪要(一)》第二十五条规定:“合同解除后,当事人向合同的违约方主张可得利益损失的,人民法院应当支持。”

最后,违约损害赔偿是指违约方因不履行或不完全履行合同义务而给对方造成损失,依法或根据合同规约定应承担损害赔偿责任,它是合同责任中最常见的形式,也是充分保护受害人利益的一种补救方式。合同违约解除损害赔偿,是指一方当事人严重违约,另一方当事人可以解除合同,并有权要求赔偿损失。在分析合同违约解除损害赔偿范围时,首先会涉及确定违约损害赔偿范围的分析工具,即合同利益的界定。我国《合同法》第一百一十三条第一款规定:“当事人一方不履行合同义务或者履行合同义务不符合约定,给对方造成损失的,损失赔偿额应当相当于因违约所造成的损失,包括合同履行后可以获得的利益,但不得超过违反合同的一方在订立合同时预见到或者应当预见到的因违反合同可能造成的损失。”对于所受损失,损失赔偿额应当相当于因违约所造成的损失,在法律没有特别规定和当事人另行约定的情况下,应按完全赔偿原则。赔偿全部损失包括合同履行后的可以获得的利益。合同履行后的可以获得的利益,就是履行利益。从逻辑上分析,我国《合同法》中的所受损失包括履行利益。

■ 知识点梳理

另一方在合同约定的期限内没有履行合同,在被允许推迟履行的合理期限内仍未履行的,当事人一方有权通知另一方解除合同。

26
Case Study

江苏省南京新宇房产开发有限公司诉冯玉梅商铺买卖合同纠纷案

情势变更 | 合同解除

问题提示

1. 在合同解除中,情势变更主要指哪种情况?
2. 情势变更与履行不能的最大差别是什么?
3. 本案中,商铺买卖合同应当继续履行还是应当解除?如果解除,应当在什么条件下解除?

相关法条

《中华人民共和国合同法》第八条[依合同履行义务原则]、第一百零七条[违约责任]、第一百一十条[非金钱债务的违约责任]

《最高人民法院关于适用〈中华人民共和国合同法〉若干问题的解释(二)》第二十六条[情势变更]

近似案例

南京久测仪器技术有限公司诉中企动力科技股份有限公司等服务合同案

陕西龙钢集团富平轧钢有限公司诉陕西陕焦化工有限公司供气合同纠纷案

■ 案情介绍

□ 基本案情

原告诉称:被告与原告签订商铺买卖合同一份,购买原告开发建设的时代广场第二层一间商铺。被告付清了购房款,原告也已将该商铺交付被告使用。1999年6月18日,在时代广场租房的江苏嘉和百货有限公司(以下简称嘉和公司)因经营不善,遭到哄抢后倒闭,各小业主经营的商铺也随之关门停业。同年12月,购物中心又在时代广场开业。由于经营成本过高,各小业主不服从物业管理,不交纳物业管理费,购物中心也于2002年1月停业。时代广场的两度停业,引起大部分业主不满,纷纷要求退掉购买的商铺,还与原嘉和公司的债权人一起到处集体上访。为维护社会稳定,政府出面协调,要求原告回收已售出的商铺。其间,原告的股权经历二次调整。新的股东认为,前两次停业,是经营者选择的经营方向与方式不对造成的,因此决定将原经营衣帽箱包等项目,改变为经营高档消闲娱乐等综合性项目;将原来的市场铺位式经营,改变为统一经营。为此,原告开始回收已售出的商铺,对时代广场重新布局。目前时代广场中150余家商铺只剩下被告和另一户邵姓业主尚未回收,时代广场开始按重新布局施工,原小业主经营的精品商铺区不复存在,今后也不可能恢复。由于这两家业主不退回商铺,时代广场不能完成重新布局。上述情形构成情势变更。请求判令解除被告与原告签订的商铺买卖合同,被告将所购商铺返还给原告,以便原告能够完成对时代广场的重新调整。原告除向被告退还购房款外,愿意给予被告合理的经济补偿。

被告辩称:被告与原告签订的商铺买卖合同合法有效,应当对双方当事人具有法律约束力。合同签订后,被告按约交清全部购商铺款,原告也向被告交付了商铺。原告的股东变更,不应影响被告行使自己的合法权益;时代广场经营不善,也不能成为原告不履行合同的理由。原告请求解除商铺买卖合同,没有法律依据,该诉讼请求应当驳回。

南京市玄武区人民法院经审理查明:新街口地区是南京市最繁华、最集中的商业区域。位于新街口东北角中山路18号以南的时代广场,是原告新宇公司开发建设的商业用房。该建筑物为地下一层、地上六层,总面积6万余平方米。地上第一、二、三层约6000平方米的部分区域,被分割成商铺对外销售给150余家业主,其他建筑面积归新宇公司自有。1998年10月19日,新宇公司与被告冯玉梅签订了一份商铺买卖合同,约定:新宇公司向冯玉梅出售时代广场第二层编号为2B050的商铺,建筑面积22.50平方米,每平方米售价16363.73元,总价款368184元,10月22日前交付,交付后三个月内双方共同办理商铺权属过户手续。1998年10月26日,上述合同在南京市房地产市场管理处登记。合同签订后,冯玉梅按约支付了全部价款。1998年11月3日,新宇公司将2B050号商铺交付冯玉梅使用,但一直未办理产权过户手续。

1998年,原告新宇公司将时代广场内的自有建筑面积租赁给嘉和公司经营。1999年6月,嘉和公司因经营不善停业。同年12月,购物中心又在时代广场原址开业。2002年1月,购物中心也停业。这两次停业,使购买商铺的小业主无法在时代广场内正常经营,部分小业主以及嘉和公司的债权人集体上访,要求退房及偿还债务。在此期间,新宇公司也两次变更出资股东。新宇公司的新股东为盘活资产、重新开业,拟对时代广场的全部经营面积进行调整,重新规划布局,为此陆续与大部分小业主解除了商铺买卖合同,并开始在时代广场内施工。2003年3月17日,新宇公司致函被告冯玉梅,通知其解除双方签订的商铺买卖合同。3月27日,新宇公司拆除了冯玉梅所购商铺的玻璃幕墙及部分管线设施。6月30日,新宇公司再次向冯玉梅致函,冯玉梅不同意解除合同。由于冯玉梅与另一户购买商铺的邵姓业主坚持不退回商铺,新宇公司不能继续施工,6万平方米建筑闲置,同时冯、邵两家业主也不能在他们约70平方米的商铺内经营。新宇公司为此提起诉讼。

根据原告新宇公司的申请,法院委托南京大陆房地产估价师事务所有限责任公司对被告冯玉梅所购商铺的现行市场价值进行评估。评估报告确认,该商铺在2004年3月3日的价值为531700元。

审理中,法院主持了调解。原告新宇公司认为,为使时代广场真正发挥效益,经营方向和方式必须改变,不可能保留商铺式经营。如果被告冯玉梅与案外人邵某再在时代广场内经营商铺,将影响时代广场内新格局下的整体经营。为此,新宇公司不仅愿意给冯玉梅退还全额购商铺款,还愿意以承担逾期办理产权登记过户手续违约金的名义,给冯玉梅补款48万元,用于补偿冯玉梅的经济损失。冯玉梅认为,时代广场走到今天这一步,责任全在新宇公司,与己无关;新宇公司愿意给付的款项,不够弥补自己的损失;新宇公司如果真愿意解除商铺买卖合同,应当按每平方米30万元的价格给予赔偿。新宇公司认为,全南京市任何一处房产均无30万元一平方米的价格,冯玉梅提出难以令新宇公司接受的赔偿价格,表明其根本不想解决纠纷;这个纠纷不解决,时代广场固然不能竣工,冯玉梅也别想经营。由于双方当事人各执己见,调解未果。

□ 裁判过程

本案应解决的争议焦点是:商铺买卖合同应当继续履行还是应当解除?如果解除,应当在什么条件下解除?

南京市玄武区人民法院认为:《合同法》第八条规定:“依法成立的合同,对当事人具有法律约束力。当事人应当按照约定履行自己的义务,不得擅自变更或者解除合同。”“依法成立的合同,受法律保护。”原告新宇公司与被告冯玉梅签订的商铺买卖合同,是双方当事人的真实意思表示,该合同合法有效,依法对双方当事人都有约束力。合同签订后,冯玉梅履行了给付价款的义务,新宇公司也将商铺交付给冯玉梅使用。后由于他人经营不善,致使时代广场两次停业,该广场内的整体经营秩序一直不能建立,双方当事人通过签订合同想达到的营利目的无法实现,这是在签订合同时双方当事人没有预料也不希望出现的结局。

《合同法》第五条规定:“当事人应当遵循公平原则确定各方的权利和义务。”第六条规定:“当事人行使权利、履行义务应当遵循诚实信用原则。”原告新宇公司在回收了大部分业主的商铺后,拟对时代广场重新进行规划布局,争取再次开业。被告冯玉梅坚持新宇公司必须按每平方米30万元的高价回收其商铺,否则就要求继续履行商铺买卖合同。虽经调解,由于双方当事人互不信任,不能达成调解协议,以致新宇公司的6万平方米建筑和冯玉梅的22.50平方米商铺均处于闲置状态。考虑到冯玉梅所购商铺,只是新宇公司在时代广场里分割出售的150余间商铺中的一间。在以分割商铺为标的物的买卖合同中,买方对商铺享有的权利,不能等同于独立商铺。为有利于物业整体功能的发挥,买方行使权利时必须符合其他商铺业主的整体意志。现在时代广场的大部分业主已经退回商铺,支持新宇公司对时代广场重新规划布局的工作,今后的时代广场内不再具有商铺经营的氛围条件。冯玉梅以其在时代广场中只占很小比例的商铺,要求新宇公司继续履行本案合同,不仅违背大多数商铺业主的意愿,影响时代广场物业整体功能的发挥,且由于时代广场内失去了精品商铺的经营条件,再难以通过经营商铺营利,继续履行实非其本意。考虑到时代广场位于闹市区,现在仅因双方当事人之间的互不信任而被闲置,这种状况不仅使双方当事人的利益受损,且造成社会财富的极大浪费,不利于社会经济发展。从平衡双方当事人目前利益受损状况和今后长远利益出发,依照公平和诚实信用原则,尽管双方当事人之间存在的商铺买卖合同关系合法有效,尽管冯玉梅在履行合同过程中没有任何违约行为,本案的商铺买卖合同也应当解除。

鉴于被告冯玉梅在履行商铺买卖合同中没有任何过错,在商铺买卖合同解除后,其因商铺买卖合同而获得的利益必须得到合理充分的补偿,补偿标准是保证冯玉梅能在与时代广场同类的地区购得面积相同的类似商铺。原告新宇公司同意在商铺买卖合同解除后,除返还冯玉梅原付的购房价款、赔偿该商铺的增值款外,还给冯玉梅补款48万元,这一数额足以使冯玉梅的现实既得利益不因合同解除而减少,应予确认。

据此,南京市玄武区人民法院于2004年4月30日判决:(1)原告新宇公司与被告冯玉梅签订的商铺买卖合同予以解除;(2)被告冯玉梅给原告新宇公司返还时代广场内编号2B050的商铺,于本判决生效之日起10日内交付;(3)原告新宇公司返还被告冯玉梅的商铺价款368184元,赔偿冯玉梅商铺的增值额163516元,合计531700元,于本判决生效之日起10日内付清;(4)原告新宇公司赔偿被告冯玉梅逾期办理房屋权属登记过户手续的违约金及其他经济损失48万元,于本判决生效之日起10日内付清。本案案件受理费7867元、评估费2650元,由原告新宇公司负担。

一审宣判后,冯玉梅不服,向南京市中级人民法院提起上诉。理由是:(1)一审已经认定双方之间的商铺买卖合同合法有效,但却在既不是当事人协商一致解除,也不存在法定解除条件的情况下,仅凭被上诉人提出的履行合同会对其重新规划布局造成影响为由,就判决解除合法有效的合同,于法无据。

(2)情势变更原则是指合同依法成立后,因不可归责于双方当事人的原因发生了不可预见的情况变更,致使合同的基础丧失或动摇,或继续维持合同原有效力则显失公平,从而允许变更或解除合同。本案不存在这种情况。首先,时代广场整体长期歇业、巨额资金闲置,是被上诉人经营、管理不善,经营策略错误等自身过错造成的。其次,在开发、销售和出租商铺时,对因经营管理不善而导致资产闲置的风险,被上诉人应当预见,不属于情势变更原则所指的情势。如果将这种商业风险归类于变更的情势,那么购房后房价下跌,上诉人也就可以以房价下跌、情势变更为由要求被上诉人退房,如此契约的稳定性及合同的诚实信用则无从谈起。最后,即使继续履行合同会给被上诉人带来不利,这也是经济交往中的正常损失,是被上诉人在订约时应当预见的且应当由其自己承担的商业风险。继续履行合同,不会出现显失公平的后果。因此,本案不适用情势变更原则。

(3)因被上诉人经营不善造成的后果,与上诉人之间没有任何关系。即使为了维护被上诉人的利益,使其避免损失,也应当由被上诉人与上诉人自愿协商,通过公平买卖的办法来解决,不能借助国家强制力来实现。一审为维护被上诉人的商业利益、公司利益,通过司法程序强制解除合同,是错误的。

(4)商铺是上诉人的私有财产,不经上诉人许可,被上诉人无权对上诉人的私有财产进行估价。一审根据被上诉人的申请,委托估价师事务所对上诉人的商铺进行估价,估价的结果令上诉人无法接受。被上诉人承诺的48万元不能补偿上诉人因此蒙受的损失。况且上诉人并未对一审法院提出退还房款、赔偿增值款、追究违约责任等请求,一审法院在没有当事人请求的情况下作出的判决,违背了法律规定。综上,一审判决适用法律不当,请求撤销一审判决,改判被上诉人实际履行合同,为上诉人办理产权过户手续,并负担本案全部诉讼费用。

被上诉人新宇公司答辩称:一审依照《合同法》第五条、第六条作出解除双方合同的判决是正确的。本案讼争房屋已被拆除,事实上无法继续履行合同。一审并未适用情势变更原则,也未维护被上诉人的商业风险和公司利益。在本案中,被上诉人同意向上诉人支付的违约金和赔偿金,足以保证上诉人的利益不受侵害。二审应当维持原判。

南京市中级人民法院经审理,确认一审查明的事实属实。另查明,被上诉人新宇公司已取得本市中山路18号的土地使用权证及房屋所有权证,现正在对时代广场进行整体布局调整的施工。

二审审理中,南京市中级人民法院主持双方当事人进行调解。被上诉人新宇公司表示，可以在本市同类地区为上诉人冯玉梅购买同等面积的门面房；冯玉梅要求，新宇公司应当在原地点给其安置同等面积的门面房，并给予经济补偿，或者在本市同类地区给其补偿80平方米的门面房。因双方各执己见，致调解不成。后新宇公司表示，愿意在一审基础上再给冯玉梅补偿各种经济损失20万元。

二审应解决的争议焦点是：(1)一审判决解除合同是否正确？(2)在权利人没有提出请求的情况下，一审在解除合同的判决中一并判决义务人给权利人赔偿，是否符合程序？

南京市中级人民法院认为：上诉人冯玉梅与被上诉人新宇公司签订的商铺买卖合同合法有效。新宇公司在合同约定的期限内未办理产权过户手续，已构成违约，又在合同未依法解除的情况下，将2B050商铺的玻璃幕墙及部分管线设施拆除，亦属不当。《合同法》第一百零七条规定："当事人一方不履行合同义务或者履行合同义务不符合约定的，应当承担继续履行、采取补救措施或者赔偿损失等违约责任。"一审衡平双方当事人利益，判决解除商铺买卖合同，符合法律规定，是正确的。冯玉梅关于继续履行合同的上诉理由，不能成立。考虑到上诉人冯玉梅在商铺买卖合同的履行过程中没有任何违约行为，一审在判决解除商铺买卖合同后，一并判决被上诉人新宇公司向冯玉梅返还商铺价款、赔偿商铺增值款，并向冯玉梅给付违约金及赔偿其他经济损失。这虽然不是应冯玉梅请求作出的判决，但此举有利于公平合理地解决纠纷，也使当事人避免了讼累，并无不当。在二审中，新宇公司表示其愿给冯玉梅增加20万元赔偿款，应当允许。

据此，南京市中级人民法院依照《民事诉讼法》第一百五十三条第一款第(一)项的规定，于2004年9月6日判决：(1)维持南京市玄武区人民法院的一审民事判决第一、二、三项；(2)变更南京市玄武区人民法院的一审民事判决第四项为：被上诉人新宇公司赔偿上诉人冯玉梅逾期办理房屋权属登记过户手续的违约金及其他经济损失68万元，于本判决生效之日起10日内付清。二审案件诉讼费7867元，由被上诉人新宇公司负担。

▇ 案例评析

□ 重点示意图

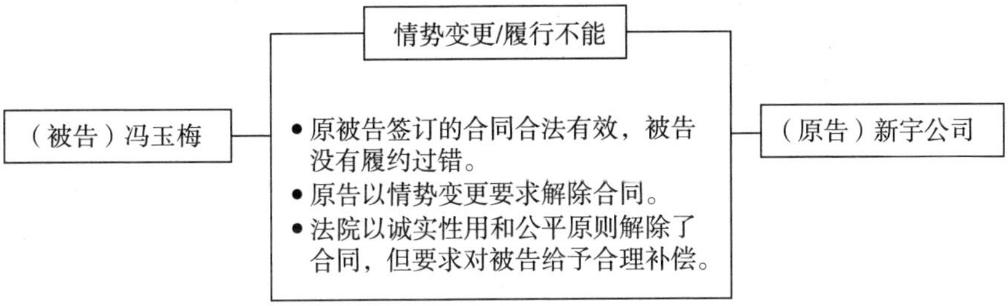

□ 疑难点释析

本案的判决书生成之后被载入最高人民法院公报，“违约方以不能实现合同目的为由，主张解除合同获支持”的标题在司法界引起了广泛的讨论和争议，正反双方都发表了自己的意见。

首先，法院是否认定应该支持违约方有权请求解除合同的问题。支持方认为根据《合同法》第一百一十条的规定，有违约行为的一方当事人请求解除合同，没有违约行为的另一方当事人要求继续履行合同，当违约方继续履约所需的财力、物力超过合同双方基于合同履行所能获得的利益，合同已不具备继续履行的条件时，为平衡双方当事人利益，可以允许违约方解除合同，但必须由违约方向对方承担赔偿责任，以保证对方当事人的现实既得利益不因合同解除而减少，这其中要明确的是违约方的合同解除权内在依据依然是效率原则。

反对方的意见认为通常情况下，只有守约的一方享有合同解除权。《合同法》第九十四条第二、三、四项并未直接赋予违约的合同当事人的合同解除权，恰恰相反，该条直接赋予的是守约一方的合同法定解除权，违约方不能依据该条主张解除合同，故违约方无权以不能实现合同目的为由主张解除合同。第五项则是合同法定解除权的转至条款，其中《合同法》第一百一十条所规定的违约一方当事人享有的拒绝履行合同的抗辩权即第五项的违约方的合同解除权，合同法分则和其他特别法规定的合同当事人的任意解除权允许合同的违约方享有合同解除权，违约方享有的合同解除权与其合同目的是否能实现无直接的关系。

其次，关于违约责任中的继续履行问题。支持方认为《合同法》第一百零七条规定："当事人一方不履行合同义务或者履行合同义务不符合约定的，应当承担继续履行、采取补救措施或者赔偿损失等违约责任。"从这条规定看，当违约情况发生时，继续履行是令违约方承担责任的首选方式。法律之所以这样规定，是由于继续履行比采取补救措施、赔偿损失或者支付违约金，更有利于实现合同目的。但实际履行并非具有绝对优越性，其在具体适用中会面临多种难题，尤其可能会促使非违约方的机会主义行为，获得不成比例的利益，如在本案中，冯要求新宇公司按每平方米30万元的价格给予赔偿，实际履行显然成为敲诈的法律工具。在一些情况下，实际履行也会扭曲缔约现实，导致效率损失。虽然损害赔偿也有其不足和缺陷，在很多场合其不能替代实际履行，但是这并不足以撼动其根本地位，如损害赔偿可充分补偿守约方损失，这就会大大简化法律关系，降低执行成本，避免可能出现的人身奴役。因此，从效率角度考虑，在特定情况下，有赋予违约方合同解除权的必要性。在本案中，如果让新宇公司继续履行合同，则新宇公司必须以其6万余平方米的建筑面积来为冯玉梅的22.50平方米商铺提供服务，支付的履行费用过高；而在6万余平方米已失去经商环境和氛围的建筑中经营22.50平方米的商铺，事实上也达不到冯玉梅要求继续履行合同的目的。

反对方认为：冯玉梅与新宇公司的合同已基本履行完毕，欠缺的只有办理过户手续，新宇公司继续履行合同的履行成本低廉而非过高。对于房屋买卖合同的当事人来说，只要不涉及第三人，实物转移占有即意味着出售方已履行完成出卖合同的主要义务，对于部分买受人来说，过户可以成为买卖合同出售方的从义务或附随义务，而不是主义务，本案中未见商铺未过户影响了冯的合同目的实现，后续的新宇公司因对时代广场的整体经营而需要收购冯的商铺不能解读为商铺买卖合同的目的，这与新宇公司出售商铺的目的没有任何关系，其是新宇公司的另一经营行为。对于合同相对人来说，只能从合同当事人的订立合同行为和相应合同内容确定相对方的合同目的。除非合同对合同目的有明确约定，合同当事人对相对方的合同目的只能推定，法律关于合同当事人的合同目的的有关规定也只适用于能够合理推定的合同目的，而并不在于合同当事人的真实合同目的，合同当事人主张合同目的不能实现而要求解除合同的,只能以自己的合同目的不能实现为理由,而不能以对方的合同目的不能实现为理由。解除合同所主张的合同目的不能实现也只能以订立合同时的外在行为和合同的内容主张自己的合同目的,而不能以其他的事实包括自己的后续合同履行行为来证明自己的合同目的,更不能以合同履行完毕后的其他与合同无关的事实来主张自己的合同目的不能实现。否则合同相对方的合同负担过重,并且无法预期。

最后,关于情势变更的争议,需要分析情势变更的概念以及与商业风险的区别。根据《民法通则》《民法总则》《合同法》关于公平原则的规定,参考《劳动合同法》的规定,在总结审判实践经验的基础上,《最高人民法院关于适用〈中华人民共和国合同法〉若干问题的解释(二)》第二十六条规定了情势变更条款:合同成立以后客观情况发生了当事人在订立合同时无法预见的、非不可抗力造成的不属于商业风险的重大变化,继续履行合同对于一方当事人明显不公平或者不能实现合同目的,当事人请求人民法院变更或者解除合同的,人民法院应当根据公平原则,并结合案件的实际情况确定是否变更或者解除。该条主要解决合同订立后显失公平的问题。合同订立的时候是公平的,在合同成立后由于社会环境发生重大变化,使一方当事人遭受重大的损害,造成双方当事人显失公平,按照实际情况履行不了的,在符合司法解释规定的情形下,审慎、严格地适用情势变更原则。目前,情势变更原则在大陆法系的绝大部分国家民法典中均有规定,并被判例所运用。因此,该制度是在认真、细致的调研基础上,结合实践的需要被吸收进此次司法解释的。情势变更原则主要针对的经济形势、经济政策的巨大变化,与国家对经济生活干预有直接关系,比如宏观调控、价格调整,经济危机、通货膨胀等。但现实生活中的情势是复杂多变的。相应地,司法实践应根据具体个案作出合理的判断。一般可以认定为情势变更的情形:(1)物价飞涨(需要量化);(2)合同基础丧失(如合同标的物灭失);(3)汇率大幅度变化;(4)国家经济贸易政策变化。情势变更事件主要表现为影响合同履行的社会经济形势的剧变,如物价暴涨、严重通货膨胀、金融危机等。商业风险是指在商业活动中,由于各种不确定因素引起的、能够给商业主体带来损失的机会或可能性的一种客观经济现象。现实中的商业风险无处不在,比如市场价格的波动,物价的波动,社会政治经济文化环境的变化、消费者的价值观的变化等,都能导致市场经济条件下的商业风险。物价的降浮、币值、汇率的涨落、企业的兴亡、市场的兴衰等都可能成为商业风险与情势变更的原因。因此,在合同履行过程中,引起商业风险的原因可能与引起情势变更的原因相同,但法律效果可能截然不同。如果被认定为商业风险,按照风险自负的原则,遭受损失的一方当事人应当自我承担;而被认定为情势变更,则意味着遭受损失的一方当事人可请求变更或解除合同,使风险由对方承担或双方分担。在司法实践中,一些合同当事人有可能以正常的商业风险作为情势变更的理由,要求变更或解除合同,如不严加审查,可能导致情势变更原则在司法实践中被滥用。

情势变更与商业风险的区别如下。情势变更属于作为合同成立的基础的环境发生了异常的变动,所造成的风险属于意外的风险;而商业风险属于从事商业活动所固有的风险,变化未达到异常的程度,譬如一般的市场供求变化、价格正常涨落等。情势变更原则以"订立合同时不能预见"为要件。例如,当事人参与股票交易,不得主张适用情势变更原则。而商业风险则是行为人能够预见或应当预见客观情况的变化可能发生,并尽量加以避免的一种可能性。情势变更是不可预见的,所以双方当事人在主观上都没有过错,不可归责于双方当事人。而商业风险由于具有可预见性,故可以说当事人对此存有过失,当事人能够或者应当预见到将会发生商业风险,但甘愿冒风险或抱有侥幸心理。情势变更的发生使合同的履行在客观上会使合同的基础和预期的目的发生根本性的动摇,如继续履行原合同,将对一方当事人明显不公。而一方当事人明显有利或者不能实现合同目的,会产生显失公平的效果,与诚实信用原则和公平原则相违背。而在商业风险中,合同的基础没有发生根本变化,继续履行合同不会对一方当事人明显不公平或者不能实现合同目的,只是造成一定条件下的履行困难及履行合同费用的增加、利润的减少或并非重大的一般性亏损。

对于情势变更或者是商业风险的判断,需要结合具体个案综合考察审慎得出结论。有的场合涨价很可能属于商业风险,而有的场合,价格在别人看来不太剧烈的波动,对于合同当事人来说却可能构成致命的打击,即构成情势变更。现代社会商业风险无处不在。如果混淆情势变更原则与正常商业风险的界限,就会导致情势变更原则的滥用,影响交易安全,扰乱正常的商业活动,对市场经济造成损害。

综上所述,本案的争议除法理争议,也有法律适用的争议,是非常值得研究的典型案例。

■ 知识点梳理

合同解除根据合同的方式不同分为协议解除和单方解除,而根据解除权是基于当事人之间的约定还是法律的规定,又可将单方解除分为约定解除和法定解除。法定解除是指法律规定合同当事人行使解除权的条件,当解除条件出现时,当事人行使解除权以消灭合同,当事人不得以约定排除法定解除权,否则约定无效。

27
Case Study

沈庆树与胡茂春房屋租赁合同纠纷案

部分无效 | 合同解除

■ 问题提示

1.《租房协议》经确认无效或被依法解除后,双方由此造成的损失应如何确定和承担?

2. 对于《租房协议》经确认无效或被依法解除的后果,沈庆树是否有过错,应否承担相应的民事责任。

■ 相关法条

《中华人民共和国合同法》第五十六条[合同自始无效与部分有效]、第五十八条[合同无效或被撤销的法律后果]、第九十四条[合同的法定解除]、第九十七条[解除的效力]、第二百一十六条[出租人基本义务]、第二百三十五条[租赁物的返还]

《中华人民共和国民事诉讼法》第一百四十二条的规定[调解原则]

■ 近似案例

王林春与莘县王庄集镇人民政府等债权转让合同纠纷上诉案

苏州贝林达石油化工有限公司与徐林买卖合同纠纷上诉案

创金天地投资有限公司与汪春香等民间借贷合同纠纷上诉案

原告陈小飞与被告韦启贡、莫兴根、莫东明、胡莎莎房屋买卖合同纠纷案

■ 案情介绍

□ 基本案情

沈庆树在原审中诉称:2013 年 8 月 7 日,沈庆树与胡茂春签订了一份《租房协议》,根据协议的约定,胡茂春将新安花园 18 栋半地下室 232 平方米、一楼 48 平方米及二楼 232 平方米的房屋出租给沈庆树从事普浴经营。房屋租赁期限自 2013 年 10 月 8 日起至 2021 年 10 月 7 日止。其中 2013 年 10 月 8 日至 2015 年 10 月 7 日年租金为 128800 元,租金按 6 个月一付。沈庆树在签订协议之时交纳了 2013 年 10 月 8 日至 2014 年 4 月 7 日 6 个月租金 64400 元,且交纳了租房押金 10000 元。协议签订后,沈庆树就开始购买浴场经营所需要的相关设备,并进行房屋装饰装潢。2013 年 10 月 1 日,雨山消防大队以沈庆树经营的海天浴场未经消防设计备案为由,责令其停止施工,后沈庆树于 2013 年 10 月 14 日向雨山区公安消防大队申请建设工程消防设计审核,消防大队以缺少建设工程规划许可证明文件为由出具了不予受理的凭证。经查,胡茂春租赁给沈庆树的房屋,其中地下室属于违建,不符合规划,造成浴场消防设计无法审核和备案,沈庆树被迫停止营业,为此给沈庆树造成巨大损失。沈庆树认为,双方签订的租房协议违反了相关法律规定,应属无效。对于沈庆树给付 2013 年 10 月 8 日至 2014 年 4 月的租金和押金,胡茂春应当返还。沈庆树为经营所购买了设备及对房屋进行装修近 59 万元,胡茂春故意隐瞒违建的事实属于过错方,应赔偿该损失。故诉请判令:(1)确认《租房协议》无效;(2)胡茂春返还沈庆树租金 64400 元、押金 10000 元,赔偿损失 491319 元;(3)胡茂春赔偿自来水、天然气开户费合计 70500 元;(4)按月利率 2.2% 支付自 2013 年 8 月 7 日至判决生效确定给付之日的上述费用的利息;(5)胡茂春承担本案全部诉讼费用。

胡茂春在原审中辩称:合同成立是有效的,胡茂春提交了产权证和新建住宅使用书,证明交给沈庆树的房屋是符合法律规定的。最高人民法院相关司法解释不是法律和行政法规,不适用本案。沈庆树诉请没有事实和法律依据,请求驳回其诉请。

胡茂春在原审中反诉称:2013 年 8 月 7 日,胡茂春与沈庆树就马鞍山市新安花园 18 栋半地下室 232 平方米、一楼 48 平方米和二楼 232 平方米房屋租赁事宜签订了一份《租房协议》,约定:"租金按六个月一付,租金需提前30日交纳,如拖欠房租或水电费达一个星期的,甲方将停供乙方水电;超过半个月的,甲方有权收回房屋并没收押金。"自2013年8月7日支付6个月房租及押金后,沈庆树至今没有履行交付房租的义务,却仍然占有案涉房屋,并且其在未得到胡茂春认可的情况下,在装修期间对承租房屋结构进行了破坏,违反了《租赁协议》第四条、第五条的约定。故诉请:(1)沈庆树立即迁让新安花园18栋房屋;(2)自2014年4月8日起按353元/日支付租金至实际迁让之日止;(3)支付胡茂春垫付的水电费2100元;(4)承担将承租的房屋恢复至2013年8月双方交接时的状态费用96741元;(5)承担违约金10000元。

沈庆树在原审中辩称:胡茂春的请求缺乏事实和法律依据,请求予以驳回。具体理由如下:(1)胡茂春要求沈庆树支付租金是没有依据的,沈庆树认为租房协议无效,根据无效协议的法律后果,胡茂春应该赔偿沈庆树的损失。因为案涉房屋属于违建,导致浴场无法经营,虽然沈庆树占有该房屋但是并未实际使用,胡茂春要求沈庆树支付租金没有依据,违章建筑不应受到法律保护。(2)关于水电费问题,胡茂春应该提供正规发票,不能根据证明和证人证言来证明。胡茂春要求沈庆树支付水电费证据不足,不应予以支持。(3)胡茂春要求将案涉房屋恢复至双方交接时状态缺乏依据。在签订合同时就已经明确了租房的用途是用于普浴经营,肯定需要进行装修,胡茂春称沈庆树对房屋构造进行了破坏无证据证明。胡茂春故意隐瞒案涉房屋是违章建筑,根据有关法律规定沈庆树没有义务将房屋恢复至交接时状态。(4)沈庆树不应该支付违约金,协议本身就是无效的,故不存在支付违约金,即便是有效合同也是胡茂春违约。胡茂春故意隐瞒地下室是违建,导致沈庆树经营浴场无法实现,如果在签订协议时胡茂春告知沈庆树房屋是违章建筑,沈庆树是不会承租该房屋的,也不会造成损失。

□ 裁判过程

原审查明:2013年8月7日,胡茂春(甲方)与沈庆树(乙方)签订了一份《租房协议》,根据协议的约定,甲方将新安花园18栋半地下室232平方米、一楼48平方米及二楼232平方米的房屋出租给乙方从事普浴经营。房屋租赁期限自2013年10月8日起至2021年10月7日止。其中2013年10月8日起至2015年10月7

日年租金为128800元,租金按6个月一付,租金需提前30日交纳。水电费则每月按实际使用量向甲方交纳。签订协议之日,乙方交纳了2013年10月8日至2014年4月7日共计6个月租金64400元,同年8月3日交纳了租房押金10000元。合同还约定,协议终止后,房屋装修部分不得损坏并无偿交给甲方。协议签订后,沈庆树就开始购买浴场经营所需要的相关设备,并进行房屋装饰装修,同时对供水、燃气工程进行改造安装。2013年9月3日支付供水工程款20000元、供水设计费500元;2013年10月28日支付给马鞍山港华燃气有限公司工程款45000元、用气保证金5000元。2013年10月1日,马鞍山市雨山区公安消防大队以沈庆树经营的海天浴场未经消防设计备案为由,责令其停止施工并限期改正。2013年10月17日,马鞍山市雨山区公安消防大队对沈庆树申请的建设工程消防设计进行审核,以缺少建设工程规划许可证明文件为由,作出不予受理的决定。沈庆树经营的海天浴场于2013年11月6日开业,同年12月16日因行政执法责令停业至今。

经胡茂春申请,原审法院委托马鞍山市价格认证中心对申请鉴定项目进行鉴定。2015年1月21日,马鞍山市价格认证中心出具《关于马鞍山市雨山区海天浴场物品及装潢部分的价格鉴定结论》,确定物品价格总计为210963.40元;工程造价汇总合计280355.85元,上述共计491319元。同年2月2日,马鞍山市价格认证中心出具《关于马鞍山市雨山区海天浴场恢复工程的价格鉴定结论》,确定恢复工程鉴定价格为96741元。胡茂春共支付鉴定费6500元。

原审法院依照《合同法》第五十六条、第九十四条、第九十七条、第二百三十五条、《最高人民法院关于民事诉讼证据的若干规定》第二条、《民事诉讼法》第一百四十二条的规定,于2015年2月28日作出如下判决:(1)解除胡茂春与沈庆树于2013年8月7日签订的《租房协议》。(2)胡茂春应于判决生效之日起七日内一次性赔偿沈庆树附合装饰装修物损失224284.68元、赔偿燃气工程款损失36000元并返还其租金9731元和押金10000元,上述款项合计280015.68元。(3)沈庆树应支付胡茂春恢复原状费用19348.20元。上述款项,应于判决生效之日起七日内一次性支付。(4)沈庆树应于判决生效之日起十五日内腾让坐落于马鞍山市雨山区新安花园18栋半地下室232平方米、一楼48平方米及二楼232平方米的房屋交付给胡茂春并将其内由马鞍山市价格认证中心出具的马价认证(2014)14号价格鉴定结论书中物品价格鉴定表(一)至(七)所列物品搬离该房屋。(5)驳回沈庆树的其他本诉请求。(6)驳回胡茂春的其他反诉请求。本诉案件受理费5622元(减半缓交),沈庆树负担2473元、胡茂春负担3149元;反诉案件受理费1238.50元(减半收取),由沈庆树负担223元、胡茂春负担1015.50元;鉴定费6500元,由沈庆树负担1300元、胡茂春负担5200元。

宣判后,沈庆树不服,提起上诉,请求二审撤销一审判决,发回重审或查清事实后依法改判。二审院查明的事实及对一审证据的认定意见与一审一致。

二审法院认为:围绕上诉请求范围,综合双方当事人的诉辩意见,本案争议焦点为:双方签订的《租房协议》是否合法有效;对于《租房协议》经确认无效或被依法解除的后果,沈庆树是否有过错,应否承担相应的民事责任;《租房协议》经确认无效或被依法解除后,双方由此造成的损失应如何确定和承担。

焦点一,关于《租房协议》效力问题。胡茂春与沈庆树签订《租房协议》,将房屋出租给沈庆树用于从事普浴经营,该房屋由半地下室、一楼和二楼共三部分组成,其中半地下室为房地产开发商未按照建设工程规划许可证的规定建设,属于违法建筑;一楼房屋为胡茂春未经规划批准改建,亦属违法建筑。一审法庭辩论终结前,胡茂春就该两部分违法建筑并未取得建设工程规划许可证或办理相关批准建设手续。根据《最高人民法院关于审理城镇房屋租赁合同纠纷案件具体应用法律若干问题的解释》第二条的规定,胡茂春、沈庆树在《租房协议》中关于租赁该两部分违法建筑的约定应属无效。因违法建筑部分超过出租房屋总面积的一半以上,且沈庆树仅租赁其他部分房屋无法实现从事普浴经营的合同目的,从而导致合同无法继续履行。该情形不符合《合同法》关于合同虽部分无效而其他部分仍然有效的规定,故应认定《租房协议》整体无效。一审认定《租房协议》部分有效,属适用法律不当,应予纠正。对沈庆树提出的关于确认《租房协议》无效的诉讼请求,法院依法予以支持。

焦点二,关于合同无效的过错认定和民事责任承担问题。根据《合同法》第二百一十六条的规定,胡茂春作为房屋出租人负有保证其出租的房屋符合约定用途的义务,其应当知道出租的房屋是否属于合法建筑。但胡茂春在明知沈庆树承租房屋系用于从事普浴经营的情况下,仍将不具备合法建设手续的半地下室及一楼房屋出租给沈庆树,对导致《租房协议》无效,胡茂春有重大过错,应承担相应的民事责任。沈庆树作为房屋承租人在订立《租房协议》时负有审慎义务,应要求胡茂春出示房屋产权证件和建设审批手续。但沈庆树并未要求胡茂春出示半地下室和一楼房屋的建设审批手续,亦未对该部分建筑将来能否用于从事普浴经营进行相应了解,而是草率订下《租房协议》,疏于审查和谨慎订立合同的义务。同时,在公安消防部门已责令停工整改的情况下,沈庆树仍然继续施工并开始营业,故沈庆树对《租房协议》无效造成的后果,主观上有一定的过错,应承担相应的民事责任。一审法院根据双方的过错程度及原因力大小,酌情确定由胡茂春和沈庆树分别承担80%和20%的民事责任,并无不妥。沈庆树提出的关于其对合同无效没有过错,应由胡茂春承担全部民事责任的上诉主张,不能成立,法院不予采纳。

焦点三,关于合同无效后财产返还和损失承担问题。(1)合同无效后的财产返还。《租房协议》因无效而终止履行,根据《合同法》第五十八条的规定,双方基于该协议取得的财产应相互承担返还义务,对不能返还或没有必要返还的财产应折价给予对方补偿,对造成的损失应由双方根据过错责任比例分担。关于财产返还问题。《租房协议》无效终止后,沈庆树继续占有案涉房屋没有合法依据,其应将该房屋返还给胡茂春。自2013年11月6日开业起至同年12月16日停业时止,沈庆树占有使用房屋获得了经营收益,该经营收益属于财产性收益,属于返还财产范围。根据《最高人民法院关于审理城镇房屋租赁合同纠纷案件具体应用法律若干问题的解释》第五条的规定,沈庆树应当向胡茂春支付该期间的房屋占有使用费。对于一审认定该期间的房屋占有使用费为14669元,双方在二审中均未提出异议,法院予以确认。停业后,沈庆树虽未交还房屋,但亦未通过使用房屋获取财产性收益,依法不应支付房屋占有使用费。一审法院认定沈庆树应向胡茂春支付停业后的租金40000元,依据不足,二审法院予以纠正。对于沈庆树已经支付的房屋租金64400元及交纳的押金10000元,因《租房协议》无效,胡茂春占有该财产缺乏合法依据,应在扣除房屋占有使用费14669元后全部返还。

(2)关于损失的认定和承担问题。其一,装饰装修损失的认定和责任承担。《最高人民法院关于审理城镇房屋租赁合同纠纷案件具体应用法律若干问题的解释》第九条规定:承租人经出租人同意装修,租赁合同无效时,未形成附合的装饰装修物,出租人同意利用的,可折价归出租人所有;不同意利用的,可由承租人拆除;因拆除造成房屋毁损的,承租人应当恢复原状;已形成附合的装饰装修物,出租人同意利用的,可折价归出租人所有;不同意利用的,由双方各自按照导致合同无效的过错分担现值损失。本案中,《租房协议》中明确约定房屋由沈庆树自行装饰装修,应认定沈庆树系经胡茂春同意装饰装修。《租房协议》无效后,对于未形成附合的装饰装修物,因胡茂春不同意利用,应由沈庆树取回;对于已形成附合的装饰装修物,胡茂春亦不同意利用,应由双方分担现值损失。关于现值损失,原审根据鉴定结论确定为280355.85元,双方在二审中均无异议,法院予以确认。根据导致合同无效的过错责任比例,应由胡茂春承担其中的80%即224284.68元,其余现值损失由沈庆树自行承担。其二,其他损失的认定和责任承担。物品折旧损失:对于未形成附合的装修装饰物及用于普浴经营物品,沈庆树作为所有权人,在停业后有权随时取回和另作他用,故其主张由胡茂春承担物品折旧损失,缺乏法律依据,本院不予采纳。拆卸、吊装、运输、保管物品费用:《租房协议》无效终止后,沈庆树需取回未形成附合的装修装饰物及其他经营用品,必将产生一定的费用,该部分费用可认定为沈庆树因合同无效造成的损失。但因该部分费用尚未实际发生,且沈庆树未能提供证据证明该部分费用的具体数额,故本案不予处理,沈庆树可待费用实际发生后另行主张。天然气开户费:因燃气工程款45000元不包含在鉴定价格中,一审法院确定该费用由胡茂春承担,并无不当,法院予以确认;用气保证金不属于赔偿损失的范围,一审法院对沈庆树的该项主张未予支持,并无不妥。自来水开户费:因供水工程费用、设计费包含在鉴定价格中,沈庆树主张由胡茂春承担该部分费用,属重复主张,法院不予采纳。利息损失:沈庆树主张由胡茂春承担其诉讼请求相应利息损失,缺乏法律依据,法院不予采纳。恢复原状费用:沈庆树对租赁房屋进行装饰装修是为了满足普浴经营的特定需要,合同无效后,装饰装修物需拆除并恢复房屋原状,由此产生的费用属于合理的损失。经鉴定该部分损失为96741元,根据导致合同无效的过错责任比例,应由沈庆树承担其中的20%,即19348.20元,其余现值损失由胡茂春自行承担。水电费垫付款:因证据不足,一审法院对胡茂春该项主张未予支持,并无不妥。

综上,沈庆树的上诉请求部分成立,二审法院予以部分支持。依照《民事诉讼法》第一百七十条第一款第(二)项,《合同法》第五十二条、第五十八条,《最高人民法院关于审理城镇房屋租赁合同纠纷案件具体应用法律若干问题的解释》第二条、第五条、第九条的规定,判决如下:(1)撤销马鞍山市雨山区人民法院(2014)雨民一初字第00317号民事判决。(2)沈庆树、胡茂春于2013年8月7日签订的《租房协议》无效。(3)沈庆树于本判决生效之日起十五日内腾空坐落于马鞍山市雨山区新安花园18栋半地下室、一楼及二楼房屋内的物品(案涉物品价格鉴定表中第一项至第七项所列物品),同时将上述房屋返还给胡茂春。(4)胡茂春于本判决生效之日起十日内返还沈庆树房屋租金49731元及租房押金10000元,合计59731元。(5)胡茂春于本判决生效之日起十日内赔偿沈庆树已形成附合的装饰装修物现值损失224284.68元、燃气安装费用36000元,合计260284.68元。(6)沈庆树于本判决生效之日起十日内赔偿胡茂春房屋恢复原状费用19348.20元。(7)驳回沈庆树的其他诉讼请求。(8)驳回胡茂春的其他反诉请求。

如果未按本判决指定的期间履行给付金钱义务,应当依照《民事诉讼法》第二百五十三条之规定,加倍支付迟延履行期间的债务利息。

一审案件受理费减半收取5622元,沈庆树负担2073元,胡茂春负担3549元;反诉受理费减半收取1238.50元,由胡茂春负担1096.70元,沈庆树负担141.80元;鉴定费6500元,由沈庆树负担1300元,胡茂春负担5200元。二审案件受理费3300元,沈庆树承担2500元,胡茂春承担800元。

本判决为终审判决。

■ 案例评析

□ 重点示意图

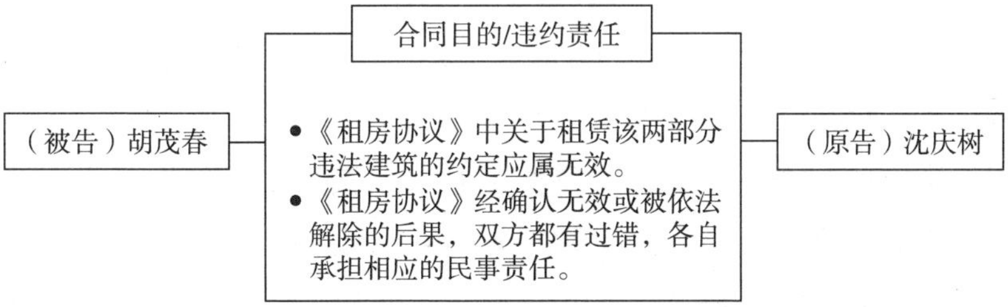

□ 疑难点释析

本案的一审和二审主要围绕两个焦点问题:其一是本租赁合同的效力问题。其二是合同解除之后双方的民事责任问题。

焦点一:合同效力认定。本案中一、二审的判决对涉案合同无效的认定都没有异议。有分歧的就是本合同的无效是部分无效还是全部无效,二审对一审的判决作出了否定。合同的部分无效,是指合同的部分内容无效。其他部分仍然有效,必须具备两个条件:(1)合同内容必须是可分的,即有效部分和无效部分是各自独立,互无依存关系。如果无效部分的条款和有效部分的条款具有不可分性或当事人约定该条款为合同成立和生效的必备条款,那么,该条款无效,必然会使整个合同无效。(2)合同无效部分或者被撤销部分必须不影响其余部分的效力,即二者之间没有直接的、必然的联系,其余部分不含有导致合同部分内容无效或者应撤销的因素。而判断合同的部分无效和全部无效的依据是根本性违约问题。当合同一方当事人构成根本违约时,守约的一方当事人享有法定解除权。合同的解除在解除通知送达违约方时即发生法律效力,解除通知送达时间的拖延只能导致合同解除时间相应后延,而不能改变合同解除的法律后果。当事人没有约定合同解除异议期间,在解除通知送达之日起三个月以后向人民法院起诉的,人民法院不予支持。这里所说的一方违约,另一方有解除合同的权利,但这并不是说,一旦违约都可以解除合同。基于我国《合同法》,对违约行为造成合同不能全部履行,归责原则是无过错原则,并且利用主观标准认定重大违约会带来认定的不确定性,所以在我国对重大违约行为认定中应以无过错为原则,强调客观的标准。根本违约制度的重要意义,主要不在于使债权人在另一方违约的情况下获得解除合同的机会,而在于严格限定解除权的行使,限制一方当事人在对方违约以后滥用解除合同的权利。这一限制是非常有必要的,因为,在许多情况下,合同解除对非违约方是不利的。例如,违约方交货造成迟延,但非违约方愿意接受,不愿退货;或交付的产品有瑕疵,但非违约方希望通过修补后加以利用,这就完全没有必要解除合同。假如在任何违约的情况下都要导致合同的解除,将会使非违约方被迫接受对其不利的后果。所以,如果对违约解除情况在法律上无任何限制,也并不利于保护非违约方的利益。结合本案,本案的标的是租赁合同。《最高人民法院关于审理城镇房屋租赁合同纠纷案件具体应用法律若干问题的解释》第二条,出租人就未取得建设工程规划许可证或者未按照建设工程规划许可证的规定建设的房屋,与承租人订立的租赁合同无效。况且原告的违法建筑部分超过出租房屋总面积的一半以上,且被告沈庆树仅租赁其他部分房屋无法实现从事普浴经营的合同目的,从而导致合同无法继续履行。符合《合同法》第五十二条的规定，故应认定《租房协议》整体无效。

焦点二：合同解除之后双方的民事责任问题。本案中的合同无效和违约责任都涉及双方责任。根据合同法的规定，双方当事人都违约而向对方承担违约责任时，可以相应抵消。双方都违约的情况下，不适用定金罚则。由于双方过错导致合同不履行或者履行不符合约定的，如果仍适用定金罚则，那就等于在自己不履行或者履行不符合约定情况下，仍能取得他人定金。这势必会造成一方在丧失定金的同时，可主张对方双倍返还，另一方在取得对方丧失的定金的同时，又要双倍返还于对方。这显然违反设立定金制度的本意。因此，在双方都违约的情况下，定金应当返还。那么合同解除后其他债权债务如何处理，这个问题比较复杂。一般说来，合同解除后，尚未履行的，应终止履行；已经履行的，根据履行情况和合同性质，当事人可以要求恢复原状、采取其他补救措施，并要求赔偿损失。所谓根据履行情况，是指合同解除之后合同的履行状态，当事人双方的具体情况。所谓根据合同性质，是指什么类型的合同，是买卖合同，还是租赁合同或者服务合同，合同性质不同，其处理方式不同。所谓恢复原状，指恢复到订约前的状态。恢复原状时，原物存在的，应当返还原物，原物不存在的，如果原物是种类物，可以用同一种类物返还。恢复原状还包括：返还财产所产生的孳息；支付一方在财产占有期间为维护该财产所花费的必要费用；因返还财产所支出的必要费用。其他补救措施，包括请求修理、更换、重作、减价、支付违约金、赔偿损失的措施。

解除合同后损害赔偿的范围是什么？根据我国法律规定，合同解除后的损害赔偿范围可以采用以下方式确定：(1)协议解除合同的，当事人在协议中免除了对方损害赔偿责任的，协议生效后，不得再请求赔偿。(2)因不可抗力解除合同，不承担损害赔偿责任。但在不可抗力发生后，应当采取补救措施减少损失扩大而没有采取的，应对扩大的损失承担赔偿责任。(3)解除只向将来发生效力的，违约方应当赔偿另一方因违反合同受到的损失；解除溯及既往的，违约方应当支付受害方因订立合同、准备履行合同和因恢复原状而支出的费用。(4)损害赔偿额应当包括合同履行后可以获得的利益，但不得超过违反合同一方订立合同时预见到或者应当预见到的因违反合同可能造成的损失。

■ 知识点梳理

承租人经出租人同意装修,租赁合同无效时,未形成附合的装饰装修物,出租人同意利用的,可折价归出租人所有;不同意利用的,可由承租人拆除;因拆除造成房屋毁损的,承租人应当恢复原状;已形成附合的装饰装修物,出租人同意利用的,可折价归出租人所有;不同意利用的,由双方各自按照导致合同无效的过错分担现值损失。

PART 08

违约责任

28
Case Study

陈燕贤与广州市富基房地产开发有限公司商品房预售合同纠纷案

违约责任 | 迟延履行

■ 问题提示

1. 双方在合同中约定不对等的违约金赔偿条款，是否可以据此认定显失公平？
2. 本案的违约责任起算时间如何认定？

■ 相关法条

《中华人民共和国合同法》第四十四条［合同的生效］、第六十条［严格履行与诚实信用］、第一百零七条［违约责任］、第一百一十四条［违约金］

《最高人民法院关于民事诉讼证据的若干规定》第八条第二款［举证责任］

■ 近似案例

宁波慈溪农村商业银行股份有限公司诉俞书琴等金融借款合同纠纷案

大庆凯明风电塔筒制造有限公司与华锐风电科技（集团）股份有限公司买卖合同纠纷案

孙银山诉南京欧尚超市有限公司江宁店买卖合同纠纷案

张莉诉北京合力华通汽车服务有限公司买卖合同纠纷案

■ 案情介绍

□ 基本案情

原审法院经审理查明:(1)2013 年 5 月 17 日,陈燕贤与富基房地产开发有限公司(以下简称富基公司)签订《广州市商品房买卖合同(预售)》(以下简称《合同》),订明陈燕贤向富基公司购买广州市海珠区江南大道以东、南华东路以南、宝岗路以北草芳围地段富基广场自编 B1 幢 27 层 × 号房,房价总额 3081547 元;富基公司同意陈燕贤以分期付款方式支付房款;逾期付款的违约责任:如果陈燕贤未能按照本合同第八条约定的期限将各期房款支付至预售款监控账号,富基公司有权要求陈燕贤每日按未支付房价款 0.05% 的标准支付违约金;经富基公司催告,逾期 30 日仍未支付的,富基公司有权解除合同。(2)交房条件:该商品房项目工程竣工验收合格,并取得了建设工程质量监督机构出具的商品房建设项目符合验收管理规定的《建设工程质量监督报告》和规划、公安消防、人防、环保部门出具的认可文件或准许使用文件;满足供水、供气、供电及通邮等必要居住条件,并取得了公共服务单位出具的永久供水、供气、供电、通邮的证明文件;富基公司应当在 2014 年 6 月 30 日前将作为本合同标的物的房屋交付陈燕贤使用。(3)《合同》第十四条:延期交房的违约责任,每逾期交付房屋一日的,富基公司向陈燕贤支付已付房价款万分之零点五的违约金,合同继续履行;如果遇有以下特殊原因,富基公司交房的时间可以相应延期,且双方互不追究责任;富基公司取得施工许可证之日以后,如遇日降雨量达 25 毫米以上(含 25 毫米)或者八级以上(含八级)的强风或者高温达 35 摄氏度以上(含 35 摄氏度)的异常天气;富基公司的施工遭遇异常地质状况;由于政府行为和不能预见、不能避免或者不能控制的事件等原因延期及地铁公司施工地铁通道和风亭等原因延期;除政府行为、不能预见或地铁公司施工等原因外,上述其他原因造成的延期不得超过 180 个工作日,如延期超过 180 个工作日的,从超过该 180 个工作日之次日起至实际交付之日止,每逾期一日,富基公司向陈燕贤支付已付房价款万分之零点五的违约金,合同继续履行。(4)《合同》附件七:本合同补充协议:关于《合同》第十二条交房条件的另行约定:双方同意该商品房的交房条件为:(1)该商品房经建设工程规划验收合格;(2)供水、供电、供煤气及通邮;等等。上述合同签订后,陈燕贤依合同约定付清了房款。双方确认涉案房地产项目于2009年9月16日取得建筑工程施工许可证。

2014年9月22日,陈燕贤向原审法院提起本案诉讼,请求判令:(1)富基公司按合同约定向陈燕贤交付房屋;(2)富基公司向陈燕贤支付延期交房违约金(从2014年7月1日起计算至商品房交付使用之日止);(3)诉讼费由富基公司承担。

富基公司为证明其符合合同约定的免责条件提供了如下证据:(1)广东省建筑工程集团有限公司向富基公司发出的《关于工期顺延的函》,载明经其公司统计并向广东省气象局证实,在施工期间,仅异常天气一项影响施工工期累计达175天;等等。(2)广东省气象台向广东省建筑工程集团有限公司出具的气象资料,载明:根据需要,现向贵司提供广州市气象观测站2009年9月至2014年5月其中24个月的逐日最高气温和降雨量实测资料;经统计,测得日最高气温≥35摄氏度的天数为82天;测得日降雨量≥25毫米的天数为93天;两者合共175天,其中有2天同时出现日最高气温≥35摄氏度和日降雨量≥25毫米。

陈燕贤质证意见如下:《关于工期顺延的函》的真实性无法确认,且该函是由广东省建筑工程集团有限公司发给富基公司,和本案没有关联性;对气象资料的真实性、合法性没有异议,关联性有异议,对气象资料证明的相应期间内的异常天气事实予以确认,但富基公司不能以异常天气为由顺延交楼,且根据气象局的资料从2009年9月16日至2014年5月31日总共有165天是异常天气。经原审法院统计,根据富基公司提供的气象资料,涉案合同签订之日至2014年6月30日共有41天存在异常天气。

原审诉讼中,富基公司还陈述了如下意见:涉案房屋所在楼宇尚未取得竣工验收备案表,也未经建设工程规划验收合格;合同约定的交楼条件还没有具备,但是具备使用条件,现在已供水、供电、供煤气,还未通邮。

□ 裁判过程

原审法院认为:陈燕贤、富基公司签订的《合同》是双方当事人的真实意思表示,没有违反法律、行政法规的强制性规定,是合法有效的合同,对双方均有约束力。

根据《合同》约定,富基公司应当在2014年6月30日前将符合约定条件的商品房交付给陈燕贤使用。上述合同还约定,富基公司取得施工许可证之日以后,如遇日降雨量达25毫米以上(含25毫米)或者八级以上(含八级)的强风或者高温达35摄氏度以上(含35摄氏度)的异常天气,富基公司可以顺延交房期限。根据富基公司提供的气象资料,双方签订合同之日至2014年6月30日存在合同约定的异常天气的天数为41天。富基公司至今未向陈燕贤交房已构成违约,应承担违约责任。

因涉案房屋尚未取得竣工验收备案表,也未经建设工程规划验收合格,并未达到法定的最低交楼标准,故陈燕贤现在要求富基公司交付房屋依据不足,不予支持。陈燕贤要求富基公司支付迟延交房违约金,合法合理,予以支持。根据合同约定,存在合同约定的异常天气时富基公司交房的时间可以相应延期,富基公司无须承担违约责任,故迟延交房违约金应从2014年8月11日起计至房屋交付使用之日止。对于陈燕贤要求的相应天数的迟延交房违约金,不予支持。富基公司主张本案合同签订之前的异常天气也应作为免责的依据,该意见无理,不予采纳。因涉案房屋尚未交付,房屋何时交付无法确定,故本案迟延交房违约金计算至判决生效之日止为宜。

关于迟延交房违约金标准的问题。《合同》约定,陈燕贤延期支付房款,每日须按未支付房价款0.05%的标准支付违约金给富基公司,而富基公司延期交房,每日只需支付房价款万分之零点五的违约金,双方的违约责任明显不对等,不符合权利义务相一致的原则,故陈燕贤请求将迟延交房违约金调整为每日按房价款的万分之二计算,合法合理,予以支持。

原审法院根据《合同法》第四十四条第一款、第六十条第一款、第一百零七条、第一百一十四条第二款以及《最高人民法院关于民事诉讼证据的若干规定》第八条第二款的规定,于2014年12月12日作出判决:(1)广州市富基房地产开发有限公司在判决生效之日起10日内向陈燕贤支付迟延交房违约金(从2014年8月11日起计至判决生效之日止,每日按3081547元的万分之二的标准计算)。(2)驳回陈燕贤的其他诉讼请求。案件受理费412元,由广州市富基房地产开发有限公司负担。

■ 案例评析

□ 重点示意图

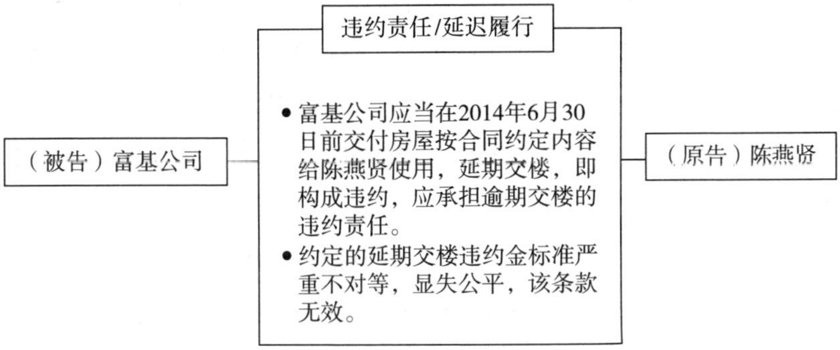

□ 疑难点释析

本案中的争议焦点有两个,焦点一是双方签订的合同违约日期的起算点。首先,双方合同中约定,存在合同约定的异常天气时富基公司交房的时间可以相应延期,但将异常天气的起算点计算到施工许可证拿到之日起,显然不合理,法院故而判决应从合同签订之日起算。其次,原告在合同中承诺于 2014 年 6 月 30 日前交楼,该交楼时间为买卖双方正常预期。买卖双方所签订的《合同》中虽约定如遇有特殊原因,富基公司交房时间可以相应延期的情况,依据富基公司提交的气象资料,原审法院认定在本案合同履行期限内共有 41 天合同约定的异常天气,依约扣除该 41 天作为富基公司交楼时间,起计富基公司应承担逾期交楼的违约责任,是合乎诚实信用原则的。

焦点二是关于双方约定的迟延履行和迟延履行违约金。首先,毫无疑问,富基公司在约定的交房日无法交付房屋构成了延迟履行合同。在司法实践中,延迟履行合同分为给付延迟、受领延迟、瑕疵给付和加害给付这四种。其中给付延迟的法律后果体现在支付违约金或赔偿因迟延偿付而给债权人造成的损失,若迟延给付造成债权人丧失履行利益的,债权人可依《合同法》第九十四条规定解除合同,请求赔偿损失。本案属于典型的给付迟延,即债务人在履行期限到来后,能够履行而无正当理由未能按期履行的行为。其构成要件为：须有合法债务存在；履行须可能；未按期履行；迟延履行无正当理由。给付迟延依法应承担如下法律后果：(1)支付违约金或赔偿因迟延偿付而给债权人造成的损失，若迟延给付造成债权人丧失履行利益的，债权人可依《合同法》第九十四条规定解除合同，请求赔偿损失；(2)对在迟延期间因不可抗力造成标的物毁损丢失的，债务人依法承担履行不能的责任，并不得以不可抗力为由主张免责。但根据诚实信用原则，若债务人能够证明即使其不迟延给付也会发生标的物毁损丢失的，则可免责；(3)符合《合同法》第六十三条规定的情况，承担交易价格风险责任。所以原告富基公司要承担迟延履行的违约责任。

其次，关于迟延履行违约金。富基公司与陈燕贤所签订的《合同》中约定，陈燕贤延期支付房款则每日按未支付房价款的万分之五的标准支付违约金给富基公司，此与富基公司延期交房则每日按已付房价款万分之零点五的标准支付违约金不对等，双方签订的违约金规则违背了显失公平的原则，根据《最高人民法院关于贯彻执行〈中华人民共和国民法通则〉若干问题的意见》(以下简称《民通意见》)第七十二条[1]关于“一方利用优势或者利用对方没有经验，致使双方的权利义务明显违反公平、等价有偿原则的，可以认定为显失公平”的规定，认定显失公平可以从以下两个方面进行考察：一是考察合同对一方当事人是否明显不公平。二是要考察合同订立中一方是否故意利用其优势或者对方轻率、没有经验。所谓利用优势，是指一方利用其在经济上或其他方面的优势地位，使对方难以拒绝对其明显不利的合同条件；所谓没有经验，是指欠缺一般生活经验或者交易经验。显失公平的合同中，利益受损的一方往往因为无经验，或对合同的相关内容缺乏正确认识的能力，或者因为某种急迫的情况，并非出于真正的自愿而接受了对方提出的合同条件。对于显失公平一般以给付与对待给付极不相称为其显著表征，就意思自治角度而言，客观上表现出来的“显失公平”往往与主观上的意思表示瑕疵难以割裂，否则诸如赠与、遗赠等法律关系将难以得到合理解释，合同被认定存在瑕疵的概率也会加大，可能损害到当事人的意思自治。有鉴于此，《民法总则》在综合《合同法》对该类行为效力的规定以及《民通意见》第 70 条、第 72 条的规定后，最终形成

---

〔1〕 已被《民法总则》修改。

了将“乘人之危”“显失公平”合二为一地规定为《民法总则》第一百五十一条：一方利用对方处于危困状态、缺乏判断能力等情形，致使民事法律行为成立时显失公平的，受损害方有权请求人民法院或者仲裁机构予以撤销。

具体来看，考察合同对一方当事人是否明显不公平。根据《民法总则》和《合同法》的有关规定，签订合同作为一种双方的民事法律行为，应贯彻公平原则。公平原则的实质在于均衡合同双方当事人的利益。因此，对合同显失公平的认定应结合双方当事人权利义务是否对等、一方获得的利益或另一方所受损失是否违背法律或者交易习惯等方面综合衡量。考察合同订立中一方是否故意利用其优势或者对方轻率、没有经验。本案中，富基公司在签约时是占有一定的优势的，其作为专业从事房地产业务的公司比单个买受人更有行业经验，而合同的订立需要体现双方当事人意思自治的原则，该合同一旦成立，即应对双方当事人产生法律约束力。但随着合同的订立、履行，特别是迟延交付发生后，富基公司的优势地位更加明显，合同双方实际的履行中处于不平等的地位。

总之，合同的显失公平，是指合同一方当事人利用自身优势，或者利用对方没有经验等情形，在与对方签订合同中设定明显对自己一方有利的条款，致使双方基于合同的权利义务和客观利益严重失衡，明显违反公平原则。但如果双方签订的合同中设定了某些看似对一方明显不利的条款，但设立该条款是双方当事人真实的意思表示，其实质恰恰在于衡平双方的权利义务。在此情形下，合同一方当事人以显失公平为由请求撤销该合同条款的，法院不应予以支持。

■ 知识点梳理

一方利用对方处于危困状态、缺乏判断能力等情形，致使民事法律行为成立时显失公平，受损害方有权请求人民法院或者仲裁机构予以撤销。延迟履行合同分为给付延迟、受领延迟、瑕疵给付和加害给付这四种。其中给付延迟的法律后果体现在支付违约金或赔偿因迟延偿付而给债权人造成的损失，若迟延给付造成债权人丧失履行利益的，债权人可依《合同法》第九十四条规定解除合同，请求赔偿损失。

29
Case Study

王荣明诉芜湖永捷房地产开发有限公司商品房买卖合同案

违约责任 | 承担方式

问题提示

在合同违约中若违约金请求可能得不到支持，是否可以选择“恢复原状、赔偿损失”？

相关法条

《中华人民共和国合同法》第六十一条[合同约定不明的补救]、第六十二条[合同约定不明时的履行]、第一百零七条[违约责任]、第一百一十条[非金钱债务的违约责任]、第一百一十四条[违约金]

近似案例

湖北德有贸易有限公司诉湖北世纪雅瑞纸业股份有限公司买卖合同纠纷案

靳晓军诉张北天保嘉奥文化旅游发展有限公司合同纠纷案

淄博槟榔商贸有限公司诉林季华等买卖合同纠纷案

周明明诉安徽安兴杰成房地产开发有限公司商品房销售合同纠纷案

案情介绍

□ 基本案情

原告王荣明诉称：原告于2007年与被告永捷房地产开发有限公司（以下简称

永捷公司)签订商品房买卖合同,在被告预售过程中,对小区出入通道的位置、进户门内开、垃圾采集点等进行了明确标识。但在交付房屋时,被告违反约定将进户门改为外开,其他相关设施如规划中居委会用房、北回车通道、北回车场门卫室、公共厕所未建,商铺北车行通道、商业铺面、商铺通道、地下停车库未交付使用,垃圾采集点未建在规划的地点,上述违约行为改变了原告方所购房屋部分结构及周围环境,使该房屋的整体使用功能部分丧失、价值贬低、存在一定安全隐患。现要求被告:(1)赔偿原告违约损失3352.50元(2007年9月30日至2007年12月15日按购房款的日万分之二点一计算)并承担自2007年12月15日起至实际履行下列请求第2项全部内容之日止的违约责任(按购房款日万分之二点一计算);(2)继续履行合同义务。具体为:第一,进户门改回内开;第二,继续履行合同,包含:①依约设立垃圾采集点;②地下车库、北车行通道、北回车场、商业铺面通行车道、商业铺面、居委会用房、公共厕所、门卫,其中第②项系逾期交付。

被告永捷公司辩称:对于原告所起诉的第二个诉讼请求中第2项的内容不存在,被告已全部或正在履行过程中;当时将进户门外开,没有告知用户是事实,但在交房后短时间内已向各位购房户发出通知,告知他们到指定地点登记,由其在承诺期限内将进户门改为内开,并本着诚信的原则赔偿因此项更改给购房户所造成的实际损失;原告方按日万分之二点一计算赔偿标的没有法律依据,双方并没有约定计算标准。

□ 裁判过程

安徽省芜湖市弋江区人民法院经公开审理查明:2007年3月6日,原告王荣明及张宝珍与被告永捷公司签订了《商品房买卖合同》,购买由被告永捷公司开发的“江城国际(瑞虹苑)”项目内商品房各一套,双方就相关商品房位置、价款、面积、交付期限、逾期交付价款及商品房的违约责任、与商品房相关的基础设施、公共配套建设、权证办理作出具体约定,另合同附件三份,其中附件一为原告方所购房屋户型平面图,附件二为装饰、设备标准具体项目,附件三为补充协议(合同未尽事项,双方另签补充协议,但双方没有另行签订)。2007年9月30日被告永捷公司将经验收合格的商品房交付给原告,原告方收受所购商品房后发现被告单方将合同附件一上标识的进户门内开更改为外开,且在入住后发现相邻两户在开关门时可能给（在门的开关范围内）有关人员造成人身和财产安全隐患。经与被告永捷公司交涉，被告永捷公司于2007年10月22日制定格式告知书，注明“为方便业主实际生活……在预约登记之日起1月之内，委托专业公司将进户门改装为向内开启。如放弃或不同意改装，今后发生一切问题均由业主自行负责”，但该告知书送达时原告本人没有签收，且进户门至今未进行改装。此后原告方根据被告方在出售房屋时作为宣传的“江城国际一瑞虹苑”平面图，认为被告方将通向学校的大门（实为原告读图理解错误，该大门实际不存在）和朝南的主通道取消，未在约定的地点设立垃圾采集点，地下停车库、北车行通道、北回车场、商业铺面通行车道、商业铺面、居委会用房、公共厕所、门卫（应为门卫工作场所）等均未实际投入使用，从而因周围环境的改变使原告方所购房屋整体使用功能部分丧失、价值贬低。为此双方曾数次交涉未果，原告方遂于2008年2月29日诉诸法院要求判如所请。

庭审中，合议庭针对原告方第一项诉讼请求进行释明：若违约金请求可能得不到支持，是否选择“恢复原状、赔偿损失”的单项请求，原告方明确表示不同意该选择，坚持要求被告方承担违约金责任，同时要求被告方将进户门更改为内开。

本案审理过程中，针对原告方第二项诉讼请求所列各设施实际投入使用情况进行了实地勘查：垃圾采集点确已设立，但不在原平面图标识的位置；地下车库业已交付物业管理公司，仅因入住使用率原因而部分开放；其余公共、基础设施均为在建或已建未实际投入使用。庭审中被告承诺于2008年年底全部实际投入使用。

另王荣明在与被告签订的《商品房买卖合同》中，张宝珍系合同当事人之一，在本案诉讼过程中，考虑到节约诉讼成本及便于处理相关事务，且讼争标的为合同权利而非物权，故由原告一人作为代表其他买受人参加诉讼，张宝珍出具了相关书面承诺说明材料：由原告王荣明一人作为原告参加诉讼，其愿承担全部诉讼后果。经审查该承诺符合“当事人诉权自治”原则，且未侵害他人合法权益，法院决定予以准许。法院将上述情况告知被告，被告表示没有异议。

原告王荣明提交证据如下：（1）身份证复印件，证明原告的身份情况及主体资格；（2）《商品房买卖合同》复印件（不包括附件三）一份，证明双方权利义务的约定，第7条第（2）项中约定逾期交付违约金为房价款的万分之二；（3）照片复印件一组，证明被告以总平面图的形式对附属及公共设施（北回车场、居委会用房、门卫、北车行通道出入口、商铺出入口、公共厕所、垃圾采集点)作了具体的承诺,应视为合同的一部分;(4)照片(进户门)一组,证明进户门外开对原告的人身和财产安全等存在隐患;(5)照片四张,证明因被告将进户门外开,原告及其他情况相同的购房业主曾向被告提出过异议;(6)照片复印件一张,证明地下停车场至今不能使用,给原告的生活带来很多不便。

被告永捷公司提交证据如下:(1)企业法人营业执照复印件一份,证明被告的主体资格;(2)项目竣工验收备案证(复印件)一份,证明被告交付的商品房已通过综合验收,已具备交房条件;(3)交房流转表、交房验收交接表各一份,证明被告已履行交房义务,原告已对房屋验收并对房屋完成了接收手续;(4)告知书(复印件)一组,证明被告告知业主对进户门改造进行登记;(5)挂号清单(复印件)一组,证明被告已将告知书送交原告及其他情况相同的购房业主;(6)总平面图(复印件)一份,证明平面图上所有朝南的主通道都没有取消。

安徽省芜湖市弋江区人民法院根据上述事实和证据认为:原告王荣明与被告永捷公司于2007年3月6日签订的《商品房买卖合同》,系双方当事人真实意思表示,经审查其形式和内容合法,应为有效的民事行为,对双方当事人具有法律拘束力。被告永捷公司在销售商品房过程中作为宣传的“江城国际一瑞虹苑”平面图标识,应系商品房销售广告或宣传资料,因该平面图对所出售的商品房整体效果及相关设施作出了具体说明和允诺,对原告方购买该商品房的确定具有重大影响,根据法律规定,应视为合同内容,对双方当事人也具有法律拘束力。

被告永捷公司在经有关部门验收合格后,将验收合格的商品房交付给原告方,原告方签署了《房屋验收交接表》,但该交接手续中仅含有电、水、煤气读数及相关钥匙的交接,其他情况均没有双方明确意见,即为空白。原告方入住后,发现原先约定的进户门内开被被告永捷公司更改为外向开启,相邻两户在开关门时可能给(在门的开关范围内)有关人员造成人身和财产安全隐患,应认定被告方未全面履行合同约定的义务,属违约行为。原告方借此要求被告永捷公司将进户门由现在的外开更改为向内开启,其请求应予支持,由此造成的实际损失依法应由违约方,即被告永捷公司承担。但该违约行为在合同中没有明确约定违约责任承担方式,应根据我国《合同法》相关规定予以确定,法律没有明确规定的,应由双方当事人协商,协商一致的以该协商意见处理,若协商不一致,则应根据合同的有关条款及交易惯例进行处理:受损害方(原告方)应依法“根据标的的性质及损失的大小,可以合理选择请求修理、更换”。但在本案中,原告方要求参照双方合同中约定的“房屋迟延交付违约金计算方式”给付违约金,因该违约行为非为根本违约(致合同目的不能实现),故参照该约定显然与法不符,且经庭审中当庭释明(可以选择将进户门改回内开,所造成的所有损失由被告方负担)后,原告方仍坚持要求参照该约定要求被告方承担违约金,故应当驳回原告方此项诉讼请求。对原告方要求被告将进户门内开的请求符合法律规定,可予支持。由此造成的相关损失,被告永捷公司表示愿意负担。但鉴于原告并未选择损害赔偿权利的主张,限于当事人诉权自治原则,对此不宜在本案中处理。另被告永捷公司抗辩认为其公司已于2007年10月22日所发出的更改进户门告知书,原告没有选择更改,故应认定其单位已履行告知义务,对此法院认为因被告永捷公司没有证据证明该告知书已实际送达原告,且被告永捷公司在告知书中所设“如放弃或不同意改装,今后发生一切问题均由业主自行负责”义务,系单方行为,于法无据,故对此抗辩不予采信。

对原告王荣明关于继续履行合同的诉讼请求,法院认为,经审理查明:垃圾采集点确已设立,但不在原平面图标示的位置;地下车库业已交付物业管理公司,仅因入住使用率原因而部分开放;其余公共、基础设施均为在建或已建未实际投入使用。庭审中被告承诺于2008年年底全部实际投入使用,因上述各基础或公共设施均在“江城国际—瑞虹苑”平面图标示予以明示,但未注明实际交付使用期限,且合同中也未有约定,故应参照双方合同有关条款和根据交易习惯及日常生活经验法则推定:垃圾采集点的更改,被告负有说明的义务,即系相关规划要求或方便全体业主生活所为,在本案审理中,被告未针对上述情况举证证明,应承担举证不能责任,即应视为违约,但双方当事人在合同中没有约定此项违约的责任承担方式,具体损失主张方未举证证明,考虑该垃圾采购点也实际更改且也被综合验收,要求被告按照原合同约定地点履行也不可能,故针对该项请求法院不宜支持;地下车库的实际使用情况,因被告方已实际交付物业管理公司,仅因使用率原因而未全部开通,故应由业主委员会或业主与物业管理公司交涉,属物业管理服务合同关系,在本案中不宜处理;商业铺面的交付涉及该铺面买受人与出卖人之间的合同约定,即涉及他人合法权益的行使,根据“民事权利不得滥用”原则而不宜在本案中作出规定;其余基础、公共设施——北车行通道、北回车场、商业铺面通行车道、居委会用房、公共厕所、门卫(应为门卫工作场所),对于这些小区设施交付时间,合同中并没有约定交付期限,被告方承诺于2008年年底交付使用,也没有法律规定或合同约定依据,故可以推定为全部小区房屋竣工交付时一并交付使用,庭审中双方当事人均没有举证证明该小区房屋业已全部竣工交付,根据相关法律规定“履行期限不明确的,当事人可随时要求履行,但应当给对方必要的准备时间”,现原告方要求被告继续履行,应予支持,具体履行期间法院酌定为于本判决生效后3个月内予以实际交付使用。

安徽省芜湖市弋江区人民法院根据《民法通则》第一百零六条第一款、第一百一十一条、第一百一十二条第一款,《合同法》第六十条、第六十一条、第六十二条第一款第(四)项、第一百零七条、第一百一十二条、第一百一十三条第一款,参照《最高人民法院关于审理商品房买卖合同纠纷案件适用法律问题的解释》第三条之规定,判决如下:(1)被告永捷公司在本判决生效后1个月内将原告王荣明所购商品房进户门更改为向内开启;(2)被告芜湖永捷房地产开发有限公司于本判决生效后3个月内将“江城国际一瑞虹苑”内相关基础、公共设施:北车行通道、北回车场、商业铺面通行车道、居委会用房、公共厕所、门卫工作场所实际交付使用;(3)驳回原告其余诉讼请求。

■ 案例评析

□ 重点示意图

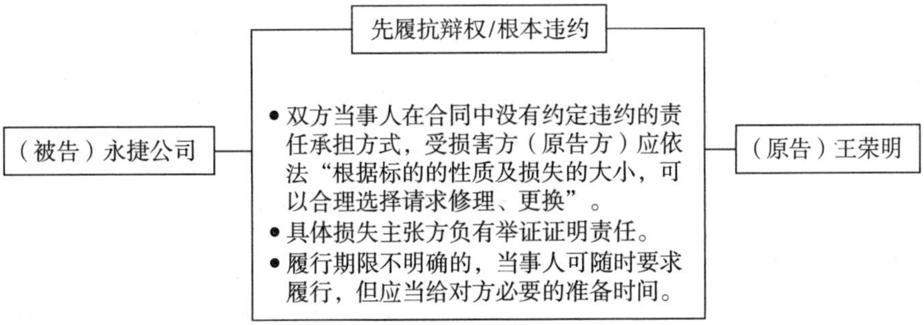

□ 疑难点释析

本案争议焦点是:开发商违反合同约定交房但不构成根本违约,其造成购房者实际损失的是否应当承担违约责任?诚实守信是市场经济活动的一项基本原则。《民法总则》第六条规定,民事主体从事民事活动,应当遵循公平原则,合理确定各方的权利和义务。第七条规定,民事主体从事民事活动,应当遵循诚信原则,秉持诚实,恪守承诺。第一百七十六条规定,民事主体依照法律规定和当事人约定,履行民事义务,承担民事责任。《合同法》第五条规定,当事人应当遵循公平原则确定各方的权利和义务。第六十条规定,当事人应当按照约定全面履行自己的义务。当事人应当遵循诚实信用原则,根据合同的性质、目的和交易习惯履行通知、协助、保密等义务。第一百八十条第一款规定,因不可抗力不能履行民事义务的,不承担民事责任。法律另有规定的,依照其规定。《民法通则》第一百一十四条规定,当事人可以约定一方违约时应当根据违约情况向对方支付一定数额的违约金,也可以约定因违约产生的损失赔偿额的计算方法。本案中,涉案商品房最后通过了竣工验收,房屋质量也是合格的,并且开发商违约部分实际影响购房人接收商品房后对房屋的占有、使用、收益和处分权利非常有限,即购房人实际上损失不大。但是,作为开发商采取部分违约的方式交付房屋,侵犯了购房人的权益。法院依法判决开发商承继续履行的违约责任,但不能解除合同。如此既可以维护买房人的合法权益,又可以给开发商以警示,有利于促进开发商增强法治意识,遵守市场经济规则,在全社会弘扬诚信原则,减少纷争的产生。因此,法院判决开发商部分违约,继续履行的责任比较合理。

对于违约责任的形式,即承担违约责任的具体方式。《合同法》第一百零七条作了明文规定:当事人一方不履行合同义务或者履行合同义务不符合约定的,应当承担继续履行、采取补救措施或者赔偿损失等违约责任。据此,违约责任有三种基本形式,即继续履行、采取补救措施和赔偿损失。当然,除此之外,违约责任还有其他形式,如违约金和定金责任。

首先,来看在违约责任中的继续履行。继续履行也称强制实际履行,是指违约方根据对方当事人的请求继续履行合同规定的义务的违约责任形式。其特征为:(1)继续履行是一种独立的违约责任形式,不同于一般意义上的合同履行。具体表现在:继续履行以违约为前提;继续履行体现了法的强制;继续履行不依附予其他责任形式。(2)继续履行的内容表现为按合同约定的标的履行义务,这一点与一般履行并无不同。(3)继续履行以对方当事人(守约方)请求为条件,法院不得径行判决。继续履行的适用,因债务性质的不同而不同:金钱债务:无条件适用继续履行。金钱债务只存在迟延履行,不存在履行不能,因此,应无条件适用继续履行的责任形式。非金钱债务:有条件适用继续履行。对非金钱债务,原则上可以请求继续履行,但下列情形除外:(1)法律上或者事实上不能履行(履行不能);(2)债务的标的不适用强制履行或者强制履行费用过高;(3)债权人在合理期限内未请求履行(如季节性物品之供应)。

其次,对于采取补救措施:采取补救措施作为一种独立的违约责任形式,是指矫正合同不适当履行(质量不合格)、使履行缺陷得以消除的具体措施。这种责任形式,与继续履行(解决不履行问题)和赔偿损失具有互补性。关于采取补救措施的具体方式,我国相关法律作了如下规定:(1)《合同法》第一百一十一条规定:修理、更换、重作、退货、减少价款或者报酬等;(2)《中华人民共和国消费者权益保护法》(以下简称《消费者权益保护法》)第五十二条规定:修理、重作、更换、退货、补足商品数量、退还货款和服务费用、赔偿损失;(3)《产品质量法》第四十条规定:修理、更换、退货、赔偿损失。在采取补救措施的适用上,应注意以下几点:(1)采取补救措施的适用以合同对质量不合格的违约责任没有约定或者约定不明确,而依《合同法》第六十一条仍不能确定违约责任为前提。换言之,对于不适当履行的违约责任形式,当事人有约定者应依其约定;没有约定或约定不明者,首先应按照《合同法》第六十一条规定确定违约责任;没有约定或约定不明又不能按照合同法第六十一条规定确定违约责任的,才适用这些补救措施。(2)应以标的物的性质和损失大小为依据,确定与之相适应的补救方式。(3)受害方对补救措施享有选择权,但选定的方式应当合理。最后一种方式赔偿损失:在合同法上也称违约损害赔偿,是指违约方以支付金钱的方式弥补受害方因违约行为所减少的财产或者所丧失的利益的责任形式。

再次,赔偿损失具有如下特点:(1)赔偿损失是最重要的违约责任形式。赔偿损失具有根本救济功能,任何其他责任形式都可以转化为损害赔偿。(2)赔偿损失是以支付金钱的方式弥补损失。金钱为一般等价物,任何损失一般都可以转化为金钱,因此,赔偿损失主要指金钱赔偿。但在特殊情况下,也可以以其他物代替金钱作为赔偿。(3)赔偿损失是由违约方赔偿守约方因违约所遭受的损失。首先,赔偿损失是对违约行为所造成的损失的赔偿,与违约行为无关的损失不在赔偿之列。其次,赔偿损失是对守约方所遭受损失的一种补偿,而不是对违约行为的惩罚。(4)赔偿损失责任具有一定的任意性。违约赔偿的范围和数额,可由当事人约定。当事人既可以约定违约金的数额,也可以约定损害赔偿的计算方法。赔偿损失的确定方式有两种:法定损害赔偿和约定损害赔偿。法定损害赔偿是指由法律规定的,由违约方对守约方因其违约行为而对守约方遭受的损失承担的赔偿责任。

根据《合同法》的规定,法定损害赔偿应遵循以下原则:(1)完全赔偿原则。违约方对于守约方因违约所遭受的全部损失承担的赔偿责任。具体包括:直接损失与间接损失;积极损失与消极损失(可得利益损失)。《合同法》第一百一十三条规定,损失"包括合同履行后可以获得的利益",可见其赔偿范围包括现有财产损失和可得利益损失。前者主要表现为标的物灭失、为准备履行合同而支出的费用、停工损失、为减少违约损失而支出的费用、诉讼费用等。后者是指在合同适当履行后可以实现和取得的财产利益。(2)合理预见规则。违约损害赔偿的范围以违约方在订立合同时预见到或者应当预见到的损失为限。合理预见规则是限制法定违约损害赔偿范围的一项重要规则,其理论基础是意思自治原则和公平原则。对此应把握以下几点:①合理预见规则是限制包括现实财产损失和可得利益损失的损失赔偿总额的规则,不仅用以限制可得利益损失的赔偿;②合理预见规则不适用于约定损害赔偿;③是否预见到或者应当预见到可能的损失,应当根据订立合同时的事实或者情况加以判断。(3)减轻损失规则。一方违约后,另一方应当及时采取合理措施防止损失的扩大;否则,不得就扩大的损失要求赔偿。其特点是:一方违约导致了损失的发生;相对方未采取适当措施防止损失的扩大,造成了损失的扩大。约定损害赔偿。约定损害赔偿,是指当事人在订立合同时,预先约定一方违约时应当向对方支付一定数额的赔偿金或约定损害赔偿额的计算方法。它具有预定性(缔约时确定)、从属性(以主合同的有效成立为前提)、附条件性(以损失的发生为条件)。

最后,关于违约金:是指当事人一方违反合同时应当向对方支付的一定数量的金钱或财物。依不同标准,违约金可分为:(1)法定违约金和约定违约金;(2)惩罚性违约金和补偿性(赔偿性)违约金。《合同法》施行之前,我国的违约金制度兼容以上各种形态,《合同法》则作了新的规定。根据现行合同法的规定,违约金具有以下法律特征:是在合同中预先约定的(合同条款之一),是一方违约时向对方支付的一定数额的金钱(定额损害赔偿金),是对承担赔偿责任的一种约定(不同于一般合同义务)。违约金是对损害赔偿额的预先约定,既可能高于实际损失,也可能低于实际损失,违约金畸高和畸低均会导致不公平结果。为此,各国法律规定法官对违约金具有变更权,我国《合同法》第一百一十四条第二款也作了规定。其特点是:以约定违约金"低于造成的损失"或"过分高于造成的损失"为条件;经当事人请求;由法院或仲裁机构裁量;"予以增加"或"予以适当减少"。关于违约金的增加,《最高人民法院关于适用〈中华人民共和国合同法〉若干问题的解释(二)》第二十八条还规定,当事人依照《合同法》第一百一十四条第二款的规定,请求人民法院增加违约金的,增加后的违约金数额以不超过实际损失额为限。增加违约金以后,当事人又请求对方赔偿损失的,人民法院不予支持。关于违约金的减少,该解释第二十九条还规定,当事人主张约定的违约金过高请求予以适当减少的,人民法院应当以实际损失为基础,兼顾合同的履行情况、当事人的过错程度以及预期利益等综合因素,根据公平原则和诚实信用原则予以衡量,并作出裁决。当事人约定的违约金超过造成损失的30%的,一般可以认定为《合同法》第一百一十四条第二款规定的"过分高于造成的损失"。

■ 知识点梳理

违约行为在合同中没有明确约定违约责任承担方式,应根据我国《合同法》相关规定予以确定,法律没有明确规定的,应由双方当事人协商,协商一致的以该协商意见处理,若协商不一致,则应根据合同的有关条款及交易惯例进行处理:受损害方应依法"根据标的的性质及损失的大小,可以合理选择请求修理、更换"。

30
Case Study

徐蕾诉北京中汇信元置地房地产经纪有限公司财产所有权纠纷案

定金押金 | 合同解释

问题提示

1. 押金法律关系与定金法律关系是否有区别？如果有，区别在哪里？
2. 对本案的终止协议中“双方再无任何房屋租赁关系及经济关系”这一条款，应当如何理解？
3. 中汇房产公司有无退还押金的义务？

相关法条

《中华人民共和国合同法》第四十一条［格式合同的解释］、第一百一十五条［定金］、第一百二十五条［合同解释］

近似案例

汤龙、刘新龙、马忠太、王洪刚诉新疆鄂尔多斯彦海房地产开发有限公司商品房买卖合同纠纷案

朱俊芳与山西嘉和泰房地产开发有限公司商品房买卖合同纠纷案

张俭华、徐海英诉启东市取生置业有限公司房屋买卖合同纠纷案

徐州市路保交通设施制造有限公司与徐州市华建房地产开发有限公司、第三人尤安庆房屋买卖合同纠纷案

■ 案情介绍

□ 基本案情

原告诉称:因原告承租被告的房屋,被告向原告收取了押金。双方之间的房屋租赁合同解除后,被告不按约定在一个月内退还押金。请求判令被告返还属于原告所有的押金1600元。

被告辩称:双方签订的解除协议上明确约定:自签字之日起,原告与被告之间再无任何房屋租赁关系及经济关系。原告在签字之后要求返还押金,违反了双方的这一约定,故不同意其诉讼请求。

北京市海淀区人民法院经审理查明:原告徐蕾通过签订北京市房屋租赁承租合同,在北京市海淀区知春东里承租了被告中汇信元置地房地产经纪有限公司(以下简称中汇房产公司)所有的一居室楼房一套,租期自2003年10月8日至2004年10月7日,月租金为1600元。承租合同第三条第三款约定:甲方(徐蕾)应向乙方(中汇房产公司)支付1600元押金;在合同期满后一个月内,乙方应在甲方结清承租期间使用的水、电、煤气、有线电视等费用后,将押金退还给甲方。附件5约定:如甲方中途解除合同,需提前一个月通知乙方,不视作违约,否则视作违约。根据承租合同,徐蕾将1600元押金交付给中汇房产公司。2003年12月5日,徐蕾向中汇房产公司申请退租。2004年1月7日,双方清点了租赁房屋内的物品,填写了物品交割单。同日,徐蕾与中汇房产公司还签订了终止协议一份,约定:自该协议签字之日起,双方再无任何房屋租赁关系及经济关系。

上述事实,有双方当事人的陈述、北京市房屋租赁承租合同、退租申请、物品交割单、终止协议等证据证实。

□ 裁判过程

北京市海淀区人民法院认为:《合同法》第六十条第一款规定:"当事人应当按照约定全面履行自己的义务。"原告徐蕾与被告中汇房产公司签订的房屋租赁合同及终止协议,是双方当事人的真实意思表示,不违反法律规定,合法有效,双方当事人均应按上述协议履行。在终止协议上,双方已明确约定:自签字之日起,双方再无任何房屋租赁关系及经济关系。徐蕾在签署该协议后,又请求中汇房产公司退还其房屋押金,没有事实根据和法律依据,不予支持。据此,北京市海淀区人民法院于2004年12月20日判决:驳回原告徐蕾要求被告中汇房产公司退还押金1600元的诉讼请求。

案件受理费74元,由原告徐蕾负担。

宣判后,徐蕾不服,向北京市第一中级人民法院提出上诉。理由是:关于本案事实。(1)在双方签订的终止协议上,没有就押金问题作出过约定;被上诉人出具的押金收据,还在上诉人手中;被上诉人从未表示过押金已经返还或者不还,上诉人也从未表示过放弃押金权利;(2)押金法律关系不等于经济关系,说双方之间再无经济关系,不等于说不存在押金法律关系;(3)终止协议是2004年1月7日签署的,直至同年1月14日,被上诉人还在要求上诉人交清租赁期间未交的水电费。上诉人交清此项费用后,被上诉人给上诉人出具了收据。这说明,终止协议上"再无经济关系"一句话,根本不包括在终止协议成立前就已经存在的应交或者应退的经济关系。因此,上诉人要求退还押金时,被上诉人以此拒绝,理由不能成立。一审在缺乏其他证据印证的情况下,仅凭终止协议上这句话,就认定双方当事人之间的押金法律关系不存在了,是认定事实不清。

关于法律适用:(1)《最高人民法院关于民事诉讼证据的若干规定》第六十六条规定:"审判人员对案件的全部证据,应当从各证据与案件事实的关联程度、各证据之间的联系等方面进行综合审查判断。"在上诉人提起的返还押金诉讼中,上诉人提交了押金收据的原件,而被上诉人没有提交其已经返还押金或者上诉人已经表示放弃押金权利的证据。在此情况下,一审认定"再无经济关系"包括了押金关系,以此驳回上诉人的诉讼请求,实属认定证据违法。(2)1600元是房屋租赁合同的押金,其所有权必然始终属于上诉人,被上诉人只是在房屋租赁关系存续期间暂时对该款行使占有权,该款的所有权并没有转移。《合同法》第九十八条规定:"合同的权利义务终止,不影响合同中结算和清理条款的效力。"在双方签订的房屋租赁合同中,有合同解除后一个月内退还押金的约定,这就是合同中结算和清理的条款,合同的解除不应当影响这些条款的效力。一审依照《合同法》第六十条的规定,判决驳回上诉人的诉讼请求,是适用法律错误,应当纠正。为此,请求二审撤销一审判决,改判支持上诉人的诉讼请求,一、二审诉讼费用由被上诉人负担。

被上诉人中汇房产公司答辩:同意一审判决。

北京市第一中级人民法院经审理,除确认了一审认定的事实外,另查明:2004年1月7日,双方当事人清点租赁房屋内物品后填写的物品交割单上,记载着:水表起始数1479、终止数1483,燃气表起始数1440、终止数1456,除卫生间有两块壁砖脱落,屋内其他物品无损坏。同年1月14日,上诉人徐蕾向被上诉人中汇房产公司结清了水和燃气的欠费共28元,有中汇房产公司出具的收据证实。本案所涉北京市房屋租赁承租合同、终止协议等合同,以及退租申请、物品交割单等手续,都是由中汇房产公司事先打印好、使用时再填写的文件。

本案争议焦点是:对终止协议中"双方再无任何房屋租赁关系及经济关系"这一条款,应当如何理解?中汇房产公司有无退还押金的义务?

北京市第一中级人民法院认为:房屋租赁合同中的押金,是承租人抵押给出租人的一笔财产,用以保证自己履行租赁合同中的义务。承租人履行了租赁合同中的义务后,出租人应当将押金返还给承租人。综合审查判断本案所有证据,可以认定:房屋租赁合同终止后,在上诉人徐蕾既没有损坏租赁房屋或者租赁房屋中的物品,也没有应交而未交的费用,更没有表示放弃押金权利的前提下,对徐蕾抵押给被上诉人中汇房产公司的1600元,中汇房产公司没有返还。该公司不返还押金的唯一理由,就在于终止协议中有"双方再无任何房屋租赁关系及经济关系"这一条款。

按照通常理解,押金法律关系是一种经济关系;双方既然再无任何经济关系,当然包括再无押金法律关系。但水费、燃气费的交纳与收取,也是一种经济关系。双方在签署了"再无任何经济关系"的协议后,仍然交纳与收取这两项费用,说明他们对"再无任何经济关系"的认识,不符合常理。上诉人徐蕾认为,"再无任何经济关系"不包括押金法律关系;被上诉人中汇房产公司虽然认为"再无任何经济关系"包括押金法律关系,但却以收费的行为,将水费、燃气费的交纳与收取排除在经济关系之外。双方对这一条款的解释截然相反。

本案所涉的北京市房屋租赁承租合同和终止协议,都是被上诉人中汇房产公司向上诉人徐蕾提供的格式合同。双方当事人除对终止协议中"双方再无任何房屋租赁关系及经济关系"这一条款的理解存在歧义外,对其他条款的理解一致,这两份合同中的其他条款合法有效。《合同法》第三条规定:“合同当事人的法律地位平等,一方不得将自己的意志强加给另一方。”第四十一条规定:“对格式条款的理解发生争议的,应当按照通常理解予以解释。对格式条款有两种以上解释的,应当作出不利于提供格式条款一方的解释。格式条款和非格式条款不一致的,应当采用非格式条款。”在签署终止协议时,中汇房产公司明知其按照租赁合同约定收取的押金尚未退还,1600 元的押金收据还在徐蕾手中。作为格式合同的提供者,中汇房产公司既然认为“双方再无任何房屋租赁关系及经济关系”这一格式条款中包含了不返还押金的意思,此时就有义务提醒徐蕾注意或在协议中注明:这一条款签署后,押金不再退还,押金收据废止。中汇房产公司并未履行这一义务。鉴于终止协议里对押金以及押金收据如何处理更是只字未提,从“双方再无任何房屋租赁关系及经济关系”这一格式条款的文字中,不能直接推导出徐蕾有自愿放弃押金权利的意思表示。因此在租赁合同终止并且应交纳的费用已交纳的前提下,中汇房产公司仅以徐蕾签署了终止协议为由拒不返还押金,于法无据,是侵犯徐蕾的财产所有权。

综上,上诉人徐蕾要求被上诉人中汇房产公司返还其押金 1600 元的上诉理由成立,应予采纳。一审认定事实基本清楚,但适用法律错误,判决结果失当,依法应予纠正。据此,北京市第一中级人民法院依照《民事诉讼法》第一百五十三条第一款第(二)项的规定,于 2005 年 4 月 20 日判决:(1)撤销一审民事判决;(2)被上诉人中汇房产公司于本判决生效之日起 10 日内向上诉人徐蕾支付押金 1600 元。本判决为终审判决。

■ 案例评析

□ 重点示意图

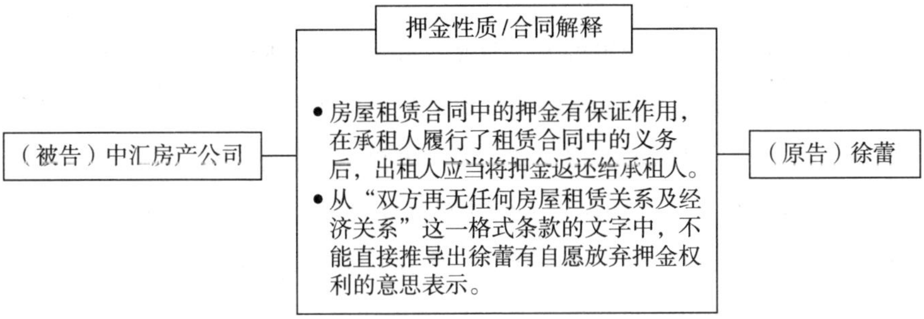

□ 疑难点释析

本案有两个争议焦点:其一是押金的性质问题。其二是合同条款的理解问题。焦点一,押金的性质问题。首先,来分析房屋租赁合同中的押金。法院认定:“押金是承租人抵押给出租人的一笔财产,用以保证自己履行租赁合同中的义务。房屋租赁合同终止后,承租人既没有损坏租赁房屋或者租赁房屋中的物品,也没有应交而未交的费用,更没有表示放弃押金权利,即承租人履行了租赁合同中的义务后,出租人应当将押金返还给承租人。出租人以双方签署的由其提供的解除房屋租赁关系格式合同中有‘双方再无经济关系’的约定为由,拒绝退还押金,承租人提出异议的,出租人不能免除退还押金的义务。”法院更进一步确认:从“双方再无经济关系”这一格式条款的文字中,不能直接推导出承租人有自愿放弃押金权利的意思表示。因此在租赁合同终止后,出租人仅以承租人签署了终止协议为由拒不返还押金,于法无据,侵犯了承租人的财产所有权。

其次,对于本案中的押金,其与违约责任中的定金是有区别。定金是在合同订立或在履行之前支付的一定数额的金钱或替代物作为担保的担保方式。给付定金的一方称为定金给付方,接受定金的一方称为定金接受方。根据民法的有关理论,定金具有下列法律特征:定金随着合同的存在而存在,随着合同的消灭而消灭。定金是由合同当事人约定的,但只有当事人关于定金的约定,而无定金的实际交付,定金担保并不能成立。只有合同当事人将定金实际交付给对方,定金才能成立。只有在合同成立后,未履行前交付,才能起到担保的作用。因此,定金具有预先支付性。定金还具有双重担保性,即同时担保合同双方当事人的债权。也就是说,交付定金的一方不履行债务的,丧失定金;收受定金的一方不履行债务的,则应双倍返还定金。而押金是指合同当事人一方或双方为保证合同的履行,而留存于对方或提存于第三人的金钱。在现实经济生活中流行的押金主要有两种形式:一种是合同当事人为保证其债权的实现而要求另一方提供的押金;另一种是双方在合同成立时候,为保证各自义务的履行而向共同认可的第三人(通常为公证机关)提存的保证金。押金也具有类似定金一样的担保合同实现的作用,但其没有双倍返还的功能。而且当事人可以自行约定定金的作用功能(如合同订立的保证、合同生效的条件、合同成立的证明、或者合同解除的代价),而这些功能是押金不具备的。押金留存或提存的时间和数额是没有限制的。双方当事人可以自行约定在合同履行前、合同履行过程中皆可;押金的数额可以相当于债务额,并不像定金那样,其总额不得超过主合同总价款的 20%,而且必须是在合同约定时或者合同签订前给付。

本案中的另一个焦点问题就是对格式合同的解释和理解问题。在司法实践中,常常因为合同双方对同一合同条款理解不一而诉至人民法院的案例。那么《合同法》关于合同条款解释是怎样规定的呢?《合同法》第一百二十五条规定:“当事人对合同条款的理解有争议的,应当按照合同所使用的词句、合同的有关条款、合同的目的、交易习惯以及诚实信用原则,确定该条款的真实意思。”也就是说我国《合同法》关于合同解释的方法从学理上来讲有文义解释、体系解释、目的解释、习惯解释、诚信原则解释五类。(1)按照合同所使用的词句解释,即文义解释,指按照合同用语的文义及通常使用的方式,来阐述合同条款的意思内容。(2)按照合同的有关条款解释,即体系解释,是指把全部合同条款看作一个统一的整体,从各个合同条款的相互关联、所处的地位和总体联系上阐明当事人有争议的合同用语的含义。(3)目的解释,就是依照当事人所欲达到的经济的或社会的效果而对合同进行解释,确定合同用语的含义乃至整个合同内容须符合合同的订立目的。(4)所谓习惯解释,是指在合同条款的含义发生歧义时,按照习惯或惯例的含义予以明确;在合同存在漏洞,致使当事人的权利义务不明确时,还可以参照习惯或惯例加以补充,具体的合同往往与当事人的语言环境和推定环境有联系,因而在解释合同时有时也必须根据习惯来确定其内容。(5)按照诚实信用原则解释,要求解释合同有关争议条款时,应从合同当事人订立合同时的本意出发,要求不欺不诈,不哄不骗,以诚实信用的标准来解释合同条款。诚信原则是民法中的帝王规则,既是一种道德要求更是法律规定,解释合同条款也应依据此规则来解释。以上五种解释方法,应当结合使用,以确定争议条款的真实含义。

■ 知识点梳理

承租人和出租人没有协商免除出租人退还押金的义务,出租人以双方签署的由其提供的解除房屋租赁关系格式合同中有"双方再无经济关系"的约定为由,拒绝退还押金,承租人提出异议的,出租人不能免除退还押金的义务。

31

Case Study

马依祥与新疆泰华房地产开发有限公司房屋拆迁安置补偿合同纠纷案

三金适用 | 随附义务

问题提示

1. 违约金、定金、损害赔偿金的适用顺序如何？能否同时适用？
2. 马依祥在得到补偿款前，有无向泰华公司提供发票、纳税之义务？

相关法条

《中华人民共和国合同法》第六十条[严格履行与诚实信用]、第一百零七条[违约责任]、第一百一十三条[损害赔偿的范围]、第一百一十四条[违约金]、第一百一十六条[违约金与定金的选择]

近似案例

原告孙兆春与被告车静、南京我爱我家江风房地产经纪有限公司房屋买卖合同纠纷案

林欣诉李艳辉定金合同纠纷案

广州盛和生态渔业旅游有限公司与广州南沙围垦开发公司农业承包合同纠纷上诉案

阳西县儒洞安泰建材商店诉阳西县丰庆钢材部等买卖合同纠纷案

■ 案情介绍

□ 基本案情

原审法院审理查明:2014 年 5 月 21 日,泰华房地产开发有限公司(以下简称泰华公司)与马依祥就奎屯市塔城街(奎屯 131 团商业街门面)拆迁补偿达成和解协议如下:"一、泰华公司向马依祥一次性补偿 550000 元,2014 年 5 月 31 日前支付 100000 元、2014 年 6 月 30 日前支付 100000 元、2014 年 8 月 31 日前支付 100000 元、2014 年 10 月 31 日前支付 100000 元、2014 年 12 月 31 日前支付 150000 元;二、马依祥保证不向第三方透露和解补偿协议的内容,违反该约定自愿承担 100000 元违约金;三、泰华公司到 2014 年 12 月 31 日之前不能如期付清补偿款则承担 100000 元违约金。"马依祥因本案诉讼产生邮寄费损失 96.6 元。

原审法院审理认为:依法成立的合同具有法律约束力。泰华公司与马依祥达成的和解协议系双方真实意思表示,不违反法律规定,应为合法有效。在协议履行过程中,泰华公司未按约定支付全部补偿款,构成违约。泰华公司已支付马依祥 100000 元补偿款,按照双方的约定,还应当继续履行支付 450000 元补偿款的义务。根据《合同法》第一百一十三条第一款、第一百一十四条第一款的规定,合同约定的违约金是对一方不履行合同或不完全履行合同时损失总额的预先设定,故合同一方违约时,违约金和损失不应当同时适用。本案中,双方签订的和解协议,约定了泰华公司于 2014 年 12 月 31 日前不能如期付清补偿款应承担 100000 元的违约金。泰华公司作为从事房地产开发经营的企业,应当遵守诚信原则,全面履行和解协议,且在激烈的市场竞争中,订立合同时能够预见到约定逾期付款违约金的后果。由于泰华公司尚有 450000 元补偿款未付清,故其应依约支付马依祥违约金 100000 元。对于马依祥主张的损失(包括利息、邮寄费损失),不能与违约金同时主张并要求泰华公司承担,故不予支持。另外,对于泰华公司辩称马依祥需向其出具发票领取补偿款的意见,因本案双方订立的和解协议系房屋拆迁补偿合同,马依祥因丧失房屋而获得补偿,提供发票不是其法定的合同义务。若双方另有约定,泰华公司可持相关证据,另行主张权利。综上,原审法院依照《合同法》第一百零七条、第一百一十四条,《民事诉讼法》第九条之规定,判决:(1)泰华公司于本判决生效后十五日内支付马依祥补偿款 450000 元、违约金 100000 元,合计 550000 元;(2)驳回马依祥其他诉讼请求。案件受理费 4682 元(已缴纳),由马依祥负担 53 元,泰华公司负担 4629 元(泰华公司于本判决生效后十五日内给付马依祥 4629 元)。

上诉人泰华公司不服原审法院上述民事判决,向新疆生产建设兵团第七师中级人民法院提起上诉称:(1)泰华公司在履行和解协议过程中,不存在违约行为,故不应当承担违约责任。泰华公司已经按照和解协议约定的时间,在 2014 年 5 月底前给马依祥支付了 100000 元。根据双方的约定,马依祥应当持有相应发票领取相应的款项。但马依祥并未按照欠条上承诺的事项,给泰华公司给付 100000 元的发票,也没有给付剩余的 450000 元发票。当马依祥将 550000 元的发票给泰华公司提交后,泰华公司愿意支付剩余 450000 元的补偿款。因此,剩余的 450000 元补偿款未支付,原因在于马依祥没有履行在先的给付发票之义务。(2)马依祥应当依法缴纳个人所得税。马依祥在获得相应房屋款项后应当缴纳个人所得税,这是法律的强制性规定。泰华公司需要相应的发票来抵扣企业成本,而至今马依祥并未缴纳相关税款,给泰华公司造成了经济损失。综上,请求二审法院撤销原审判决第一项中关于违约金的内容。本案上诉费等由马依祥承担。

被上诉人马依祥辩称:(1)原审法院认定事实清楚,证据确实充分,判决结果公平公正,应当依法予以维持。马依祥与泰华公司于 2014 年签订的和解协议,系双方真实意思表示,不违反法律规定,应为合法有效。故泰华公司应当本着诚实信用的原则履行和解协议约定的各项内容。(2)泰华公司虚构事实,故意拖延时间。双方并未约定马依祥应当持有发票领取补偿款。泰华公司在二审中出示的欠条上,并没有马依祥本人的签字或盖章,对此马依祥本人也不予认可。综上,请求二审法院驳回泰华公司的上诉请求,维持原判。

二审中,泰华公司为证明其上诉主张,新提交如下证据:

第一组证据:2014 年 5 月 30 日的用款申请单、收据、中国银行转账支票存根各一份,拟证明泰华公司已依约支付了 100000 元补偿款的事实。

第二组证据:2014 年 5 月 30 日的欠条一份,拟证明该欠条系马依祥特别授权的律师曾凡伟所书写,对马依祥发生法律效力,马依祥在获取剩余的 450000 元补偿款前应当给泰华公司提供550000元补偿款发票的事实。

马依祥对上述证据质证意见:对第一组证据的真实性无异议,确实已经收到100000元的补偿款。对第二组证据不认可,因为欠条上没有马依祥的签字,仅有曾凡伟的签字,对马依祥不发生法律效力。况且,在和解协议、用款申请单、收据、中国银行转账支票存根上,均有马依祥的签字或署名,但在欠条上没有马依祥的签字,说明马依祥根本就不同意欠条上关于向泰华公司提供发票的内容。二审法院对上述证据认证意见为:关于第一组证据,因马依祥对其真实性没有异议,也认可已支付100000元补偿款的事实,故对此组证据予以采信。关于第二组证据,由于马依祥并未在欠条上签字或盖章,而泰华公司也无其他证据证明曾凡伟经马依祥特别授权,有向泰华公司出具欠条、承诺提供发票义务的权限。故对泰华公司的证明目的不予采纳。

二审法院审理查明的事实除与原审法院查明的事实一致外,另查明:马依祥未在2014年5月30日的欠条上签字或盖章。

□ 裁判过程

综合双方举证、质证及诉辩意见,本案的争议焦点主要在于:(1)马依祥在得到补偿款前,有无向泰华公司提供发票、纳税之义务;(2)马依祥若未履行上述义务能否作为泰华公司拒绝支付补偿款、赔偿违约金的理由。对上述争议焦点,二审法院评析如下:

关于争议焦点一,法院认为,义务分为法定义务和约定义务。首先,提供发票、纳税不是马依祥的法定义务。根据《发票管理办法》第三条的规定,本办法所称发票,是指在购销商品、提供或者接受服务以及从事其他经营活动中,开具、收取的收付款凭证。本案中,马依祥从泰华公司获得补偿款的行为,并非购销商品、提供或者接受服务以及从事其他经营活动的行为。故提供发票不是马依祥的法定义务。参照《财政部、国家税务总局关于城镇房屋拆迁有关税收政策的通知》[财税(2005)45号]第一条关于“对被拆迁人按照国家有关城镇房屋拆迁管理办法规定的标准取得的拆迁补偿款,免征个人所得税”的规定,马依祥因房屋拆迁安置所获得的补偿款,理应免征个人所得税。因此,马依祥在获得补偿款的同时,无须缴纳个人所得税。其次,提供发票、纳税不是双方约定之义务。和解协议并未约定由马依祥向泰华公司提供发票、纳税之义务。而泰华公司在二审中出示的欠条，虽然有提供发票的内容，但马依祥本人并未签字认可，事后也未追认，对马依祥不发生法律效力。况且泰华公司也无证据证明曾凡伟经马依祥授权，取得了相应的代理权，应承担举证不能的法律后果。加之在2014年5月30日的和解协议、用款申请单、收据、中国银行转账支票存根上均有“马依祥”的签名，而在同日的欠条上却没有马依祥的签名，足以让人产生合理怀疑。如果泰华公司与马依祥有提供发票义务之合意，完全可以在和解协议上注明，但和解协议中并没有此内容。故提供发票、纳税之义务并非双方合意。

关于争议焦点二，法院认为，即使马依祥未履行提供发票、纳税之义务，泰华公司也应当按照和解协议的约定，继续支付剩余的补偿款450000元，并赔偿约定的逾期付款违约金100000元。首先，提供发票的义务系附随义务，支付补偿款系主给付义务。泰华公司不能在马依祥主张补偿款时，以马依祥未开具发票为由主张同时履行抗辩权，从而拒绝支付补偿款。其次，马依祥是否纳税，与泰华公司无任何关系。因为根据《中华人民共和国税收征收管理法》的相关规定，由国家税务机关负责对税收进行征收管理，泰华公司作为企业法人，无此项权限。因此，泰华公司以马依祥未提供发票、未纳税为由拒绝支付拖欠的450000元补偿款和赔偿违约金100000元，由于没有事实和法律依据，法院不予支持。

综上，上诉人泰华公司的上诉理由均不成立，法院不予支持。原审判决认定事实清楚，适用法律正确，判决结果公正，应予维持。依照《民事诉讼法》第一百七十条第一款第（一）项之规定，判决如下：驳回上诉，维持原判。二审案件受理费2300元，由上诉人新疆泰华房地产开发有限公司负担。本判决为终审判决。

■ 案例评析

□ 重点示意图

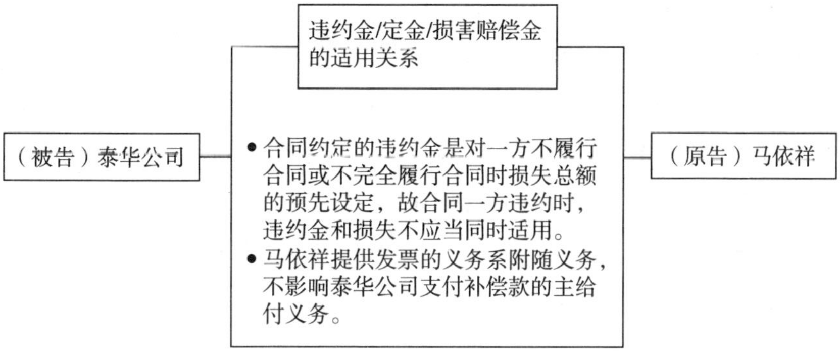

□ 疑难点释析

违约金，是指合同当事人预先设定的或法律直接规定的，在一方不履行合同时给付另一方一定数额的金钱。违约金是一种违约后的补救措施，并兼有一定的惩罚性。违约金的支付是独立于履行行为之外的给付，只要当事人无特别约定，支付违约金的行为不能代替履行主合同，当事人不得在支付违约金后免除履行主债务的义务，《合同法》第一百一十四条第三款有规定。《合同法》第一百一十四条第二款规定："约定的违约金低于造成的损失的，当事人可以请求人民法院或者仲裁机构予以增加；约定的违约金过分高于造成的损失的，当事人可以请求人民法院或者仲裁机构予以适当减少。"因此，主张违约金时，可以实际发生的损失作为要求增加或减少违约金的法定依据。所以本案中新疆泰华房地产开发有限公司需要支付违约金，还要履行合同。

本案还涉及一个三金的适用关系：

（1）定金与违约金的适用关系。我国的定金在性质上为违约定金，具有预付违约金的性质，这与违约金在目的、性质、功能等方面相同，二者不可并罚。我国《合同法》第一百一十六条规定"当事人既约定违约金，又约定定金的，一方违约时,对方当事人可以选择适用违约金或者定金条款。"由此可见,非违约方可以且也只能选择一种对其最有利的责任形式。应指出的是,该条规定是针对同一违约行为同时规定违约金与定金责任情形的,如果合同中约定的违约金和定金是针对不同的违约行为形态,且两者在数额上的总和也不抬高,在一方同时实施了不同的违约行为形态时,两种责任形式可以并用。

(2)违约金与损害赔偿金的适用关系。约定损害赔偿金的性质和功能都类似于违约金,因而违约金与约定损害赔偿金不可并存。违约金与法定损害赔偿金能否并存取决于违约责任的适用是否以发生实际损害为要件以及法律是否对违约金的干预为前提。原则上,违约金的适用不以实际损害发生为前提,不管是否发生损害,当事人都应支付违约金。但当事人之间的利益因约定的违约金与违约发生后所造成的损失极不一致而失衡时,法律有必要对违约金进行干预。我国《合同法》第一百一十四条第二款规定:"约定的违约金低于造成的损失的,当事人可以请求人民法院或者仲裁机构予以增加;约定的违约金过分高于造成的损失的,当事人可以请求人民法院或者仲裁机构予以适当减少。"由此可见,虽然违约金的适用不以实际损害的发生为要件,但最终违约金金额大小的确定与实际损失额关联密切。

(3)定金与损害赔偿金的适用关系。定金具有非补偿性的特点,其适用不以实际损害的发生为前提,是独立于损害赔偿责任的,所以,两者可以并用。

■ 知识点梳理

合同约定的违约金是对一方不履行合同或不完全履行合同时损失总额的预先设定,故合同一方违约时,违约金和损失不应当同时适用。

32

Case Study

五河县国土资源局与安徽广润房地产开发有限公司建设用地使用权出让合同纠纷上诉案

违约金调整标准

问题提示

当双方当事人约定的违约金过高或过低时，法院调整违约金的高低的依据和标准是什么？

相关法条

《**中华人民共和国合同法**》第六十一条［合同约定不明的补救］、第六十二条［合同约定不明时的履行］、第一百零七条［违约责任］、第一百一十四条［违约金］

近似案例

阳西县儒洞安泰建材商店诉阳西县丰庆钢材部等买卖合同纠纷案

北京市建筑艺术雕塑工厂与北京市中强房地产开发有限责任公司房屋租赁合同纠纷再审案

杨玉平诉南通兴都大酒店有限公司房屋租赁合同条款理解争议纠纷案

陈岐山与陕西新开元餐饮有限公司、孙晋强房屋租赁合同纠纷案

刘绪国与万战房屋租赁合同纠纷上诉案

西安蓝溪实业有限责任公司诉西安三福物业管理有限公司、西安金三福超市有限责任公司房屋租赁合同纠纷案

■ 案情介绍

□ 基本案情

一审查明:2005年7月,五河县国土资源局(以下简称五河国土局)公开挂牌出让该县国有土地使用权,由江苏远大置业发展有限公司(简称远大置业公司)和南京市溧水宏泰房地产开发有限公司(简称溧水房产公司)竞得位于五河县城区环城路北侧(宗地编号为WHG2005－1)国有土地使用权后,五河国土局作为出让人,远大置业公司、溧水房产公司作为受让人共同签订一份国有土地使用权出让合同,该份合同主要约定:出让土地面积143000平方米,出让人交付的土地为现状土地条件;土地使用权出让金2898万元,采取分期付款方式,第一期1000万元于2005年7月31日前付清,第二期1300万元于2005年9月28日前付清,第三期598万元于2006年9月28日前付清;如果受让人不能按时支付土地使用权出让金的,滞纳之日起,每日按迟延支付款项的5‰向出让人缴纳滞纳金,延期付款超过1个月的,出让人有权解除合同,收回土地,受让人无权要求返还定金,出让人并可请求受让人赔偿因违约造成的其他损失;由于出让人未按时提供出让土地而致使受让人对本合同项下宗地占有延期的,每延期一日,出让人应当按受让人已经支付的土地使用权出让金5‰向受让人给付违约金,出让人延期交付土地超过6个月的,受让人有权解除合同,出让人应当双倍返还定金,并退还已经支付土地使用权出让金的其他部分,受让人并可请求出让人赔偿因违约造成的其他损失等。

2005年8月8日,五河国土局给远大置业公司和溧水房产公司颁发了建设用地批准书。后远大置业公司的法定代表人余功金和溧水房产公司的法定代表人吴祥喜,将上述国有土地使用权以实物出资方式成立广润房地产开发有限公司(以下简称广润房产公司),开发上述宗地。五河国土局以广润房产公司系两家竞买公司的法定代表人成立的公司,遂将上述出让土地交付广润房产公司开发利用,但该地块中有21539.3平方米的土地上有部分居民房屋没有拆迁。2006年3月,五河国土局将上述国有土地中的121460.7平方米土地使用权证办至广润房产公司名下。溧水房产公司于2005年8月2日支付1000万元土地使用权出让金,其余

1898 万元均由广润房产公司分别于 2006 年 7 月 18 日支付 100 万元，同年 12 月 20 日支付 291 万元、12 月 29 日支付 201 万元；2007 年 1 月 18 日支付 350 万元，同年 2 月 7 日支付 73 万元、8 月 24 日支付 100 万元、9 月 7 日支付 498 万元。

2006 年，五河国土局公开挂牌出让五河县城区烩河坝南侧的国有土地使用权，由广润房产公司竞得。同年 10 月 10 日，五河国土局作为出让人，广润房产公司作为受让人签订一份国有土地使用权出让合同，该份合同主要约定：出让人出让的土地面积为 1553 平方米，用途为住宅；土地使用权出让年限为 70 年；出让人应于 2006 年 11 月 1 日将出让宗地以现状条件交付受让人；出让金总额为 35.2 万元，自本合同签订之日起 10 日内一次性付清上述土地出让金；违约责任的约定与前份合同相同。合同签订后，五河国土局按约向广润房产公司交付了土地，并于 2006 年 10 月，为广润房产公司办理了国有土地使用权证。2009 年 2 月 13 日，广润房产公司将合同约定的土地出让金 35.2 万元支付给五河国土局。2009 年 8 月 6 日，五河国土局向广润房产公司发出一份《通知书》，要求广润房产公司于接到通知后 15 日内，按照两份出让合同约定缴纳滞纳金 1234.3 万元。后因广润房产公司没有给付该笔款项，五河国土局遂于 2010 年 5 月 31 日向一审法院提起诉讼，请求判令广润房产公司及时缴纳滞纳金 1234.3 万元。广润房产公司在举证期限内提出反诉，请求判令：(1) 五河国土局支付 1300 万元违约金；(2) 合同继续履行，五河国土局为广润房产公司办理国有土地使用权证；(3) 五河国土局承担本案的全部诉讼费用。之后，广润房产公司又于 2010 年 11 月 22 日撤回反诉。

根据远大置业公司和溧水房产公司的工商登记档案记载，远大置业公司于 2005 年 1 月 5 日由余功金一人投资成立，2008 年 10 月 26 日，余功金将股权全部转让傅文杰，法定代表人余功金变更为傅文杰。溧水房产公司由吴祥喜和乐平青两人出资成立，法定代表人是吴祥喜。上述两家公司均向该院出具情况说明，表示其与五河国土局签订的宗地编号为 WHG2005 - 1 号国有土地使用权出让合同项下的权利义务由广润房产公司承继，并表示不参加本案诉讼。

□ 裁判过程

一审法院认为：根据我国法律、法规和规章的规定，出让国有土地使用权，用途为商业、旅游、娱乐和商品住宅等各类经营性用地的，应当采用招标、拍卖或者挂牌方式。本案五河国土局按照规定通过公开挂牌方式出让国有土地，远大置业公司和溧水房产公司竞买取得五河县城区环城路北侧（宗地编号为 WHG2005－1）国有土地使用权，该两家公司作为受让人与五河国土局签订了《国有土地出让合同》，因此远大置业公司、溧水房产公司是该份合同的权利和义务人。广润房产公司取得土地使用权的原因是基于股东（余功金和吴祥喜）出资，其并非上述国有土地出让合同的当事人，不直接承担该合同责任。现远大置业公司和溧水房产公司虽证明该合同权利义务由广润房产公司承继，因与事实相悖，该院不予采信。由于五河国土局提出的诉讼请求，要求广润房产公司给付上述合同迟延交付出让金的违约金，与该院审查认定的该合同的法律关系性质不一致，故该院在诉讼期间，按照《最高人民法院关于民事诉讼证据的若干规定》第三十五条的规定，向五河国土局释明，告知其可以变更该部分诉讼请求，但五河国土局仍坚持要求广润房产公司承担该份合同的违约责任，故该院对五河国土局该部分诉讼请求不予支持。广润房产公司辩称五河国土局违反上述《国有土地出让合同》的约定，至今部分土地未交付其使用的理由，因其不是该份合同的当事人，不享有该合同的权利义务，故该院对其抗辩理由亦不予采信。按照双方于 2006 年 10 月 10 日签订的《国有土地出让合同》的约定，广润房产公司应于合同签订之日起 10 日内一次性付清该合同约定的土地出让金，但广润房产公司实际交付该款的时间是 2009 年 2 月 13 日，共迟延交付 864 天，现五河国土局仅主张 454 天的违约责任，应当按照其主张的天数计算违约金。广润房产公司在答辩期间，提出合同约定以每日 5‰计算违约金的标准过高，并申请予以降低。根据《最高人民法院关于适用〈中华人民共和国合同法〉若干问题的解释（二）》［以下简称《合同法解释（二）》］第二十九条的规定："当事人主张约定的违约金过高请求予以适当减少的，人民法院应当以实际损失为基础，兼顾合同的履行情况、当事人的过错程度以及预期利益等综合因素，根据公平原则和诚实信用原则予以衡量，并作出裁决。当事人约定的违约金超过造成损失的百分之三十的，一般可以认定为合同法第一百一十四条第二款规定的'过分高于造成的损失'。"本案双方约定违约金的标准明显过高，应当予以减少。由于双方当事人对五河国土局的实际损失均未提供证据，根据公平原则和诚实信用原则衡量，综合考虑合同的履行情况、广润房产公司的过错程度以及预期利益等因素，违约金应比照银行同期贷款利息计算。现因广润房产公司同意按银行同期贷款利息的双倍支付五河国土局违约金，予以支持。按此标准计算广润房产公司迟延给付土地出让金 35.2 万元，应当支付五河国土局违约金为 59840 元。故广润房产公司对违约金过高的抗辩理由成立，予以采信。广润房产公司还辩称五河国土局的诉讼请求超过诉讼时效，因与事实不符，不予采信。综上，依照《合同法》第一百零七条、第一百一十四条第二款、《合同法解释(二)》第二十九条以及《民事诉讼法》第六十四条、《最高人民法院关于民事诉讼证据的若干规定》第三十五条第一款的规定，判决：(1)广润房产公司于判决生效之时起十日内一次性给付五河国土局违约金为 59840 元。(2)驳回五河国土局的其他诉讼请求。案件受理费 95858 元，由五河国土局负担 95393 元，由广润房产公司负担 465 元。

五河国土局不服上述判决，向安徽省高级人民法院上诉称：(1)一审认定广润房产公司不承担迟延交付土地出让金的违约责任属认定事实错误。第一，涉案土地虽然由远大置业公司和溧水房产公司摘牌并签订国有土地出让合同，但上述两公司以土地和现金出资成立独立子公司广润房产公司，该行为符合公司法的规定；第二，五河县政府和五河国土局认可涉案土地使用权人是广润房产公司，并给其颁发了国有土地使用权证；第三，广润房产公司认可自己是土地使用权人和违约责任的义务承担人；第四，远大置业公司和溧水房产公司也认可广润房产公司是本案土地的权利义务的承担者。上述事实证明广润房产公司是本案义务的违约承担者，一审法院认定广润房产公司不承担违约责任，显然认定事实错误。(2)一审判决适用法律错误。第一，《合同法》第七十三条规定了债权人可以代位行使债权，广润房产公司认可其为义务主体，法院以主体错误来判决广润房产公司不承担义务实属适用法律错误；第二，如果认为出让合同约定的日 5‰计算违约金高了，按财政部、国土资源部、中国人民银行《关于调整新增建设用地土地有偿使用费政策等问题的通知》的规定应为 1‰，一审按银行利率判违约金不符合相关规定。请求撤销一审判决，改判广润房产公司承担涉案土地迟延交付出让金的违约责任。

广润房产公司当庭辩称：(1)广润房产公司认可是涉案土地的出让合同受让人。(2)五河国土局要求广润房产公司承担迟延支付土地出让金违约金的理由不能成立。第一，五河国土局的起诉已超过诉讼时效，不应再受法律保护；第二，五河国土局出让没有拆迁的土地使用权，违反了国家禁止性规定；第三，合同约定的违约金过高，请求法庭予以调整；第四，五河国土局称日千分之一滞纳金是其损失的底线,没有依据;第五,五河国土局至今没有将未拆迁部分的土地提供给广润房产公司,违反了合同约定,应当承担违约责任。请求驳回五河国土局的上诉,维持一审判决。

二审中,双方均未提交新的证据,所举证据及证明目的同于一审,相对方质证意见也与一审相同。二审法院对一审查明的事实予以确认。

二审补充查明:根据涉案土地出让金实际支付时间,按同期银行贷款利率计算,迟延支付土地出让金的违约金为:至 2006 年 12 月 20 日,逾期付款金额 1198 万元,逾期天数 81 天,违约金为 162704.81 元;至 2006 年 12 月 29 日,逾期付款金额 907 万元,逾期天数 8 天,违约金为 12166.23 元;至 2007 年 1 月 18 日,逾期付款金额 706 万元,逾期天数 19 天,违约金为 22491.42 元;至 2007 年 2 月 7 日,逾期付款金额 671 万元,逾期天数 19 天,违约金为 21376.4 元;至 2007 年 8 月 24 日,逾期付款金额 598 万元,逾期天数 196 天,违约金为 208010.61 元;至 2007 年 9 月 7 日,逾期付款金额 498 万元,逾期天数 13 天,违约金为 12451.36 元。上述分段计算的违约金合计 439200.83 元。

综合当事人双方举证、质证及诉辩意见,归纳本案争议焦点是:其一,广润房产公司是否为迟延支付涉案土地出让金的违约责任承担者;其二,一审对双方约定的违约金计算标准的调整是否适当。

二审法院认为:(1)关于广润房产公司是否为迟延支付涉案土地出让金的违约责任承担者。涉案国有土地使用权出让合同签订后,远大置业公司和溧水房产公司的法定代表人出资设立了本案项目开发公司广润房产公司,且由广润房产公司支付大部分土地出让金,五河国土局将地块土地使用权证办至该公司名下,表明双方已实际将国有土地使用权出让合同中的权利义务整体转让给广润房产公司,该转让行为符合《合同法》第八十八条"当事人一方经对方同意,可以将自己在合同中的权利和义务一并转让给第三人"的规定,现五河国土局诉请广润房产公司承担逾期支付涉案土地出让金的违约责任,对此,各方均表示认可。因此,广润房产公司在本案中承担的民事责任符合法律规定。五河国土局请求判令广润房产公司承担逾期支付土地出让金的违约责任的理由成立,法院予以支持。

(2)关于一审对双方约定的违约金计算标准的调整是否适当。《合同法解释(二)》第二十九条规定:"当事人主张约定的违约金过高请求予以适当减少的,人民法院应当以实际损失为基础,兼顾合同的履行情况、当事人的过错程度以及预期利益等综合因素,根据公平原则和诚实信用原则予以衡量,并作出裁决。当事人约定的违约金超过造成损失的百分之三十的,一般可以认定为合同法第一百一十四条第二款规定的'过分高于造成的损失'。"一审根据该司法解释的规定,在双方均未举证五河国土局损失数额情况下,根据案件事实并结合广润房产公司的意愿,酌定按银行同期贷款利息的双倍支付五河国土局违约金是适当的。五河国土局请求判令广润房产公司按照每日1‰的标准承担违约责任无事实和法律依据,法院不予采纳。据此,广润房产公司逾期支付编号为WIIG2005－1号宗地上地出让金的违约金为439200.83元×2＝878401.66元;逾期支付五河县城区烩河坝南侧土地出让金的违约金为59840元。两项合计,广润房产公司应向五河国土局支付违约金938241.66元。

综上,一审判决认定事实和适用法律均有错误,二审法院予以纠正。五河国土局的上诉请求部分成立,二审法院予以支持。据此,依照《合同法》第八十八条,《合同法解释(二)》第二十九条,《民事诉讼法》第一百五十三条第一款第(二)、(三)项、第一百五十八条的规定,判决如下:(1)维持安徽省蚌埠市中级人民法院(2010)蚌民一初字第00023号民事判决的第二项,即驳回五河国土局的其他诉讼请求;(2)撤销安徽省蚌埠市中级人民法院(2010)蚌民一初字第00023号民事判决的第一项,即广润房产公司于本判决生效之时起十日内一次性给付五河国土局违约金为59840元;(3)广润房产公司于本判决生效之日起十日内一次性给付五河国土局违约金938241.66元。如未按本判决指定的期间履行金钱给付义务,应当依照《民事诉讼法》第二百二十九条之规定,加倍支付迟延履行期间的债务利息。一、二审案件受理费各95858元,由五河国土局各负担88570元,由广润房产公司各负担7288元。

■ 案例评析

□ 重点示意图

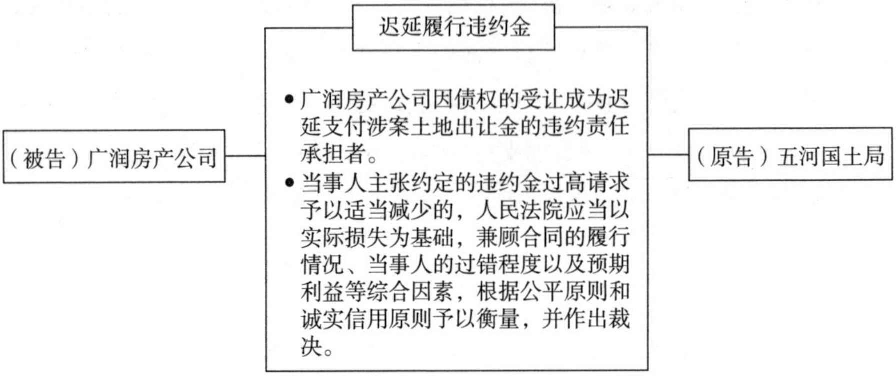

□ 疑难点释析

本案涉及约定违约金是否过高的判断标准与举证责任，还有违约金约定过高时的调整方法两个问题。

首先是判断约定违约金是否过高的判断标准和举证责任。合同约定的违约金是否过高应衡量合同自由与合同正义的关系。以合同自由为代表的意思自治是民商法的基石，现代合同理念充分尊重当事人缔约自由的权利。特别是在商事审判中，人民法院更应当谨慎介入当事人自治的领域，充分尊重当事人的意思自治，最大限度地维护交易的稳定性。但是合同自由不是绝对的。对于因合同自由而引发的恶意竞争、追逐暴利及其所导致的当事人事实上的不平等、滥用权利等负面影响，人民法院应当依据法律规定进行干预和调整，以实现合同自由与合同正义之间的平衡。《合同法》第一百一十四条赋予了当事人协商约定违约条款的权利，允许当事人可以约定一定数额的违约金，或者约定因违约产生的损失赔偿额的计算方法，体现了缔约自由的宗旨。同时，依据公平与诚实信用原则，对于约定的违约金过分高于实际损失的情况亦做出了限制性规定。违约责任的基本性质为补偿性，其本质是对因违约而受损失的当事人以补偿。因此，若任由当事人约定过高的违约金且以意思自治为由而不加干预，在一些情况下，无异于鼓励当事人通过不正当的方式获取暴利。从这点出发,在违约金过高情形下的法律释明及举证责任的分配就至关重要。为减轻当事人诉累,妥当解决违约金纠纷,也防止判决后当事人就违约金问题上诉、申诉,违约方以合同不成立、合同未生效、合同无效或者不构成违约进行免责抗辩而未提出违约金调整请求的,人民法院可以根据案件的具体情况,就违约金是否过高进行释明。在当事人请求对违约金予以适当调整的情形下,人民法院应当正确确定举证责任。违约方首先要对违约金过分高于造成损失的事实承担举证责任。由于对于违约造成的损失,守约方较之违约方就损失事实和相关证据都具有更强的证明能力,因此,不应过分强调违约方的举证责任。违约方如果能就违约金过分高于损失这一问题使法官产生合理怀疑,就应当认定完成了证明义务。此时,应将证明责任分配给守约方,令其证明损失的数额及违约金的合理性。

其次是对于违约金过高的调整。《合同法解释(二)》第二十九条规定:"当事人主张约定的违约金过高请求予以适当减少的,人民法院应当以实际损失为基础,兼顾合同的履行情况、当事人的过错程度以及预期利益等综合因素,根据公平原则和诚实信用原则予以衡量,并作出裁决。当事人约定的违约金超过造成损失的百分之三十的,一般可以认定为合同法第一百一十四条第二款规定的'过分高于造成的损失'。"这就要求应先确定因违约所造成的损失,以实际损失为基础,综合衡量合同履行程度、当事人的过错、预期利益等多项因素予以综合权衡。根据《最高人民法院关于审理买卖合同纠纷案件适用法律问题的解释》第二十四条第四款的规定:"买卖合同没有约定逾期付款违约金或者该违约金的计算方法,出卖人以买受人违约为由主张赔偿逾期付款损失的,人民法院可以中国人民银行同期同类人民币贷款基准利率为基础,参照逾期罚息利率标准计算。"逾期付款损失可以中国人民银行同期同类人民币贷款基准利率为基础,参照逾期罚息利率标准计算。

■ 知识点梳理

当事人主张约定的违约金过高请求予以适当减少的,人民法院应当以实际损失为基础,兼顾合同的履行情况、当事人的过错程度以及预期利益等综合因素,根据公平原则和诚实信用原则予以衡量,并作出裁决。

图书在版编目(CIP)数据

合同法案例研习 / 邱杓丹, 吴之欧编著. -- 北京 : 法律出版社, 2018
ISBN 978-7-5197-2399-6

Ⅰ. ①合… Ⅱ. ①邱… ②吴… Ⅲ. ①合同法-案例-中国-教材 Ⅳ. ①D923.65

中国版本图书馆 CIP 数据核字(2018)第143032号

合同法案例研习
HETONGFA ANLI YANXI

邱杓丹　吴之欧　编著

责任编辑 郑怡萍
装帧设计 凌点工作室

编辑统筹 法律教育出版分社

出版 法律出版社
总发行 中国法律图书有限公司
经销 新华书店
印刷 三河市兴达印务有限公司
责任印制 沙　磊

开本 720毫米×960毫米 1/16
印张 18.5
字数 290千
版本 2018年8月第1版
印次 2018年8月第1次印刷

法律出版社/北京市丰台区莲花池西里7号(100073)
网址/www.lawpress.com.cn
投稿邮箱/info@lawpress.com.cn
举报维权邮箱/jbwq@lawpress.com.cn
销售热线/010-63939792
咨询电话/010-63939796

中国法律图书有限公司/北京市丰台区莲花池西里7号(100073)
全国各地中法图分、子公司销售电话:
统一销售客服/400-660-6393
第一法律书店/010-63939781/9782　西安分公司/029-85330678　重庆分公司/023-67453036
上海分公司/021-62071639/1636　深圳分公司/0755-83072995

书号:ISBN 978-7-5197-2399-6　定价:38.00元
(如有缺页或倒装,中国法律图书有限公司负责退换)